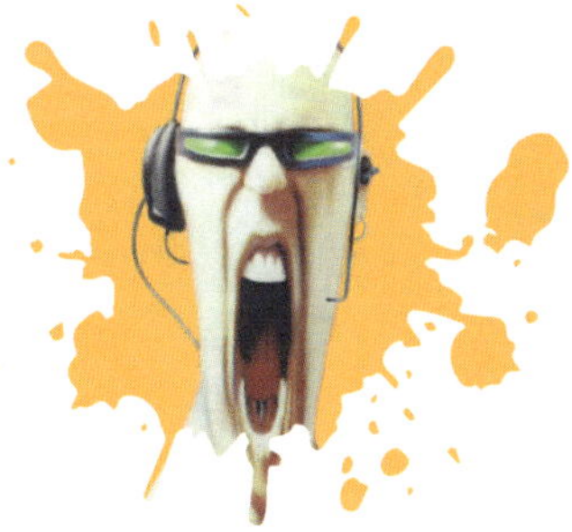

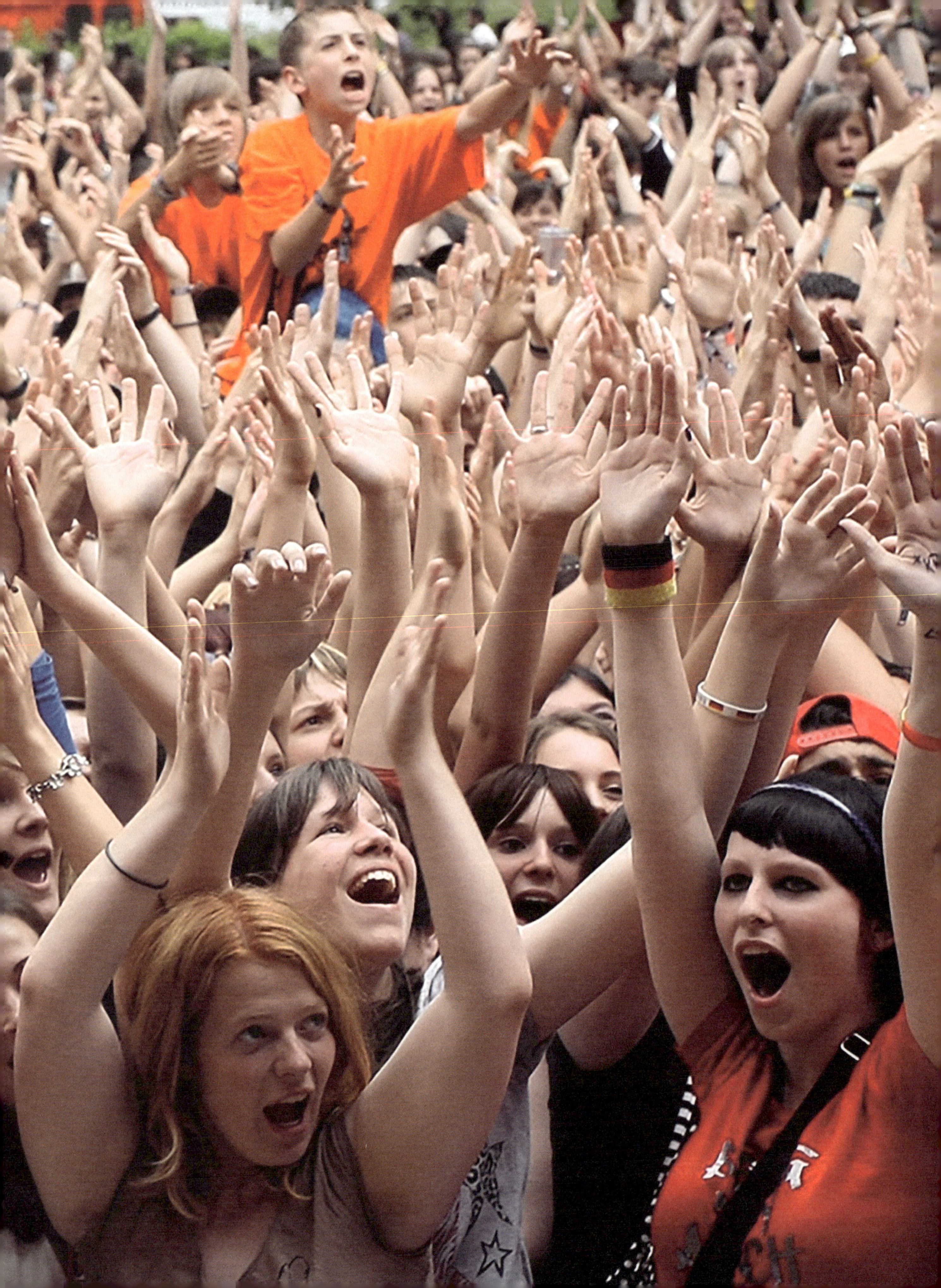

HALBERG
GESCHICHTE EINES FESTIVALS
OPEN AIR

Vom »Schülerferienfest« zum »SR Ferien Open Air St. Wendel«

Ein **Fanbuch** von Marko Völke

CONTE

Bibliografische Information der Deutschen Nationalbibliothek
Die Deutsche Nationalbibliothek verzeichnet diese Publikation in der Deutschen Nationalbibliografie; detaillierte bibliografische Daten sind im Internet über http://dnb.d-nb.de abrufbar.

ISBN 978-3-95602-249-4

Am Rech 14
66386 St. Ingbert
Tel: (06894) 1664163
info@conte-verlag.de
www.conte-verlag.de

Herausgeber
Saarländischer Rundfunk, Funkhaus Halberg, 66100 Saarbrücken

Autor
Marko Völke

Gesamtredaktion
Peter Meyer

Foto-Redaktion
Melanie Görgen

Lektorat
Dieter Schmitt, Burkhard Döring, Peter Meyer, Karl-Heinz Schmieding, Klaus Steiner

Fotos
Becker & Bredel, Dirk Guldner, Franz Mees, Oliver Dietze, Frank Rainer Huck, Christoph Stein, Gerhard Heisler, Jannik Zeyer, Besim Mazhiqi, Christina Korb-Völke, Reiner Buhl, Günther Klahm, Reiner Oettinger, Rolf Ruppenthal

Gestaltung
Markus Dawo

Druck
Conte, St. Ingbert

Umschlagabbildungen: vorne: Fan-Ekstase, 2018. © SR/Dirk Guldner; hinten (von links): Lotte, 2017. © SR/Becker & Bredel; Fans, 2016. © SR/Becker & Bredel; Tokio Hotel, 2005. © SR/Dirk Guldner; innen, vorne: Ärzte, 1987. © SR/Franz Mees; innen, hinten: T-ZON, 2015. © SR/Becker & Bredel

Die Abbildung auf Seite 1 entstand unter Verwendung des Plakatmotivs des Halberg Open Airs 2003.

Foto Seite 2: Fans, 2008. © SR/Becker & Bredel

Fotos Seite 20/21, Top-Acts: oben: Glasperlenspiel, 2015. © SR/Becker & Bredel; unten: Joris, 2018. © SR/Dirk Guldner

Inhalt

Gemeinsames Vorwort

Intendant, Programmbereichsleiter Pop Unit und Unternehmenssprecher

Liebe Fans des Schülerfestivals,

kostenlos, unter freiem Himmel, alkohol- und drogenfrei und am letzten Schultag – das sind seit über vier Jahrzehnten die vier goldenen Regeln für unsere große Schülerfete am Ende des Schuljahres. Unsere große Schülersause zum saarländischen Ferienbeginn hat jedes Jahr Massen von Schülerinnen und Schülern, aber immer auch deren Eltern, zum Open Air-Gelände bewegt und mit einer Mischung aus Festivalfeeling, Superparty, angesagter Chartmusik von internationalen, nationalen und saarländischen Bands, der Vorfreude auf die Ferien und den bevorstehenden Sommer sowie dem Gefühl, am Puls der Zeit und Place to be zu sein, mittlerweile zwei Generationen von Saarländerinnen und Saarländern geprägt und begeistert. Für die meisten von ihnen war es die erste Konzerterfahrung, mindestens aber die erste Festivalerfahrung ihres Lebens.

Es war in den 40 Ausgaben auch ein Festival des Wandels: von der Livemusikpräsentation zur Musik aus der Konserve und wieder zurück zur Livemusikdarbietung, vom St. Johanner Markt in Saarbrücken auf die Radiowiese auf dem Halberg bis hin zum Bosenbachstadion-Gelände in St. Wendel und vom **Schülerferienfest** über das **Halberg Open Air** hin zum **SR Ferien Open Air St. Wendel**. In all den Jahren haben wir Megastars, Chartstürmer, One-Hit-Wonders, Publikumslieblinge, Nachwuchsbands und Geheimtipps präsentiert. Bands und Acts aus aller Welt waren zu Gast, aber auch die uns sehr am Herzen liegende Saar-Bandszene hat stets Vertreter auf

Augenhöhe auf unseren Bühnen gehabt. Präsentiert wurden sie immer von unseren charmanten, witzigen und angesagten Moderatorinnen und Moderatoren von SR 1 und UNSERDING. Und unser Festival hat über all diese Ausgaben deutlich über 1.200 Bands, Künstlerinnen und Künstler und DJs auf die Bühne gebracht.

Die 40. Ausgabe dieses legendären und traditionsreichen saarländischen Festivals war uns Anlass, alle spannenden Erinnerungen und Anekdoten, alle Bands, Line-Ups und Termine, alle Jahreschroniken, Plakate, Devotionalien sowie alle Besonderheiten dieser saarländischen Festivalikone zusammenzutragen.

Es ist bewusst als Fanbuch angelegt: von einem Hardcorefan des SR-Festivals für die vielen weiteren Fans dieser wunderbaren, jährlichen Schülersause. Zu Wort kommen neben dem Autor auch Bands, Macherinnen und Macher des Festivals sowie Moderatorinnen und Moderatoren, aber auch Besucherinnen und Besucher.

Wir hoffen, die grandiose Stimmung sowie das bunte Kaleidoskop der 40 SR-Festivals für unsere saarländische Jugend mit diesem Buch eingefangen zu haben und wünschen viele tolle Festivalmomente und ganz viele »Ah ja!«- und »Aha!«-Momente beim Schmökern.

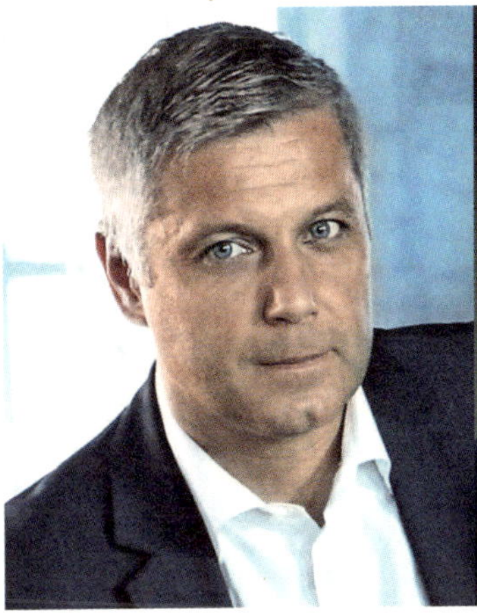

Peter Meyer
SR-Unternehmenssprecher Leiter der Unternehmens-kommunikation
© SR/privat

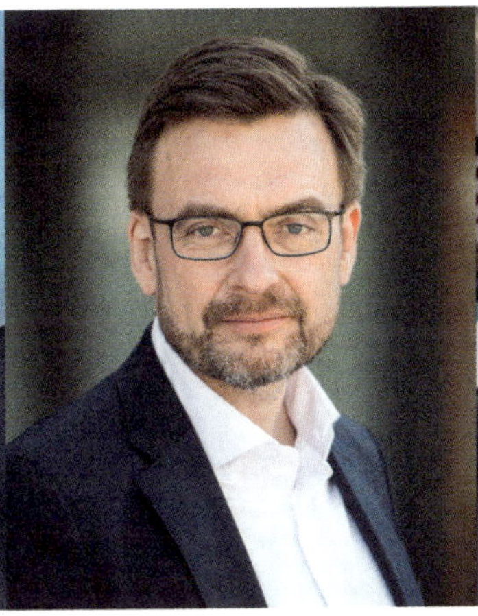

Martin Grasmück
SR-Intendant
© SR/Oliver Dietze

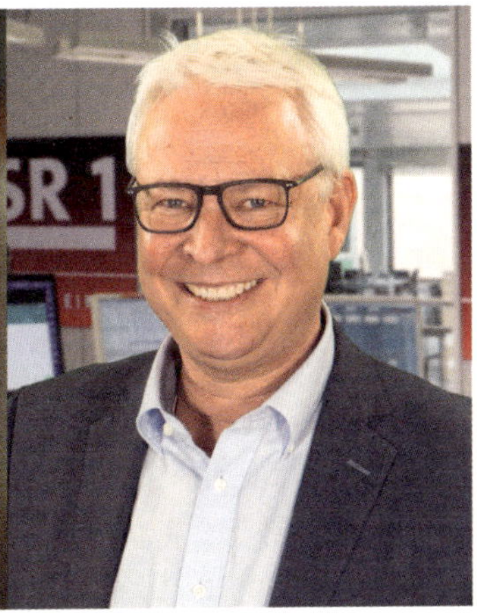

Thomas Rosch
Leiter Pop-Unit & derzeitiger Festivalleiter
© SR/Christoph Stein

Schülerferienfest – Halberg Open Air (HOA) – SR Ferien Open Air St. Wendel

40 Jahre Livemusik und Party – Ein Überblick

Von den bescheidenen Anfängen zu einem der bundesweit größten Gratis-Festivals, von regionalen Künstlern bis zu internationalen Chartstars und vom **Schülerferienfest** zum **SR Ferien Open Air St. Wendel**: In den vergangenen vier Jahrzehnten hat sich beim jährlichen SR-Festival für die junge Zielgruppe viel verändert. Jugendlichen, die in den Ferien nicht wegfahren können, etwas zum Start der Sommerferien zu bieten, lautete die simple Grundidee der Gründungsväter Gerd Arend, Jürgen Köster und Hermann Stümpert, mit der 1981 auf dem St. Johanner Markt mitten in der Saarbrücker Innenstadt alles klein angefangen hat – und die bis heute Grundlage dieses Livespektakels ist.

Das Konzept ging schnell auf. Bereits im zweiten Jahr feierten 8.000 Jugendliche die Acts und sich selbst. Und schon 1983 musste das **Schülerferienfest** auf den Halberg umziehen. Dort wurde auch gleich zwei Tage lang gefeiert. Statt des Radiomobils, einem Übertragungswagen, in dem die Künstlerinnen und Künstler

Das »bayerische Cowgirl« Nicki, Schülerferienfest 1985. © SR/Franz Mees

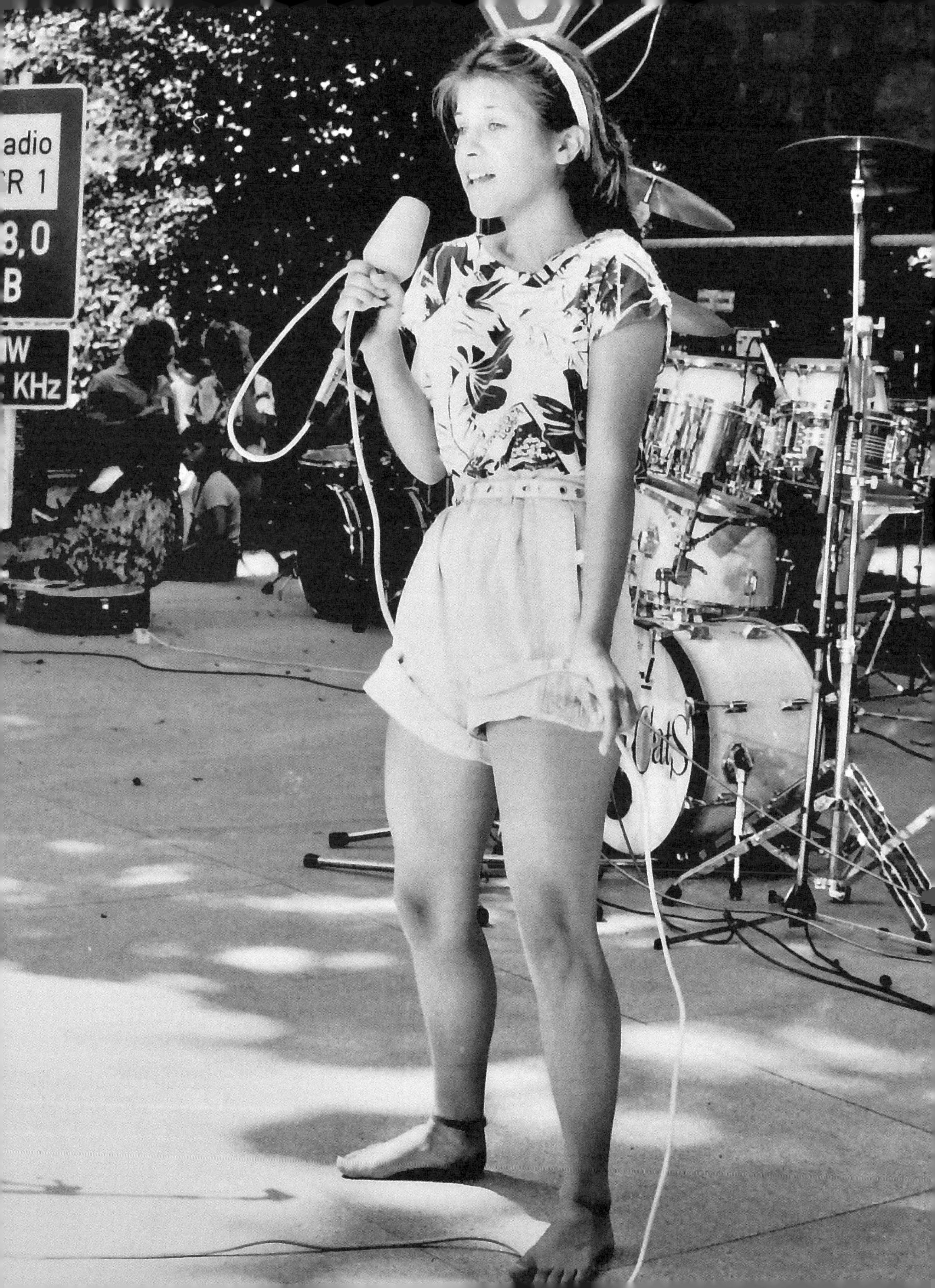
adio
R 1
8,0
B
W
KHz
Cats

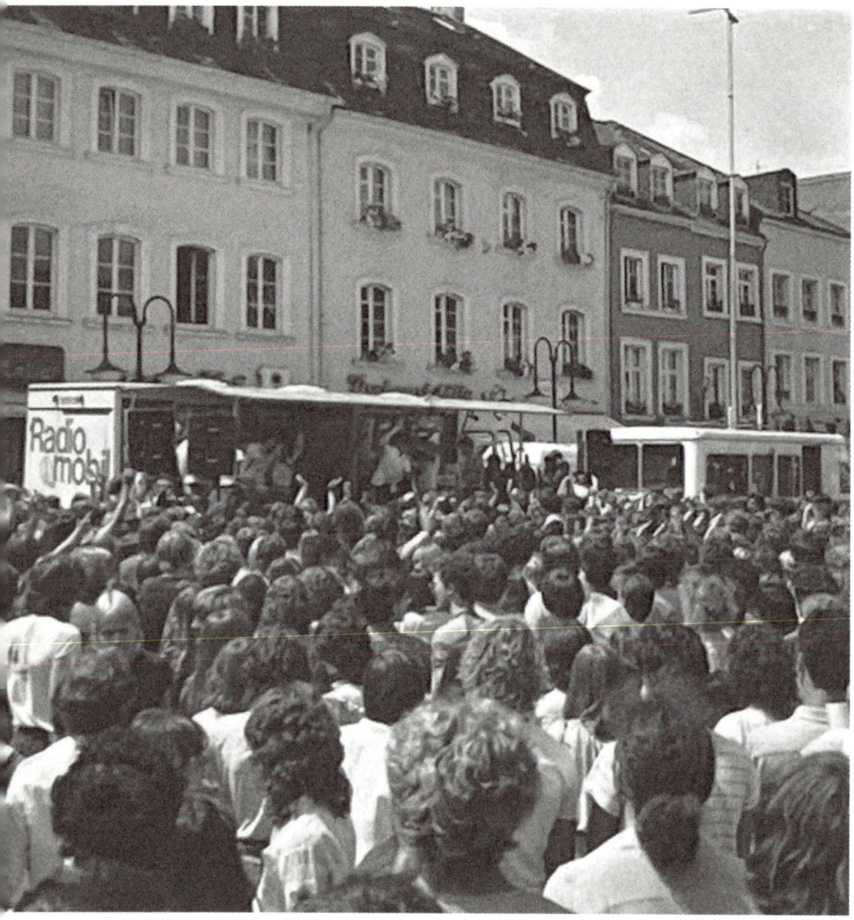

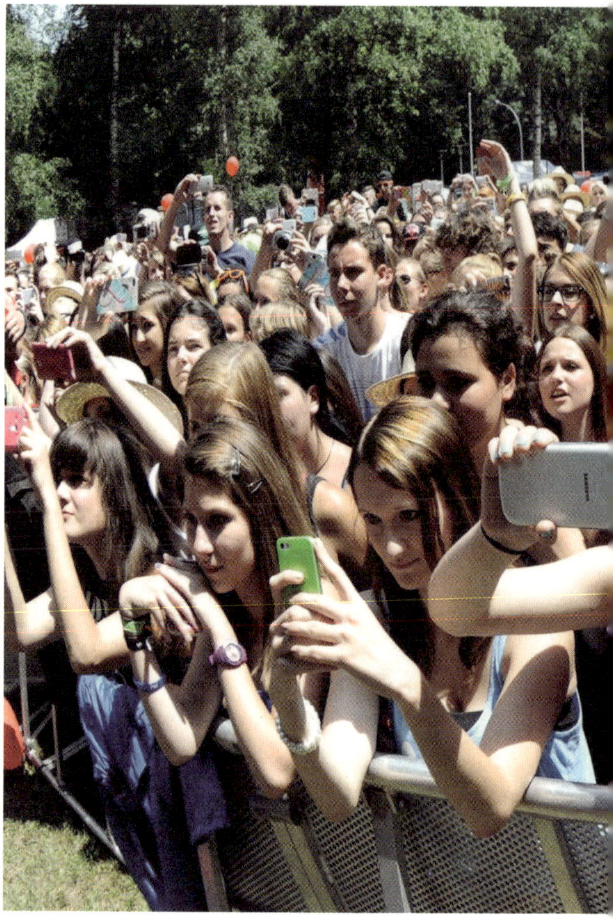

Schülerferienfest 1982 auf dem St. Johanner Markt in Saarbrücken. © SR/Gerhard Heisler

auftraten, gab es dort erstmals eine richtige, wenn auch bescheidene, Bühne. Doch von der Technik bis hin zum Sicherheitsteam war der Aufwand im Vergleich zu heute noch sehr gering.

Schnell entdeckten auch die Kolleginnen und Kollegen vom SR Fernsehen das Festival für sich: 1985 wurde das Livegeschehen erstmals aufgezeichnet und in Spezialsendungen übertragen. Die Bühnen und die Technikaufgebote wurden immer größer. Die Besucherzahlen stiegen rasant. Bereits 1986 wurden zwischen 20.000 und 30.000 Musikfans gezählt.

1996 ist aus dem **Schülerferienfest** dann das **Halberg Open Air** geworden. Die Gründe des SR: Zum Einen wollte man weg vom Image des reinen Schülerfestivals hin zum Event für die ganze Familie und zum Zweiten wollte man den Halberg als

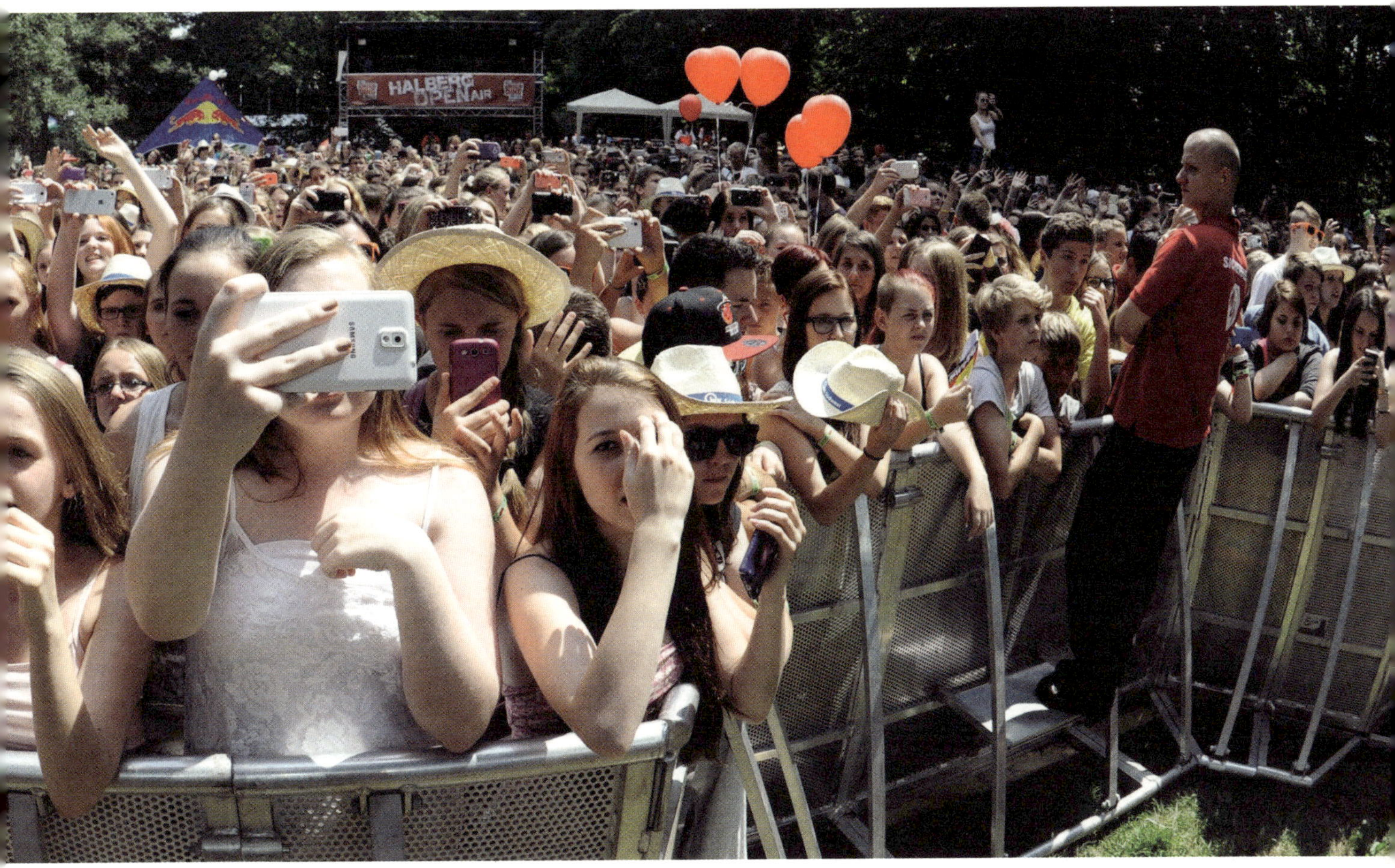

Blick ins Publikum beim Halberg Open Air 2014. © SR/Becker & Bredel

Sitz des Saarländischen Rundfunks stärker in den Mittelpunkt rücken. Im Zeitalter von Musiksendern wie Viva & Co. explodierte das Festival regelrecht. Mit bis zu 140.000 Zuschauern war es eine der größten Partys dieser Art in Deutschland. Ein neues Sicherheitskonzept musste her, das im Laufe der Jahre immer weiter verfeinert worden ist und sich bis heute stets bewährt hat. 1999 wechselte das Festival den Präsentator: UNSERDING (damals noch 103.7 UnserDing), das SR-Angebot für junge Menschen, ging On Air. Und die junge Welle übernahm das Festival von SR 1.

Von den Ärzten bis Pur, von DJ Ötzi bis Sunrise Avenue und von Max Giesinger bis Sido: Die Liste der Künstlerinnen und Künstler, die bei dem Festival auf der Bühne gestanden haben, ist lang. Ob Acts der Neuen Deutschen Welle wie Markus, Eurodance-Stars wie Culture Beat, Hip-Hop- und Rap-Vertreter wie Genetikk oder

Stars aus dem Netz wie Mike Singer – die Musikauswahl hat sich stets an den jeweils angesagtesten Hits der Kids orientiert.

Einige der seinerzeit umjubelten Idole, wie die Boybands Worlds Apart und US 5 oder Casting-Show-Teilnehmer wie Bro'Sis sind inzwischen längst wieder aus dem Rampenlicht verschwunden. Andere wie Eros Ramazotti, Silbermond oder Tokio Hotel waren schon vor ihrem großen Durchbruch mit von der Partie. Und von Adel Tawil bis hin zu Rea Garvey mischen auch heute viele Künstlerinnen und Künstler noch ganz vorn im Musikgeschäft mit.

Von brütender Hitze bis zu Gewittern mit sintflutartigen Regenfällen hat das Festival in seiner langen Geschichte schon sämtliche Wetterextreme miterlebt – und verkraftet. Nicht lange nach Beginn der 2000er Jahre aber zogen erstmals andersartige dunkle Wolken über dem Halberg auf. Aufgrund der Sparzwänge war die Zukunft ungewiss. 2005 startete die Traditions-Fete deshalb erstmals mit neuem Konzept: Nach der gewohnten, kostenlosen Party zum Ferienbeginn feierte am zweiten Tag das **SR 1 LegendAir** seine Premiere. Für Acts wie Reamonn, Laith Al-Deen & Co. wurde erstmals Eintritt erhoben. Mit dem Erlös sollten beide Tage finanziert werden. Es blieb jedoch bei diesem einen Mal. 2007 gab es erneut eine Konzeptänderung – die bis heute gilt: Seither spielen alle Bands des Festivals live.

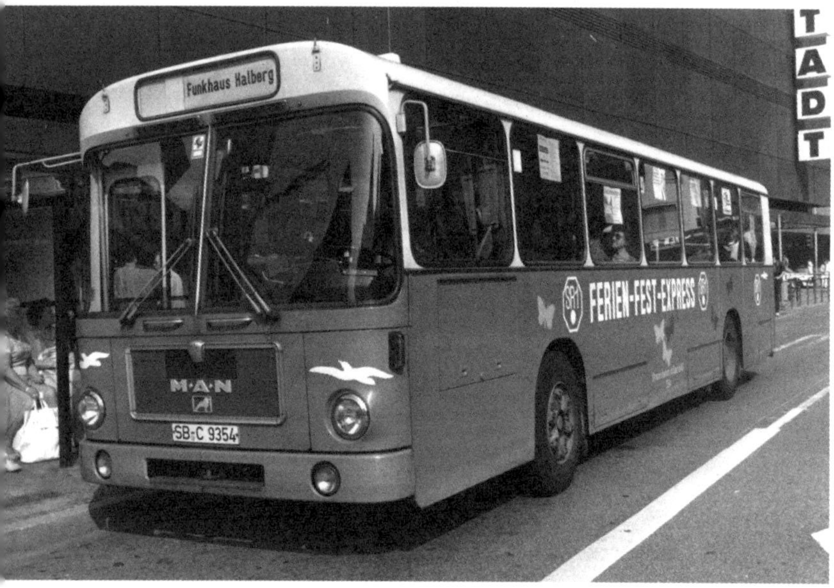

Ferien-Fest-Express beim Schülerferienfest 1985.
© SR / Reiner Oettinger

2017 war das Schicksalsjahr des **Halberg Open Air**. Das Festival war ein Punkt im Zehn-Punkte-Spar-Programm, das SR-Intendant Professor Thomas Kleist aufgrund hohen Finanzdrucks auflegen musste. Entsprechend musste er im Mai schweren Herzens verkünden, dass das Festival 2017 zum letzten Mal steigen werde. Die Betroffenheit im Saarland war groß, und der Druck aus der Bevölkerung stieg. Deshalb kündigte der SR schon vor der

rechts: Kayef auf dem SR Ferien Open Air St. Wendel 2018. © SR / Dirk Guldner

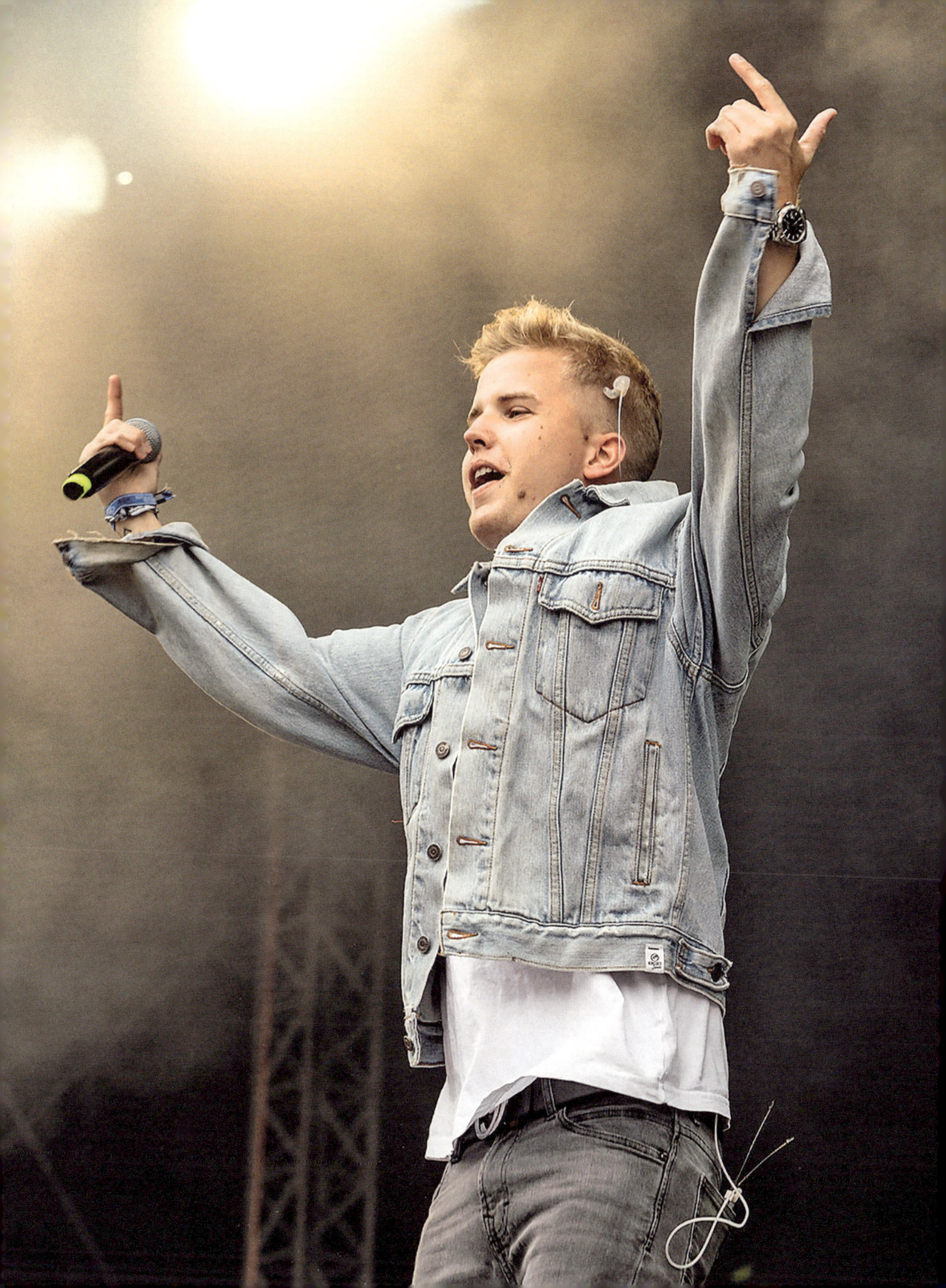

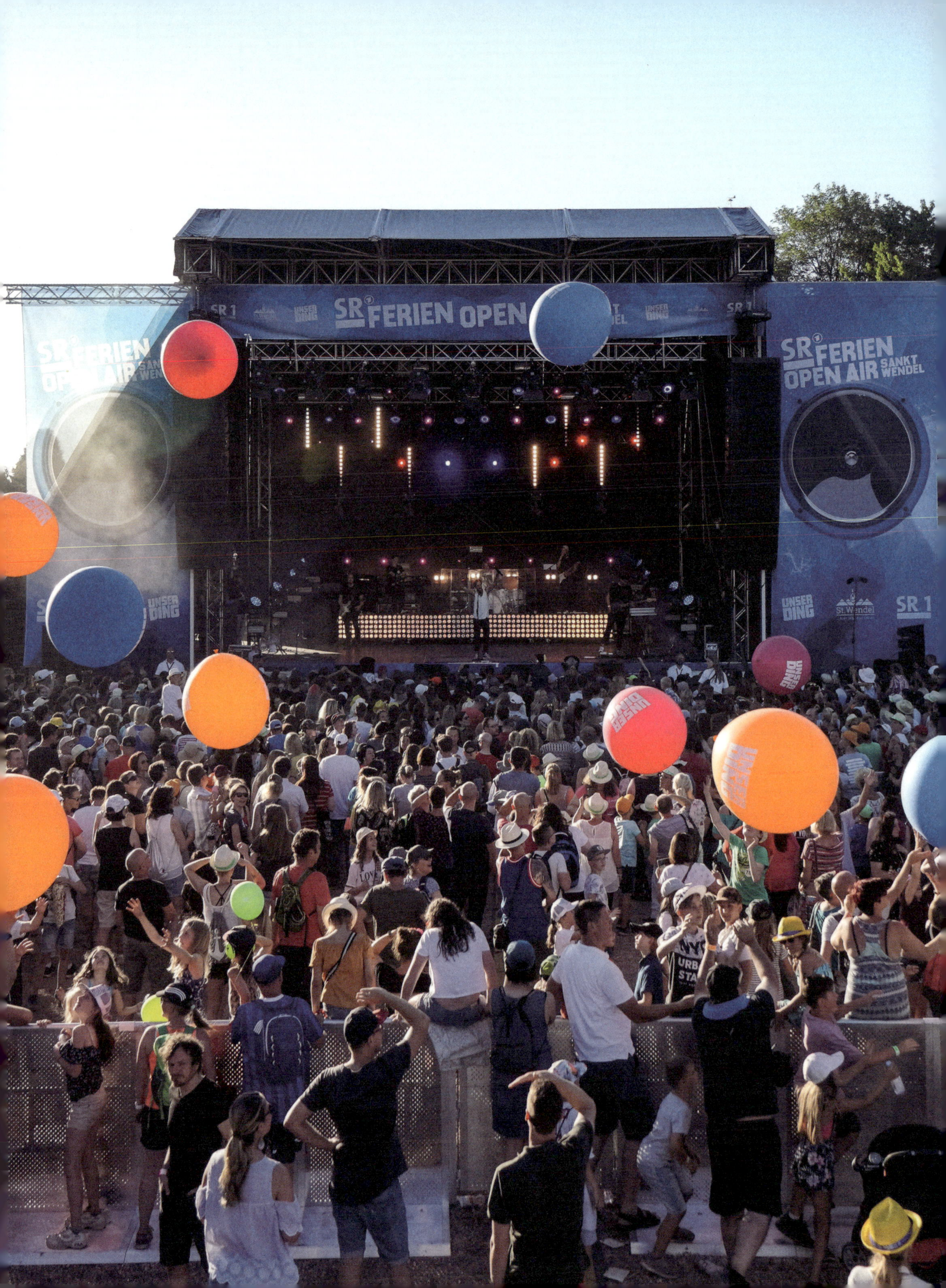
SR FERIEN OPEN
SR FERIEN OPEN AIR SANKT WENDEL
UNSER DING
SR 1

letzten Ausgabe an, eine Alternative für das Traditionsfestival zu suchen. Mehrere saarländische Städte hatten ihr Interesse bekundet, als Veranstalter zur Verfügung zu stehen. St. Wendel erhielt schließlich den Zuschlag.

Mit rund 10.000 Besucherinnen und Besuchern war 2018 die Premiere des **SR Ferien Open Air St. Wendel** im altehrwürdigen Bosenbachstadion ein voller Erfolg. Sofort wurde die Fortsetzung des Festivals beschlossen. 2019 kamen sogar 12.500 Fans, um ihre Stars live und kostenlos zu erleben.

Wegen der Coronapandemie musste die Kultveranstaltung 2020 allerdings zum ersten Mal in ihrer langen Geschichte ausfallen. Die 2021er und 2022er Ausgaben mussten ebenfalls coronabedingt abgesagt werden. Doch dafür gab es 2023 einen ganz besonderen Grund zum Feiern: die 40. Ausgabe des stets jung gebliebenen Festivals!

Auch wenn sich von den Künstlerinnen und Künstlern über den Festivalnamen bis hin zum Veranstaltungsort vieles in den vergangenen vier Jahrzehnten verändert hat – das erfolgreiche Grundkonzept ist bis heute gleich geblieben. Und es soll fortgeführt werden: Der SR und seine Kooperationspartner wollen vor allem jungen Musikfans der Region – wie schon Generationen vor ihnen – eine kostenlose Fete zum Start in die Sommerferien bieten. Natürlich mit den jeweils angesagten Stars des jungen Publikums.

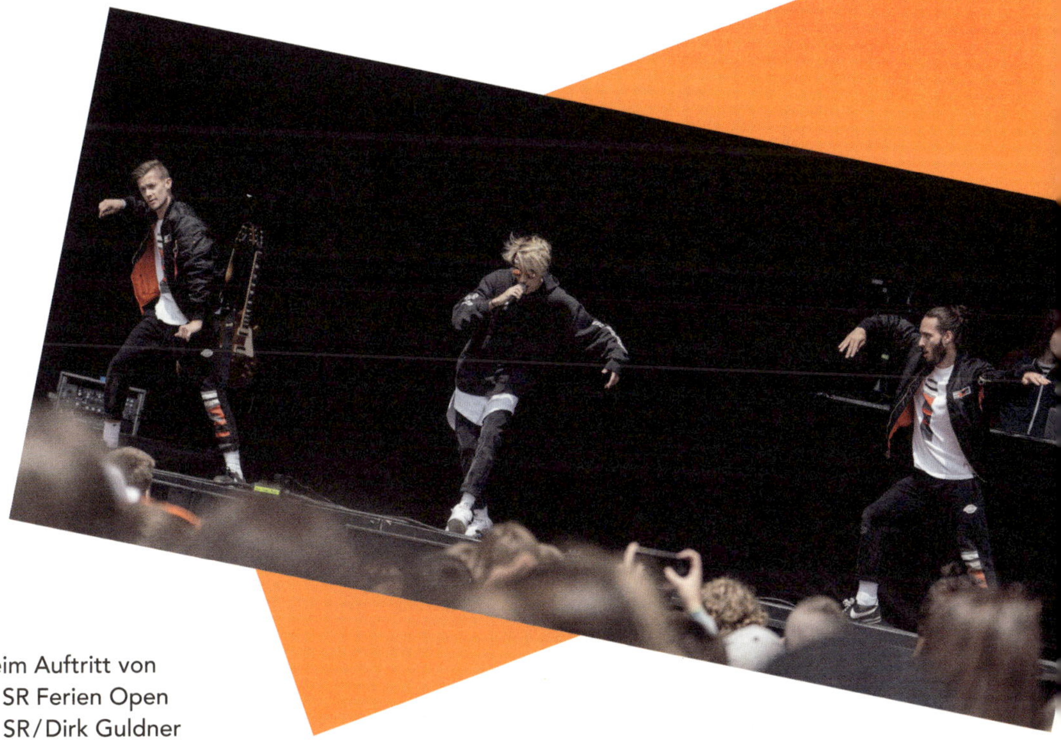

Lukas Rieger auf dem SR Ferien Open Air St. Wendel 2018. © SR/Dirk Guldner

links: Partystimmung beim Auftritt von Max Giesinger auf dem SR Ferien Open Air St. Wendel 2019. © SR/Dirk Guldner

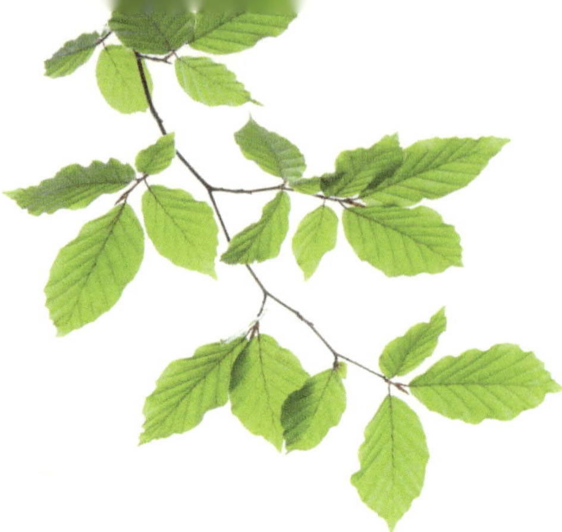

Vom Waldfest zum HOA

Open Air-Musik auf dem Halberg

Erinnerungen von Frank Rainer Huck, ehemaliger Moderator, Redakteur und Archivleiter des SR

»Am 5. Juli startet das Schülerfestival **Halberg Open Air** auf der Radiowiese vor dem SR-Funkhaus in seine 33. Ausgabe«, so etwa konnte man in der Saarbrücker Zeitung vom 17. Mai 2013 lesen. Als **Halberg Open Air** ist es, genau genommen, erst die 31. Ausgabe, denn das erste Ferienfest von SR 1 fand am 16. Juni 1981 in Saarbrücken auf dem St. Johanner Markt statt, wo auch im darauffolgenden Jahr noch lautstark der Ferienbeginn gefeiert wurde. Massive Beschwerden der Anwohner veranlassten die Stadtverwaltung jedoch, den »Antrag auf Genehmigung von Musikdarbietungen« der SR 1-Jugendredaktion künftig abzulehnen. So kam das Ferienfest im Jahr 1983 erstmals auf den Halberg, und zwar gleich für zwei Tage, vom 15. bis 16. Juli.

Schon zwei Jahre zuvor hatte SR 3 Saarlandwelle die Wiese vor dem Funkhaus erfolgreich für die Veranstaltungsreihe **Pfingsttreff auf dem Halberg** erprobt, und zwar erstmals am Pfingstmontag, 8. Juni 1981. Aber auch dies war nicht das erste Open Air-Festival auf dem Halberg. Am 14. Mai 1977 veranstaltete das Fernsehjugendprogramm unter Beteiligung von *Drugstore 1421* das **1. Nachklapp-Waldfest** auf dem Rondell vor der großen Wiese, die damals noch nicht dem heutigen Parkplatz unterhalb des Pförtnerhauses zum Opfer gefallen war.

Nachklapp hieß die Sendung, die von der Jugendredaktion der Abteilung Familienprogramm FS (damaliger Leiter war Dr. Peter Werner) unter Federführung

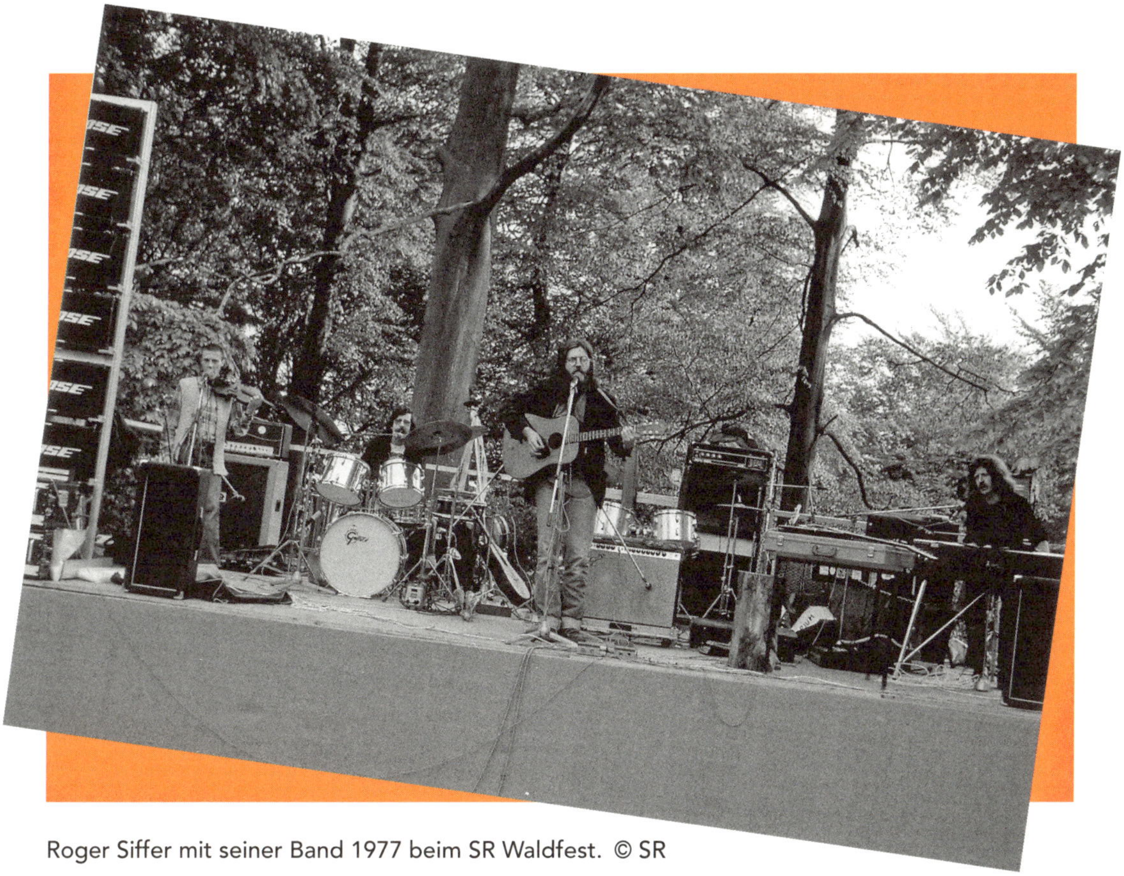

Roger Siffer mit seiner Band 1977 beim SR Waldfest. © SR

der Redakteurin Brigitte Schroedter Anfang 1976 ins Leben gerufen worden war. Die Redaktion hatte einmal im Monat donnerstags ab 19.00 Uhr im 3. Fernsehprogramm S3 einen Sendeplatz von 45 Minuten zu füllen. Anfangs bestanden die ersten 30 Minuten aus Übernahmen der mit dem SR kooperierenden Sender SDR und SWF. In aller Regel waren dies Musiksendungen aus dem Pop- und Rockbereich. Die letzten 15 Minuten, der »Nachklapp« eben, wurden vom SR produziert. Diese Sendung war als Servicesendung für Jugendliche gedacht und stellte Folk- und Jazzgruppen aus dem Sendegebiet von S3 vor, verbunden mit Veranstaltungstipps und Informationen aus dem Umfeld der Folkszene. Aufgrund meiner Erfahrungen und Kontakte aus meinen früheren Radiosendungen *Pop Corner* sowie *Folk und Folks im Saarland* auf SR 2 holte Brigitte Schroedter mich als Berater und Moderator in das Nachklappteam.

In den 1970er Jahren schwappte eine regelrechte Folk-Welle über Deutschland, als bundesweite Fortsetzung der legendären Liedermachertreffen auf der Hunsrücker Burg Waldeck und auch als Gegenbewegung zu der vorherrschenden Schlager-,

Pop- und Rockszene. Diese Musik also wurde im *Nachklapp* schwerpunktmäßig vorgestellt. Zahlreiche Folkclubs entstanden, in denen wir Liveauftritte der Künstler filmten. Gegen Ende des Jahrzehnts nahm auch die Zahl der Folkfestivals ständig zu. Während des Sommers 1977 gab es rund 20 mehrtägige Festivals in ganz Deutschland, und die *Nachklapp*-Redaktion wollte da nicht abseits stehen. Am zweiten Maiwochenende war es soweit: Am Rand des Parkplatzrondells auf dem Halberg wurden zwei Bühnen aufgebaut, Hörfunk- und Fernseh-Übertragungswagen gingen auf Station, und in der Mitte des Rondells stand ein großer Holzstoß für das Lagerfeuer, denn auch 1977 waren die Maiabende nicht immer warm. Schon tags zuvor liefen Studenten mit großen Tafeln durch die Saarbrücker Innenstadt, und auch Norbert Klein machte im *Drugstore1421* mächtig Reklame für das Ereignis.

Am Samstagabend, 14. Mai 1977, strömten dann gegen 19.00 Uhr Hunderte meist jugendlicher Folkfans auf den Halberg. Norbert Klein, der als zuständiger Redakteur das Konzert für den *Drugstore* mitschneiden ließ, machte zu Beginn mit mir ein Interview, und dann war das Konzert für die Fernsehaufzeichnung in den bewährten Händen von Regisseur und Kameramann Georg Bense. Als erster trat Alfred Gulden mit Gedichten in Saarlouis-Rodener Mundart auf, die er um diese Zeit gerade zu vertonen begann. Danach konnte ich Jürgen Albers vorstellen, ebenfalls mit eigenen Liedern auf Saarbrücker Platt. Besonders seine Textversion des bekannten Liedes »Mir sinn Saarbrigger« erntete Beifallsstürme und ist, mit einigen kleinen Textvarianten, noch heute brandaktuell: »Mir sinn Saarbrigger, mir schbiele Kligger, mir schmeiße Geld naus, wo gar keens iss!«

Als überregional bekannte deutsche Folkgruppe sang und spielte anschließend das Duo Zupfgeigenhansel, das mit seiner zweiten LP *Volkslieder* gerade für den Deutschen Schallplattenpreis nominiert worden war. Vielen der Festivalgäste bereits bestens bekannt, wurden die beiden mit viel Beifall begrüßt und sangen aus ihrem Repertoire Volkslieder aus dem 15. und 16. Jahrhundert sowie politische Lieder aus dem Vormärz und aus der Arbeiterbewegung.

Höhepunkt des Abends war dann der Auftritt von Roger Siffer mit seiner Gruppe, der sicherlich bekannteste elsässische Poet und Liedermacher. Mit seiner Mischung aus politischen Liedern und elsässischen Tanzliedern brachte er das Publikum richtig in Schwung. Der »Hans im Schnokeloch« durfte dabei nicht fehlen. Bis kurz vor Mitternacht wurde getanzt und gefeiert, und die rund 800 bis 1.000 Festivalbesucher machten sich, wie man allseits hören konnte, sehr zufrieden auf den nächtlichen Heimweg.

Sicherlich hatte diese erste Open Air-Veranstaltung auf dem Halberg noch nicht die Ausmaße der späteren Ferienfeste, aber die Stimmung war ausgelassen, fröhlich

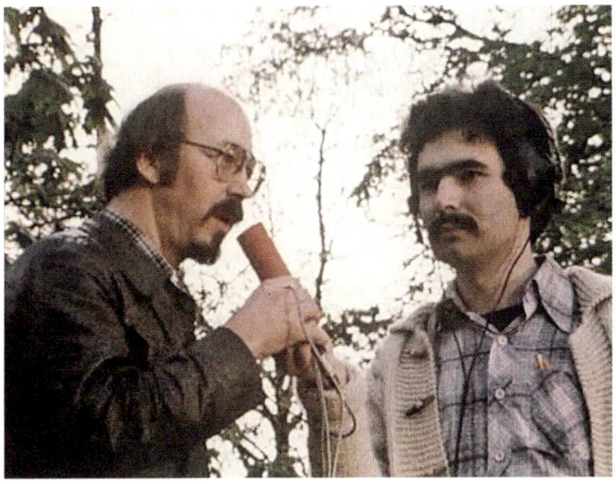

Drugstore-Redakteur Norbert Klein interviewt Frank Rainer Huck. © SR

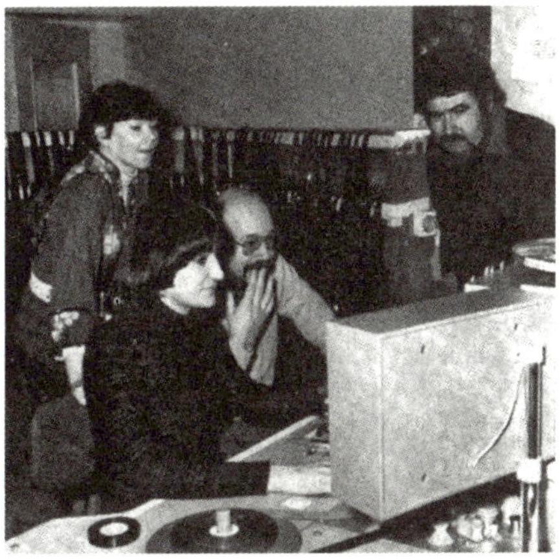

Das Nachklapp-Team 1977 im Fernseh-Abspielraum. © SR

und friedlich. Und vor allem: Den Zuhörern wurde echte Livemusik geboten, keiner der auftretenden Künstlerinnen und Künstler sang oder spielte zu Halb- oder Vollplaybacks. Ein zweites **Nachklapp-Waldfest** hat es dann leider nicht mehr gegeben.

Bliebe noch zu ergänzen, dass rund einen Monat später, am 12. Juni 1977, das SR-Festival **Musik im 20. Jahrhundert** ebenfalls eine **Musik im Freien** veranstaltete. Und Besucher des Halbergs an diesem sonnigen Sommersonntag werden sich vielleicht noch erinnern, wie ein indisches Ensemble Mittags-Ragas auf der großen Wiese spielte, wie Musiker des Rundfunksinfonieorchesters RSO entlang des Weges zur Mithras-Grotte im Gebüsch hockten und das Stück »Sticks and Stones« realisierten, und wie abschließend in der Mithras-Grotte Alphornbläser aus dem Donautal zusammen mit RSO-Musikern eine **Waldmusik** uraufführten. **Halberg Open Air**-Konzerte haben also schon eine längere Tradition, nur sind sie in den vergangenen Jahrzehnten wohl etwas lärmender geworden. Was mich an den wunderbaren Limerick von Ludwig Harig erinnert:

Einst war der berühmte Halberg
ein Salzkristall-, dann Grandval-Berg.
Im Schloss herrschte Prunk,
und dann kam der Funk.
Jetzt ist er ein Schall- und Krawallberg.

TOP ACTS

EINE AUSWAHL

1981	Thomas Ohrner, Ted Herold
1982	Markus, Frl. Menke, Lancelot
1983	Geier Sturzflug, Kiz, Markus
1984	Münchener Freiheit, Steinwolke
1985	Modern Talking, Eros Ramazotti, Die Toten Hosen
1986	Rio Reiser, Den Harrow, Peter Schilling, Rodgau Monotones, C. C. Catch
1987	Die Ärzte, Karat, Bad Boys Blue, Bruce & Bongo
1988	Pur, Milli Vanilli, Camouflage, Jule Neigel, Leslie Mandocki, Wolfgang Fierek
1989	Patricia Kaas, Wolfgang Petry, Puhdys, Wolf Maahn, Bonnie Bianco, Camouflage
1990	Spider Murphy Gang, Extrabreit, Frank Zander, Stoppok, Francesco Napoli, Pe Werner
1991	O.M.D., Suzie Quatro, Culture Beat, Purple Schulz, Thomas Anders, Blue System
1992	Pur, Opus, Rodgau Monotones, Planet Claire, Dr. Alban
1993	Fury in the Slaughterhouse, The Rattles, Sydney Youngblood, Captain Hollywood
1994	Lucilectric, The Weather Girls, Fun Factory
1995	La Bouche, Sparks, E. A. V., Fettes Brot, Worlds Apart, Black Eyed Blonde
1996	Extrabreit, Tic Tac Toe, Mr. Ed Jumps The Gun
1997	Brooklyn Bounce, Touché,
1998	Scooter, 4 The Cause, Sasha, Blümchen, Culture Beat

1999 DJ Bobo, Die Prinzen, No Mery, Echt, Lou Bega, Captain Jack

2000 Liquido, DJ Ötzi, Reamonn, Worlds Apart

2001 Sarah Connor, Jeanette Biedermann, Melanie Thornton, Rednex, Atomic Kitten

2002 Hermes House Band, H-Blockx, Natural, Right Said Fred, Haddaway

2003 Patrik Nuo, Jeanette Biedermann, Kool Savas, Massive Töne

2004 Silbermond, Bro'Sis, Eko Fresh, Ferris MC

2005 Tokio Hotel, The BossHoss, Christina Stürmer, Fettes Brot, Laith Al-Deen, Reamonn, Glashaus

2006 Revolverheld, US 5, Jeanette Biedermann

2007 Nevada Tan, Boundzound, Max Buskohl

2008 Sunrise Avenue, Stanfour, Killerpilze, Klee

2009 The Rasmus, Stefanie Heinzmann, Cassandra Steen

2010 Sido, Aura Dione, Stormy Weather Connection

2011 Milow, Marteria, Bosse, Frida Gold

2012 Culcha Candela, Jupiter Jones, Roman Lob

2013 Royal Republic, Glasperlenspiel, Gentleman, Max Herre

2014 The BossHoss, Genetikk, DCVDNS

2015 Lena, Die Orsons, Liont Supp. T-Zon

2016 Die Lochis, Luxuslärm, Max Giesinger

2017 Wincent Weiss, Philipp Dittberner, Mike Singer, Lotte

2018 Joris, Lukas Rieger, Nico Santos, Genetikk, Kayef

2019 Max Giesinger, Bosse, Summer Jem, Bars & Melody

2020 ./. – Ausfall wegen Coronapandemie

2021 ./. – Ausfall wegen Coronapandemie

2022 ./. – Ausfall wegen Coronapandemie

2023 Wincent Weiss, Leony, Kamrad, Ray Dalton

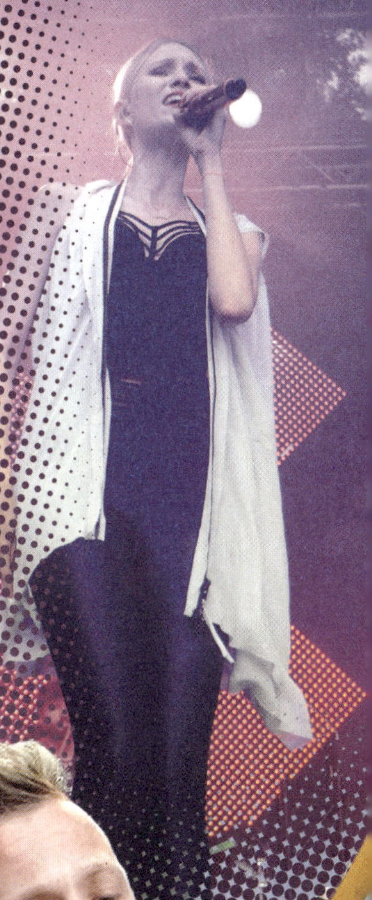

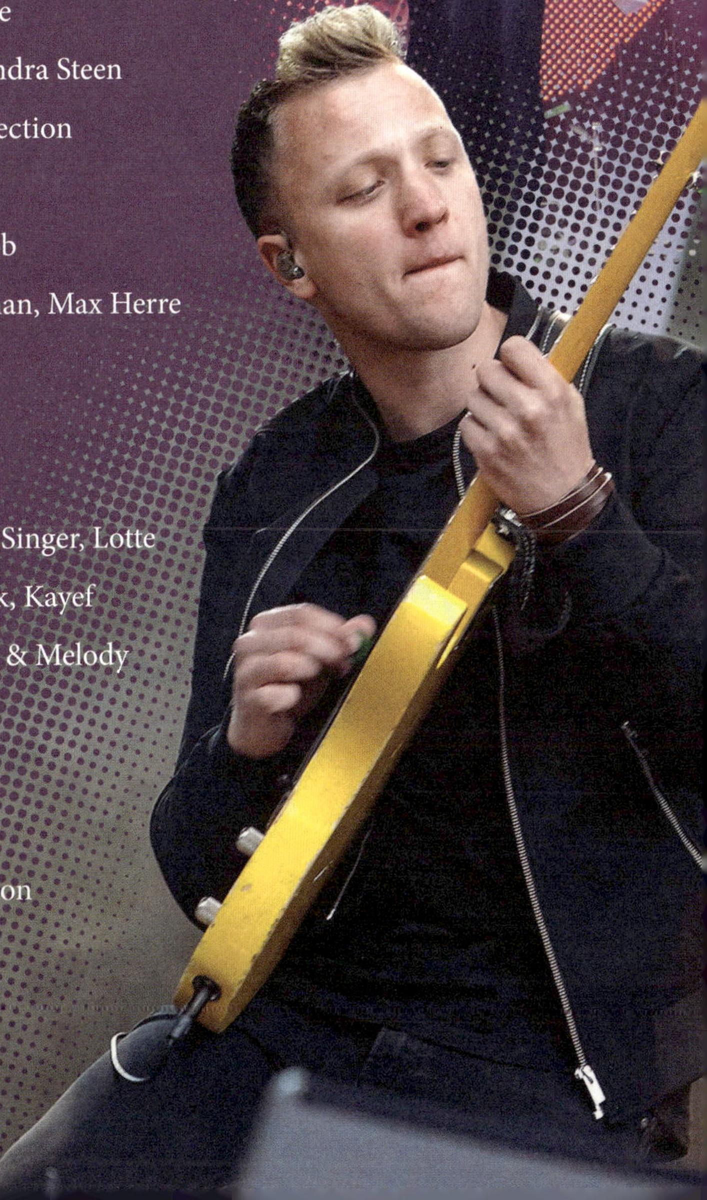

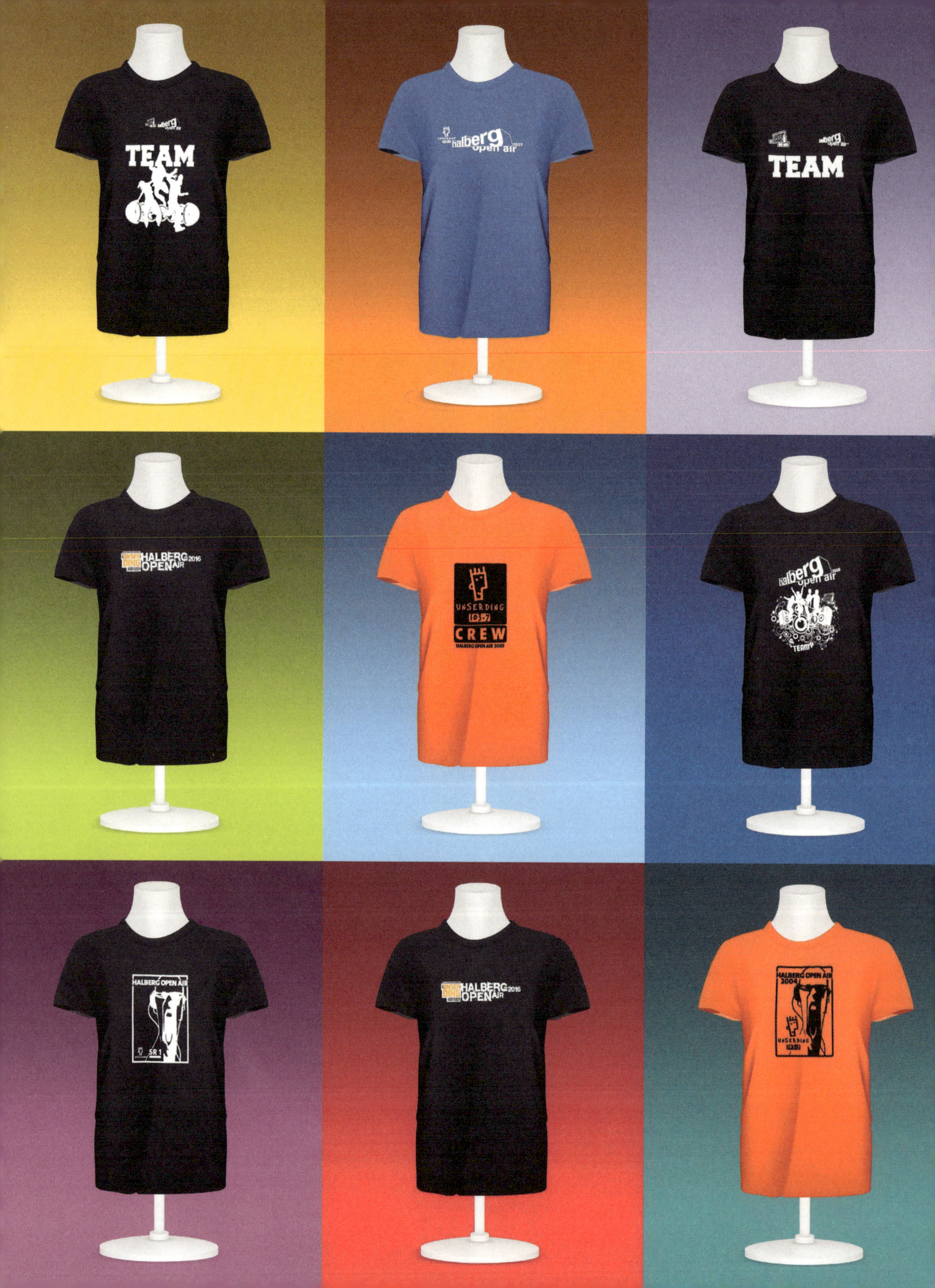
TEAM
halberg open air
TEAM
HALBERG OPEN AIR 2016
UNSERDING
CREW
HALBERG OPEN AIR 2005
halberg open air
HALBERG OPEN AIR
SR 1
HALBERG OPEN AIR 2016
HALBERG OPEN AIR 2006
UNSERDING

Jahreschronik

1981 »Was können wir für Jugendliche tun, die in den Sommerferien nicht in Urlaub fahren können?« Diese Frage stellten sich 1981 die drei SR-Mitarbeiter Hermann Stümpert, Jürgen Köster und Gerd Arend. Axel Buchholz hatte bei SR 1-Unterhaltungschef Hermann Stümpert angeregt, »doch mal etwas Besonderes für Schüler zu machen«, wie sich Jürgen Köster (später unter anderem Wellenchef von NDR 1 Radio Niedersachsen und Programmdirektor von radio ffn) erinnert.

Am 16. Juni 1981 wurde schließlich ihr gemeinsames »Kind« geboren: das **Schülerferienfest**. Zu diesem Zeitpunkt ahnte wohl noch niemand, dass das Open Air einmal mit bis zu 140.000 Besuchern zu einer der größten Partys dieser Art in Deutschland werden sollte.

Die Anfänge waren bescheiden: »In den beiden ersten Jahren fand die Veranstaltung noch auf dem St. Johanner Markt in Saarbrücken statt«, erinnert sich der ehemalige SR-Redakteur Gerd Arend. Als Kulisse diente das Radiomobil, ein Übertragungswagen mit einer Minibühne. Zu den Live Acts gehörten neben der Bernward Büker Bande auch Profil, Lancelot und Arabesque. Mit dem Mädchen-Trio feierte die Saarbrücker Sängerin Sandra, die mit über 30 Millionen verkauften Tonträgern zu den erfolgreichsten deutschen Acts gehört, ihre ersten Erfolge.

Mit von der Partie war auch Thomas Ohrner. Der damalige Teeniestar landete TV-Serien-Hits wie *Timm Thaler*, *Merlin* und *Manni, der Libero*. Neben der Schauspielerei veröffentlichte der Münchener Anfang der 1980er Jahre auch erfolgreich Popsongs. Ted Herold trat ebenfalls bei der Premiere des Schülerferienfests mitten

T-Shirt-Motive aus verschiedenen Festivaljahren.

in der Innenstadt auf. Seine Bekanntheit hatte er als deutscher Rock 'n' Roll-Musiker in den 50er und 60er Jahren erlangt.

Moderiert wurde das Programm unter anderem vom damaligen SR 1-Mitarbeiter und späteren *Tagesschau*-Chefsprecher Jan Hofer sowie von Radiolegende und *Musikladen*-Moderator Manfred Sexauer. Schon im Premierenjahr stießen Hermann Stümpert, Jürgen Köster und Gerd Arend mit ihrer Idee auf eine so große Resonanz, dass die Redaktionsmitglieder höchstselbst anschließend gut damit beschäftigt waren, auf dem Markt wieder für Ordnung und Sauberkeit zu sorgen. Die SR-Verwaltung belohnte sie dafür mit Verpflegungs-Gutscheinen.

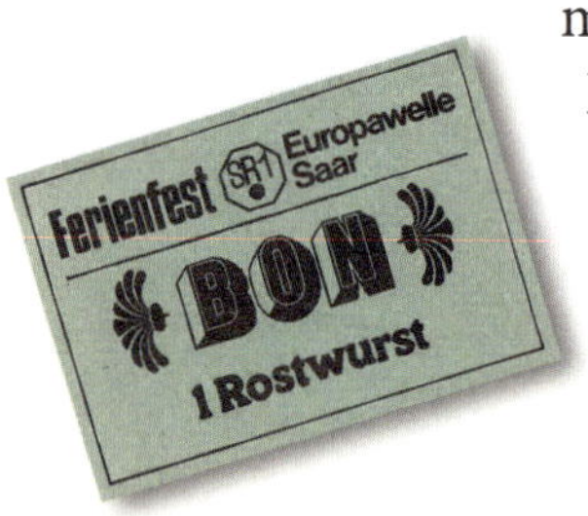

1982

Nach der erfolgreichen Premiere stieg am 21. Juli 1982 auch die zweite Auflage des Schülerferienfests wieder auf dem St. Johanner Markt. Neben der saarländischen Band Lancelot waren unter anderem die beiden Stars der gerade heftig brandenden Neuen Deutschen Welle (NDW), Frl. Menke (»Hohe Berge«) und Markus, mit dabei. Mit seinem Hit »Ich will Spaß« lieferte er das passende Motto für die Freiluftfete.

Aber das Festival stieß im Herzen der City nicht nur auf positive Resonanz. Während die rund 8.000 Jugendlichen jubelten, beschwerten sich einige Anwohner. »Wegen der Beschwerden zogen wir deshalb 1983 auf den Halberg um«, erinnert sich Arend.

1983

In diesem Jahr gab es quasi eine doppelte Premiere: Das **Schülerferienfest** hatte nicht nur zum ersten Mal auf dem Saarbrücker Halberg seinen Veranstaltungsort, sondern fand zudem auch noch gleich an zwei Tagen statt: am 15. und 16. Juli 1983. Aber auch am neuen Standort hielt sich der Aufwand im Gegensatz zu dem heutigen, enormen Technikaufgebot noch in Grenzen. Ein Sicherheitsteam war damals ebenfalls noch nicht erforderlich. Diese Aufgabe übernahmen zu jener Zeit oft noch die Eltern, die ihre Kinder zum Fest für die ganze Familie begleiteten, einem Fest, das immerhin von etwa 5.000 Menschen besucht wurde.

Die NDW bestimmte nicht nur die aktuelle Chartszene, sondern auch das Programm des Festivals. Zu den Top Acts gehörten Geier Sturzflug (»Bruttosozialprodukt«), Markus, die Münchener Freiheit (»Ohne dich«) und Kiz (»Die Sennerin vom Königssee«). Als Local Heroes standen wieder Lancelot auf der Bühne.

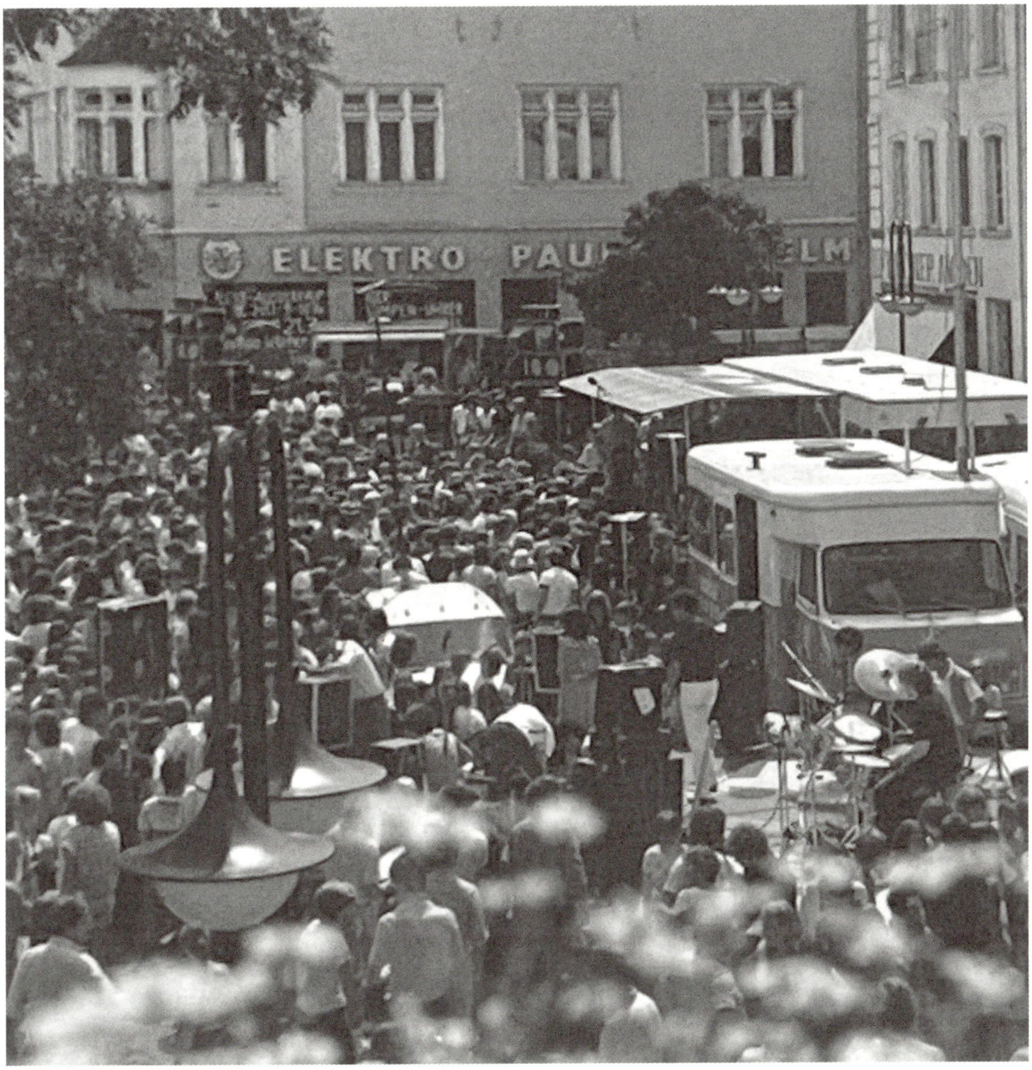

Schülerferienfest 1982 auf dem St. Johanner Markt. © SR/Gerhard Heisler

1984 Bei der zweiten Runde des **Schülerferienfests** auf dem Halberg am 18. und 19. Juli 1984 hatte die NDW das Künstleraufgebot wieder fest im Griff. Neben Markus, der Münchener Freiheit und Kiz, die die Jugendlichen erneut auf die Ferien einstimmten, gehörten dieses Mal auch Steinwolke (»Katharine«) dazu. Als Vertreter der regionalen Musikszene standen unter anderem wieder Lancelot und Wolfgang de Benki mit der Saarlandhymne »Un do druff« auf der Bühne.

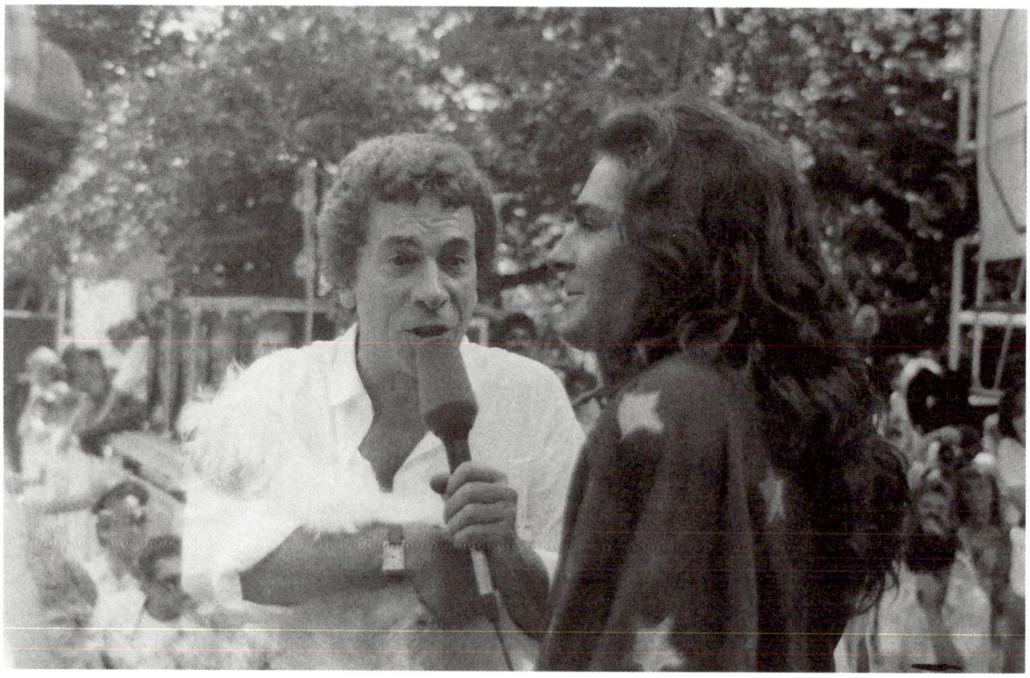

Manfred Sexauer interviewt Thomas Anders beim Schülerferienfest 1986. © SR/Franz Mees

1985 Die Premiere beim fünften **Schülerferienfest** am 3. und 4. Juli 1985: Die Fete wurde zum ersten Mal für das SR-Fernsehen aufgezeichnet. Aber nicht nur das Technikaufgebot wurde größer, sondern auch das Line-Up. Neben Modern Talking gehörten Blind Date (»My Heart Keeps Burning«), die Ace Cats (»Linda«), Innocent Cry (»Tune in Tokyo«), Lady Lily, Al Corley, Bernie Paul und die Strandjungs (»Surfen auf'm Baggersee«) zu den angesagten Acts aus den Charts. Auch der Schlagerbereich war mit Nicki (»Servus, mach's guat«), Relax (»Weil i di mog«) & Co. vertreten.

Während viele Künstler inzwischen längst in Vergessenheit geraten sind, heizten den Schülerinnen und Schülern auch zwei Acts ein, die noch heute angesagt sind, aber damals noch am Anfang ihrer Karriere standen: die Toten Hosen und Eros Ramazotti.

Mit dem heutigen Italo-Superstar verbindet SR 3-Unterhaltungschef Eberhard Schilling eine amüsante Anekdote. Schilling moderierte mit Heike Greis bis 1999 viele Jahre das Festival, war aber auch schon in den Anfangsjahren als Aufnahmeleiter dabei: »Ich wollte mal Eros Ramazotti aus dem Backstagebereich werfen.« Damals sei dieser noch nicht so abgeschirmt gewesen wie in den Folgejahren. »Hinter

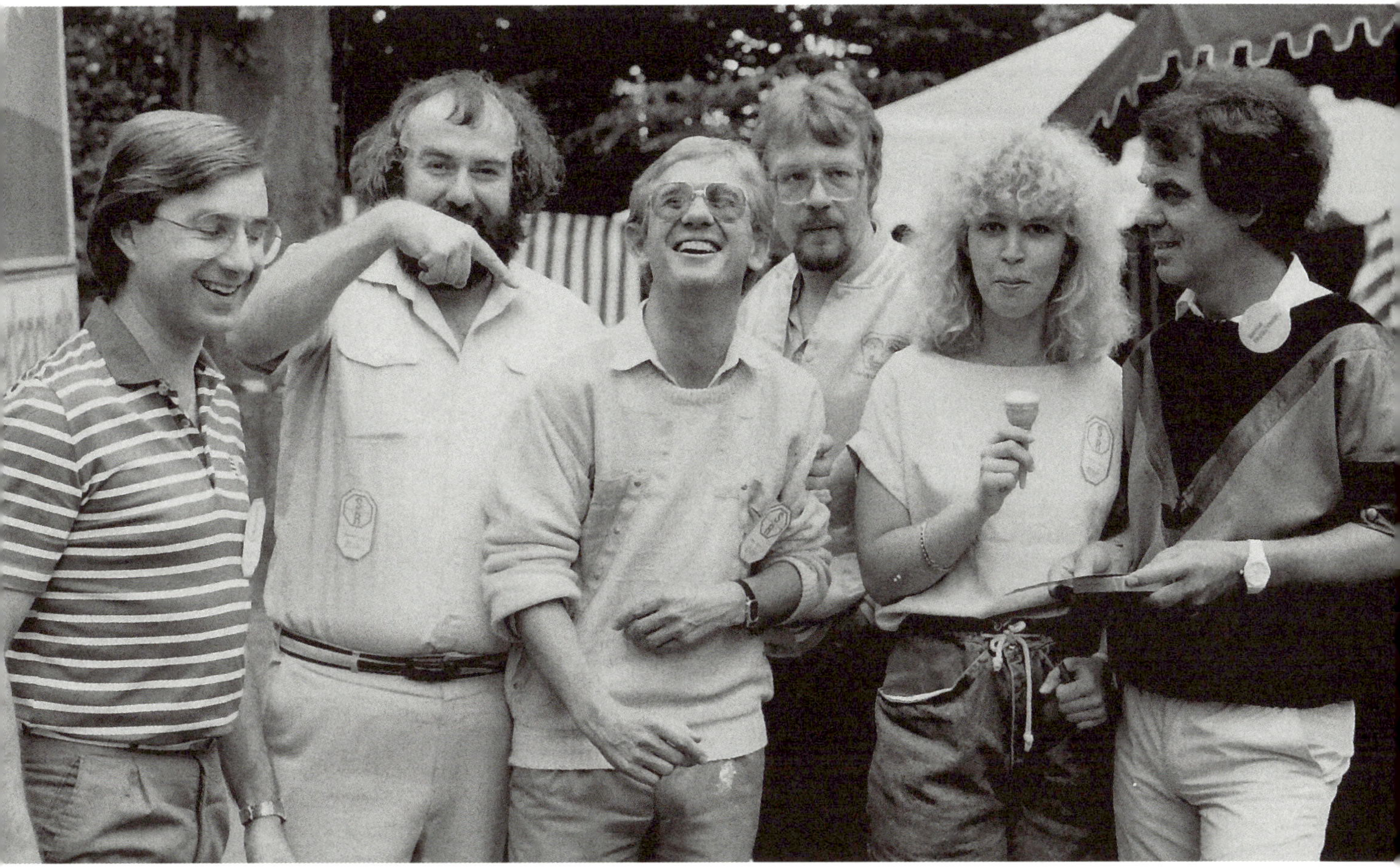

Das Moderatoren-Team beim Schülerferienfest 1985: (v.l.n.r.) Jan Hofer, Hermann Stümpert, Gerd Arend, Wolfgang Hellmann, Sabine Neu und Bernd Duszynski. © SR/Franz Mees

der Bühne waren fast mehr Leute als davor«, ergänzt Schilling schmunzelnd. Statt Mitarbeiter eines Sicherheitsdienstes sorgten die SR-Kollegen dort selbst für Ordnung. Damals habe er den Newcomer Ramazotti schlichtweg noch nicht gekannt.

1986 Das **Schülerferienfest** wuchs weiter. Weit über 20.000 Menschen pilgerten zur sechsten Ausgabe auf den Halberg. Die Freiluftparty stieg am 14. und 15. Juni 1986 nicht nur erstmals an einem Sonntag, sondern auch auf zwei Bühnen. Unter anderem heizten die 80er-Stars Bad Boys Blue (»Pretty Young Girl«), Two of Us (»Blue Night Shadow«), Thomas Anders, C.C. Catch (»Strangers by

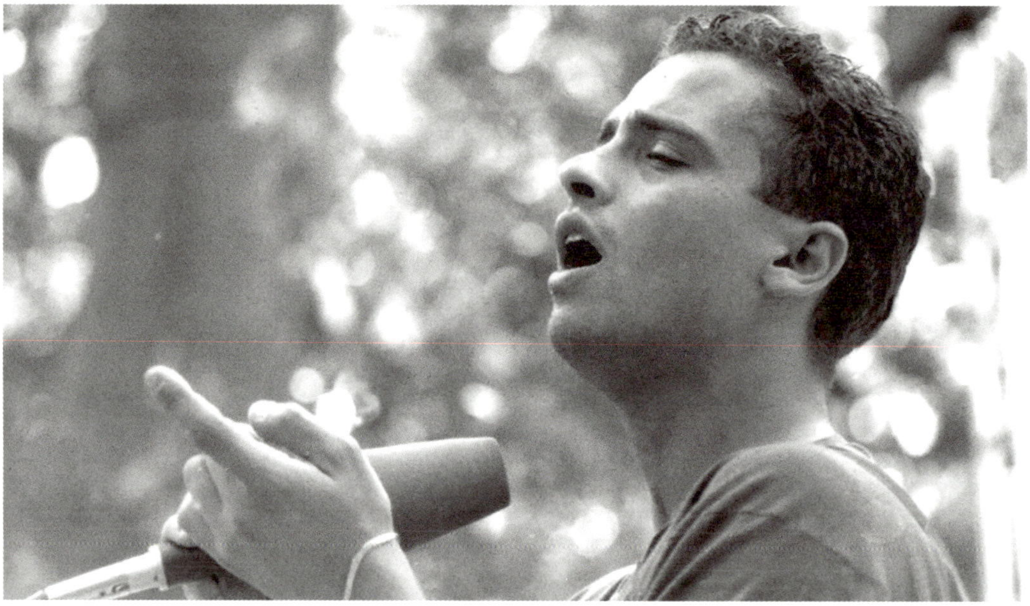

Eros Ramazotti beim Schülerferienfest 1986. © SR/Franz Mees

Night«) und die Rodgau Monotones (»Erbarme – die Hesse komme«) den Fans ein. Auch Eros Ramazotti war erneut mit von der Partie.

Zu den umjubelten Mädchenschwärmen gehörte sein Landsmann Den Harrow. Der italienische Dressman sorgte mit seinen Hits wie »Don't Break My Heart« für Kreischattacken. Auch der »König von Deutschland« gab sich die Ehre. Nach seiner Zeit als Frontmann der Band Ton Steine Scherben startete Rio Reiser mit diesem Song und weiteren Hits wie »Junimond« eine erfolgreiche Solokarriere. Und wie so oft in den Anfangsjahren des Festivals war auch der deutsche Schlager mit der saarländischen Sängerin Ingrid Peters (»Afrika«) im Programm vertreten.

1987

Beim siebten **Schülerferienfest** am 22. und 23. Juli 1987 feierte die Newcomer-Show von Bernd Duszynski ihre Premiere. Am zweiten Festivaltag präsentierte der SR 1-Moderator zwischen 10.00 Uhr und 12.00 Uhr regionale Künstler, bevor Chart-Größen wie C. C. Catch, Peter Schilling, Bernward Büker (»Wilde Abenteuer«) und Mike Mareen die Bühne enterten. Der Italo-Disco-Vertreter (»Love Spy«) feuerte bei seinen Auftritten gern Dutzende von Platten in die Menge.

Die DDR-Erfolgsband Karat durfte schon vor der Wende eigens zu dem Festival nach Saarbrücken ausreisen. Die Kosten übernahm übrigens der in Neunkirchen geborene Staatschef Erich Honecker – sozusagen als Geschenk an seine Heimat, erinnert sich Ex-SR-Redakteur Gerd Arend augenzwinkernd. Auch Die Ärzte, die bis heute zu den erfolgreichsten deutschen Bands gehören, sorgten trotz strömenden Regens für ausgelassene Stimmung auf dem Halberg und erinnern sich noch gut an diesen Auftritt.

SR 1 übertrug das Geschehen von 12.00 Uhr bis 14.00 Uhr live. Zudem konnten Radiohörerinnen und -hörer das gesamte Programm im Stadtgebiet von Saarbrücken über KW IV mitverfolgen. Das SR Fernsehen sendete zwei Specials sowie Beiträge im *Aktuellen Bericht* von der Freiluftparty.

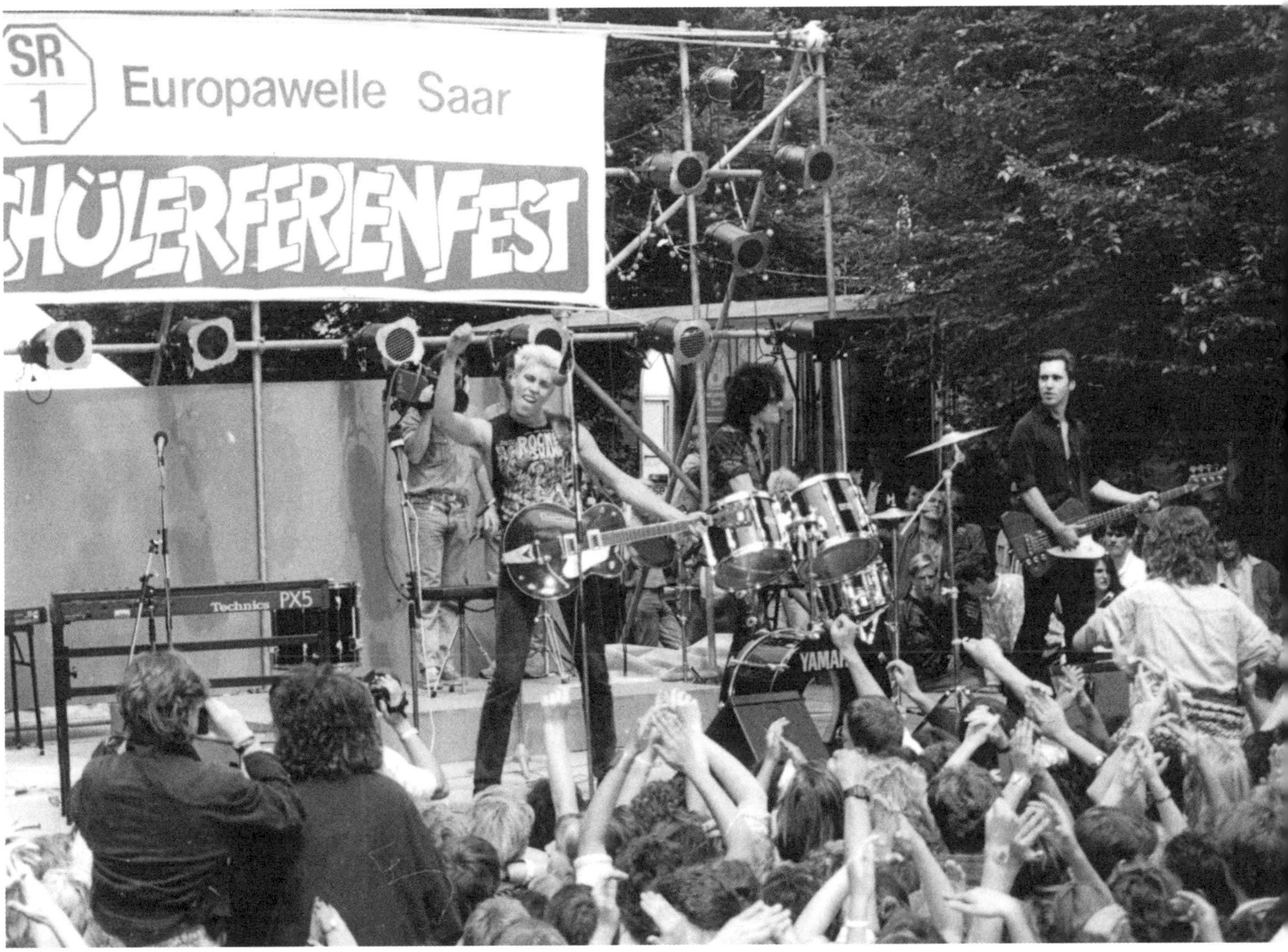

Die Ärzte beim Schülerferienfest 1987. © SR/Franz Mees

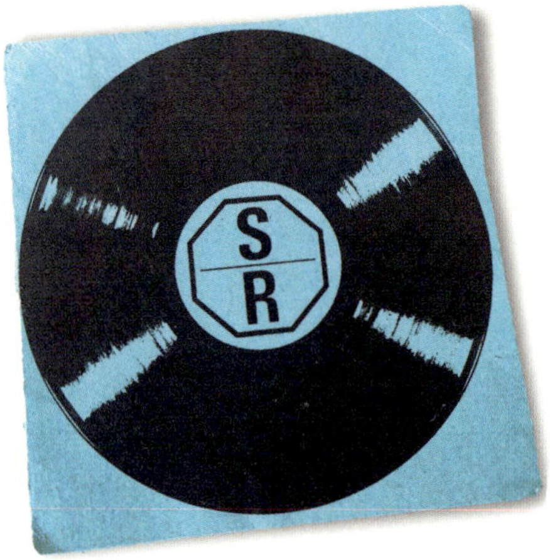

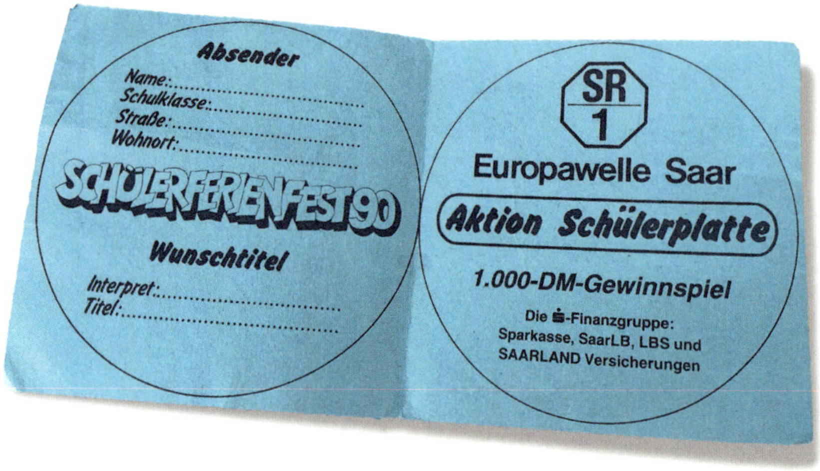

Aktion Schülerplatte: 1990 wurden beim Schülerferienfest erstmals an beiden Tagen 1.000 DM unter den Besuchern verlost.

Neben Bernd Duszynski führten seine früheren SR 1-Kollegen Manfred Sexauer, Wilfried Eckel und Wolfgang Hellmann durch das Programm. Zwischen 20.000 und 30.000 junge Musikfans feierten an den beiden Tagen mit. Für Besucher über 18 Jahren gab es erstmals einen Bierstand. Inzwischen lautete seit vielen Jahren das Motto »Volle Party bei null Promille«: Alkohol ist für die Jungen tabu.

1988

Mit dem achten **Schülerferienfest** wurde am 13. und 14. Juli 1988 die lange Geschichte des Festivals fortgeschrieben. Neben aktuellen Hitlieferanten wie Okay, Inker & Hamilton, Hazell Dean, Jule Neigel (»Schatten an der Wand«) sowie Fux (»Überdosis Glück«) standen in diesem Jahr auch erstmals PUR auf der Bühne. Die heute zu den erfolgreichsten deutschen Popvertretern gehörende Band wurde 1988 mit dem Nachwuchspreis der »Goldenen Europa« des Saarländischen Rundfunks ausgezeichnet. In den Folgejahren waren PUR lange Zeit Stammgäste des Festivals.

Milli Vanilli hatten ebenfalls einen ihrer ersten großen Auftritte. »Dank dem seit über 30 Jahren bestehenden Kontakt zum Hitproduzenten Frank Farian aus dem Saarland«, erinnert sich Gerd Arend. Kurze Zeit später eroberte das Duo mit dem Hit »Girl You Know It's True« die internationalen Charts. Dass Milli Vanilli dann 1990 für einen der größten Skandale der Popmusik sorgten, weil sie ihre Lieder nicht selbst eingesungen hatten, ahnte damals noch niemand …

In der Newcomer-Show von Bernd Duszynski waren 1988 zwei junge Bands aus der Region dabei, die später sogar internationale Erfolge feiern konnten: Lancelot und Vanden Plas. Andy Kuntz, der Sänger der letztgenannten Metal-Band startete zudem in den 1990er Jahren eine Karriere als Musicaldarsteller.

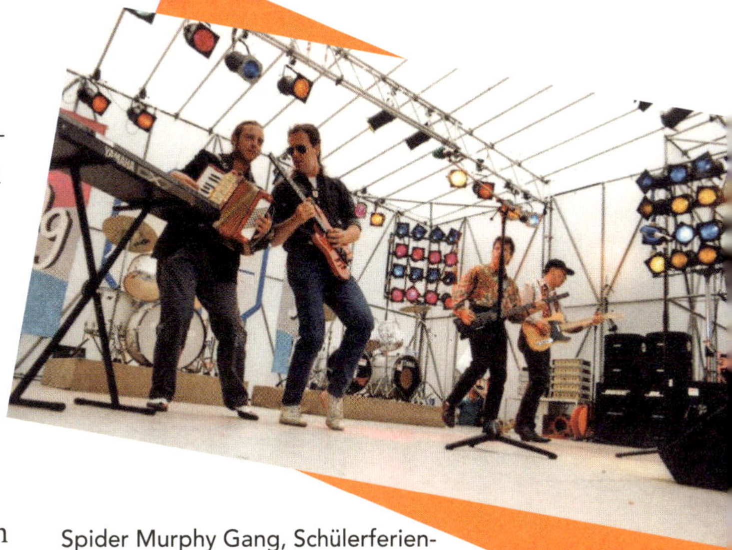

Spider Murphy Gang, Schülerferienfest 1990. © SR / Rolf Ruppenthal

1989

Nach Karat spielte mit den Puhdys im Jahr der Wende noch vor dem Mauerfall eine weitere große Band der DDR beim **Schülerferienfest**. Bei der neunten Ausgabe am 28. und 29. Juni 1989 trafen aktuelle Chartstürmer wie Camouflage (»Love Is a Shield«), Mandy Winter (»Julian«) und die *Eurovision-Song-Contest*-Gewinner Riva (»Rock Me«) auf die 1970er-Kultformation Middle of the Road (»Chirpy Chirpy Cheep Cheep«) und Schlagerkünstler wie Nino de Angelo (»Jenseits von Eden«) sowie Wolfgang Petry (»Wahnsinn«). Der Kölner Musiker trat gerade in der Anfangszeit seiner erfolgreichen Karriere oft bei SR-Außenveranstaltungen wie Manfred Sexauers *Disco Top Ten* auf.

Auch Patricia Kaas, die zu den international erfolgreichsten französischen Sängerinnen gehört, hatte 1989 auf dem Halberg quasi ein Heimspiel. Sie wurde 1966 im grenznahen Forbach geboren.

1990

Am 27. und 28. Juni 1990 feierte das **Schülerferienfest** mit mehr als 70 Künstlern insgesamt über 15 Stunden lang seinen zehnten Geburtstag. Acts wie PUR, die Spider Murphy Gang (»Skandal im Sperrbezirk«), Frank Zander (»Hier kommt Kurt«), die eigens aus Amerika angereiste Hardrock-Band Vixen, Lory Bianco, George Baker Selection (»Paloma Blanca«) sowie Pe Werner (»Kribbeln im Bauch«) sangen ein Ständchen. Und insgesamt 30.000 Fans feierten mit.

Mit Masterboy (»Feel the Heat of the Night«), Mysterious Art (»Das Omen«) und Ice MC (»Easy«) fanden sich auch die ersten Vertreter der Eurodance-Welle auf dem Halberg ein. Diese Musikrichtung dominierte in den 1990ern über Jahre hinweg das Programm des Festivals.

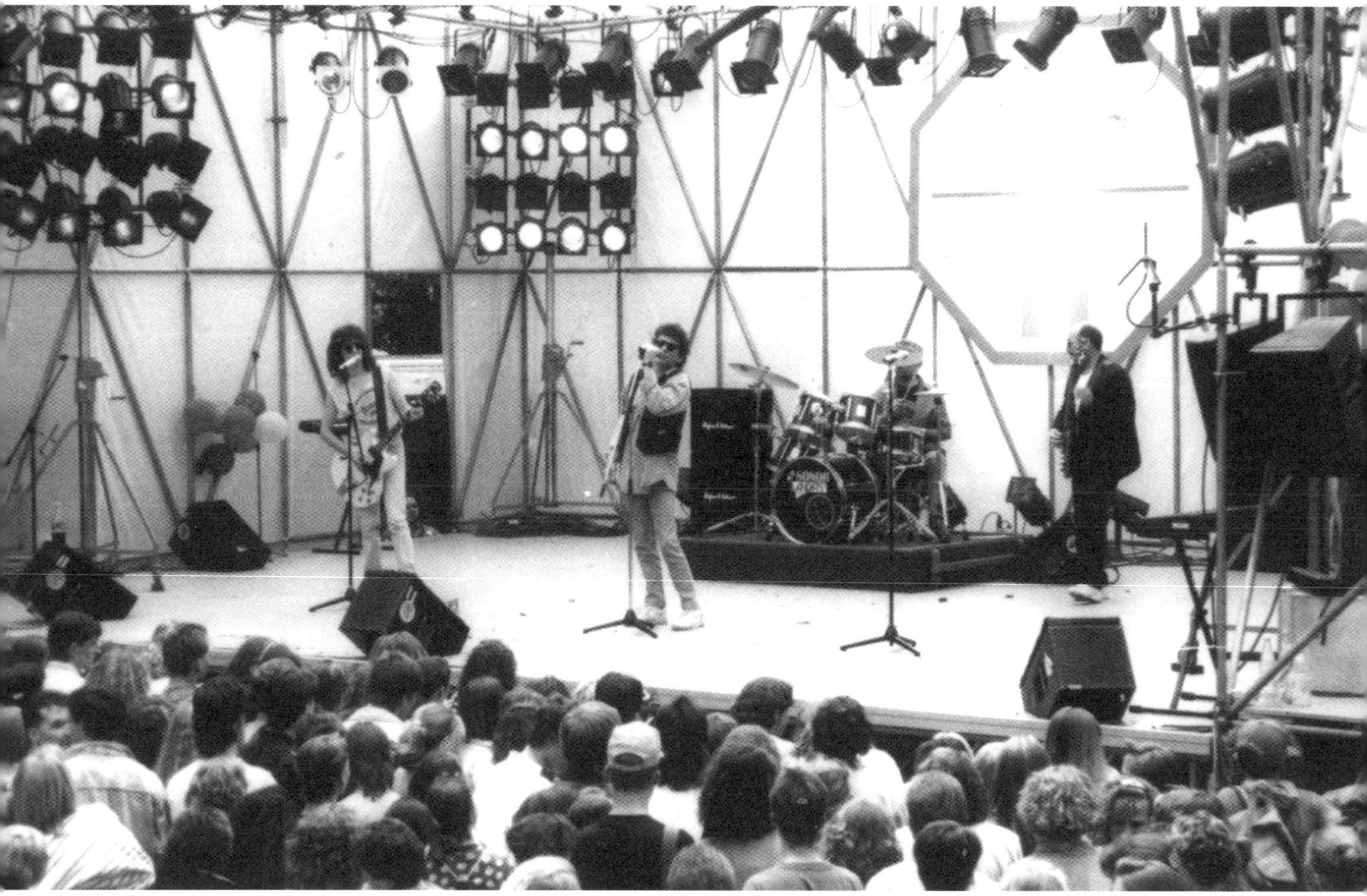

Nazareth, Schülerferienfest 1991. © SR/Reiner Buhl

Auch P. M. Sampson, der mit »We Love to Love« gerade seinen Hit gelandet hatte und dem eine große Karriere vorhergesagt wurde, war mit von der Partie. Was dagegen viele nicht wissen: Verona Feldbusch, heute Verona Pooth, stattete dem Festival 1989 ebenfalls einen Besuch ab. Mit ihrer Band Chocolate und »Ritmo de la Noche« war sie damals in den Charts.

Erstmals war in diesem Jahr das Team des Jugendmagazins *11/99* vom DDR 2-Fernsehen dabei. Es übertrug das **Schülerferienfest** zeitversetzt und unterstützte die SR-Kollegen bei der Moderation. Zudem wurden zum ersten Mal an beiden Tagen jeweils 1.000 DM unter den Besuchern verlost.

1991

Bei der elften Ausgabe des Festivals wurden am 14. und 15. Juni 1991 rund 30.000 Schüler auf dem Halberg gezählt. Das Staraufgebot war groß. Unter den rund 70 Acts waren sowohl erfahrene Musiker wie Rockröhre Suzi Quatro, Chris Thompson, Nazareth (»Dream on«), George McCrae (»Rock your Baby«) und die 1980er-Jahre-Stars von O.M.D., die gerade ein Comeback feierten, als auch aktuelle Chartstürmer. Unter anderem gaben sich so Thomas Anders, Fancy, Culture Beat (»Mr. Vain«), Time to Time sowie die damaligen Teeniestars Born 2 Gether und Fabian Harloff (»Smalltown Girl«) das Mikro in die Hand.

In diesem Jahr, wie schon zuvor, war die saarländische Band Indian Summer (»Heaven in Your Hands«), die später unter dem Namen Planet Claire bundesweit Karriere gemacht hat, am Start. Die SR 1-Moderatoren Bernd Duszynski, Wolfgang Hellmann, Volkmar Lodholz, Dieter Exter und Wilfried Eckel führten durch das zweitägige Programm.

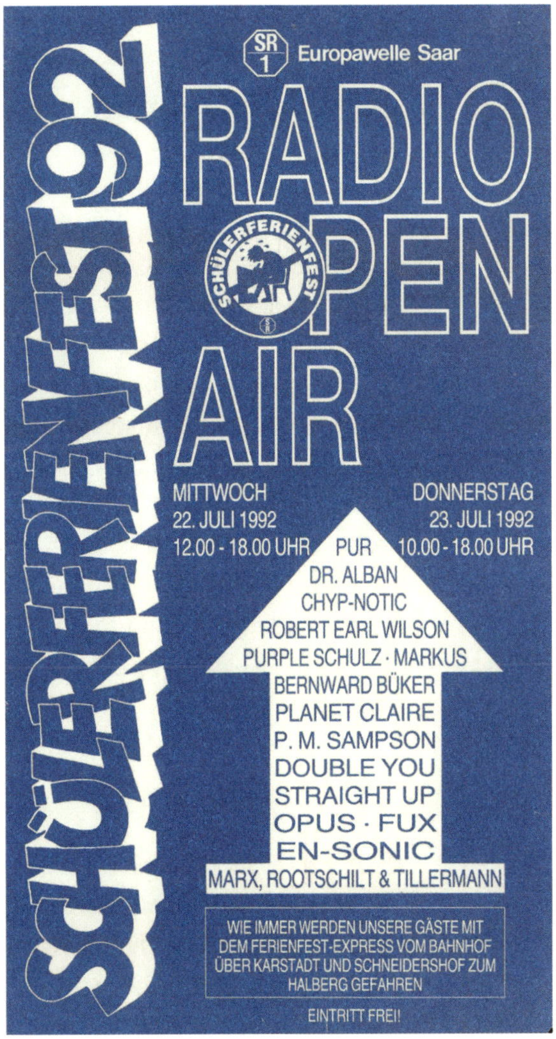

1992

Am 22. und 23. Juli 1992 machte das **Schülerferienfest** das Dutzend voll. Claudia Conrath, Heike Harry, Tommy Schminke und Eberhard Schilling übernahmen den SR 1-Moderatoren-Stab. Von Dance Acts wie Masterboy, Chyp-Notic und Double You (»Please Don't Go«) über Stammgäste wie Fux und Bernward Büker bis hin zu deutschen Größen wie Wolf Maahn und Purple Schulz versammelte sich auf der Radiowiese quasi wieder alles, was in den Charts Rang und Namen hatte.

Die deutsche Band PUR traf auf ihre österreichischen Kollegen von Opus, die mit »Live Is Life« einen Welthit landen konnten. Hartmut Engler & Co., die früher ebenfalls Opus hießen, hatten sich deshalb einen neuen Namen zulegen müssen. Der absolute Top Act war 1992 aber Dr. Alban. Pünktlich zum Ferienfest stieg sein Song »It's My Life« an die Spitze der Charts. Und so stand – wie so oft in der langen Geschichte des Festivals – wieder mal ein Nummer-Eins-Hit-Lieferant auf der Bühne.

Das Bühnengeschehen wurde auch in diesem Jahr wieder in voller Länge auf UKW 103.7 und 105.0 sowie in Ausschnitten im SR Fernsehen übertragen. Bei den Besucherzahlen gab es jedoch erstmals seit den erfolgreichen Anfängen einen Einbruch. Nur etwa 3.000 Jugendliche feierten mit. In SR-Kreisen begannen die Überlegungen, wie man das Festival in Zukunft wieder attraktiver gestalten könnte.

1993 Damit die verflixte 13. Ausgabe am 14. und 15. Juli 1993 nicht ihrem Namen alle Ehre machen konnte, überlegten sich die Macher einige Neuheiten, um frischen Schwung in das **Schülerferienfest** zu bringen. Dazu gehörte, dass alle Künstlerinnen und Künstler des ersten Tages live spielen sollten: Neben dem Headliner Fury in the Slaughterhouse (»Time to Wonder«) heizten Memphis Blue und saarländische Bands, wie Witch Burning, den Kids ein. Zum Abschluss dieses Livetages, der auch live im SR Fernsehen übertragen wurde, stand dann die Top-Oldie-Band The Rattles auf der Bühne. Vorher sorgte die Kölner Reggaegruppe Umoya mit heißen Rhythmen dafür, dass die Fete trotz des anhaltend starken Regens nicht buchstäblich ins Wasser fiel.

»Das war ein alter Traum von mir«, erklärte Roland Helm, damals SR 1-Abteilungsleiter und selbst Musiker, das Live-Konzept. Während in den Anfangsjahren hin und wieder ein paar Bands live gespielt hatten, um die Playbackshow etwas aufzulockern, sei dies in der Zwischenzeit leider in Vergessenheit geraten.

Am zweiten Tag war dann Hit auf Hit mit über 20 Acts aus den aktuellen Hitparaden wie Captain Hollywood Project (»More and More«), Haddaway (»What Is Love«), Sidney Youngblood, Andreas Elsholz und PUR angesagt. Aber auch hier setzten die Macher »mehr auf Klasse als auf Masse«, so erinnert sich der ehemalige Redakteur Gerd Arend. Die Künstler traten mit bis zu fünf Titeln am Stück auf.

1994 Bei der 14. Ausgabe des **Schülerferienfestes** am 29. und 30. Juni 1994 wurde das neue Konzept fortgesetzt – und über 30.000 Jugendliche erklommen den Halberg. Am ersten Tag spielten Bands wie Apache Tears aus Amerika, die sich über das »unheimlich tolle Publikum« freuten und Illegal 2001 (»Nie wieder Alkohol«) live.

Durch das Programm, das live im SR Fernsehen übertragen wurde, führten Eberhard Schilling und Heike Greis, die heutige Moderatorin der SWR-Nachmittagssendung *Kaffee oder Tee*, 1994 bereits zum fünften Mal. Dabei erinnerte sie sich an ihren ersten Auftritt beim **Schülerferienfest** im Jahr 1988, damals noch als Mitglied der Band Just for Fun.

Auch am zweiten Festivaltag war wieder der Bär los auf dem Halberg. Mit von der Partie war erneut das Who's Who der immer stärker aufkommenden Eurodance-Szene, wie B. G. Prince Of Rap (»The Color of My Dreams«), Twenty Four Seven (»I Can't Stand It«), Fun Factory (»I Wanna Be with You«) und Magic Affair (»Omen III«). Aber auch die Kult-Disco-Formation The Weather Girls (»It's Raining Men«) und Lucilectric (»Mädchen«) garantierten eine Topstimmung.

Neben heißer Musik sorgte auch ein Fun-Park auf dem Festivalgelände für Action. Dort konnten die Besucher an verschiedenen Spielen und Gaudi-Wettkämpfen teilnehmen. Dazu gehörte zum Beispiel das im Vergleich zu der damaligen Trendsportart Bungee-Jumping wesentlich ungefährlichere, aber begeistert gefeierte, Bungee-Running.

1995

Zu seinem 15. Jubiläum am 5. und 6. Juli 1995 erhielt das **Schülerferienfest** ein neues Bühnendesign. Direkt aus Schlumpfhausen kamen Die Schlümpfe und aus Österreich die Erste Allgemeine Verunsicherung, um mit ihren Hits viel Spaß zu verbreiten. Boybands wie Bed & Breakfast und Worlds Apart wurden von ihren vor allem weiblichen Fans mit lauten Kreischattacken begrüßt.

Vor den Bandauftritten musste Verstärkung von der Feuerwehr angefordert werden, weil die Fans vor lauter Begeisterung die Bühne zu sehr bedrängten. Um die erhitzten Gemüter etwas abzukühlen, richteten die Helfer immer wieder Wasserschläuche ins Publikum, damals noch eine willkommene Erfrischung, die inzwischen längst nicht mehr erlaubt ist.

Mit La Bouche, E-Rotic, Captain Hollywood Project, Mr. President & Co. waren zudem fast alle Eurodance-Vertreter auf dem Halberg präsent, die gerade einen besonderen Rang und Namen in den Charts hatten. Charly Lownoise & Mental Theo, die in den 1990ern auch mehrere Jahre hinweg zu den Stammgästen gehörten, besangen die »Wonderful Days« – und die Menge grölte lauthals mit. Getreu dem Hit »Der Berg ruft« von K 2 folgten an beiden Tagen rund 30.000 Fans der Einladung des SR und stürmten den Halberg.

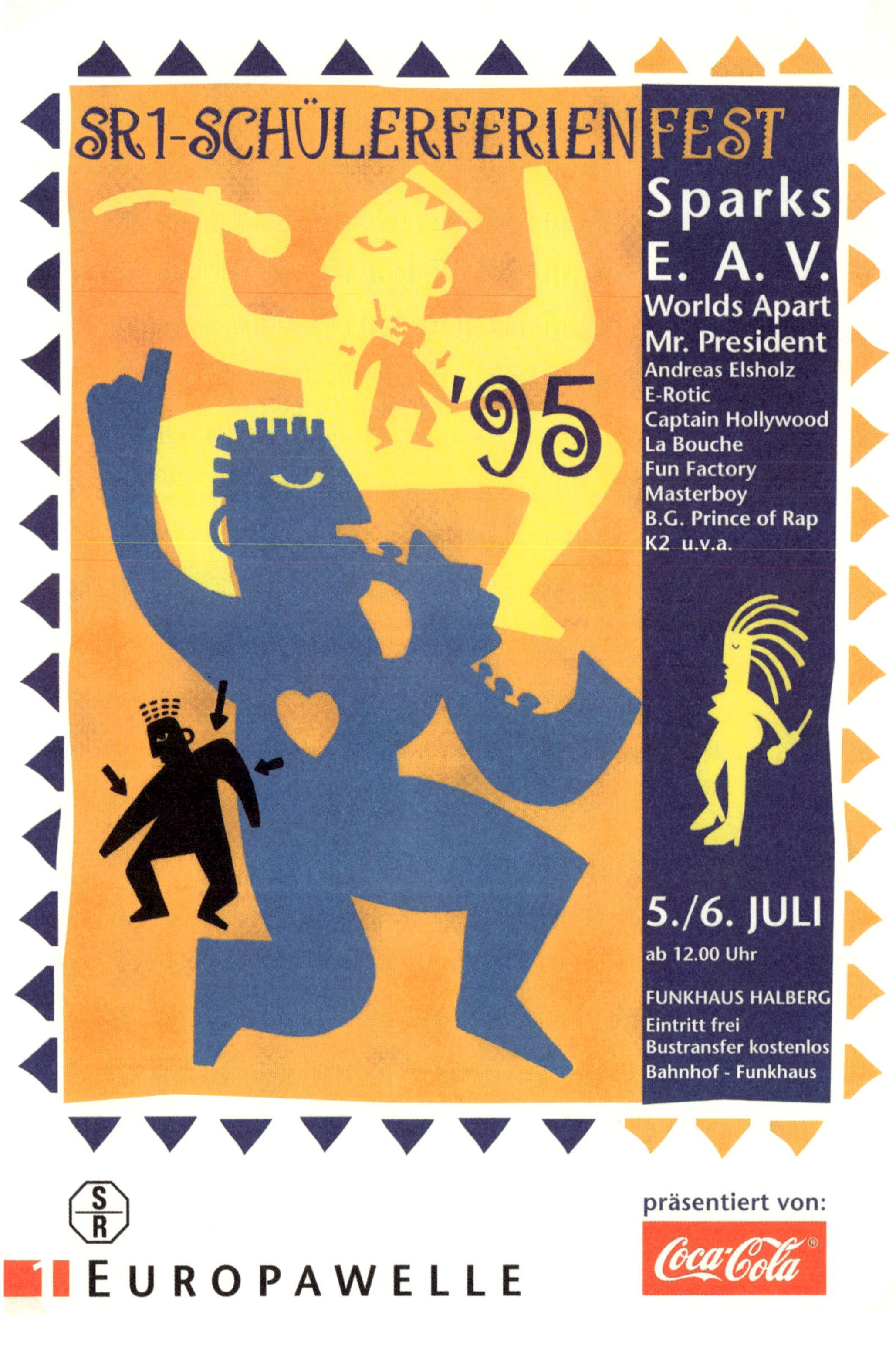
SR1-SCHÜLERFERIENFEST
Sparks
E. A. V.
Worlds Apart
Mr. President
Andreas Elsholz
E-Rotic
Captain Hollywood
La Bouche
Fun Factory
Masterboy
B.G. Prince of Rap
K2 u.v.a.
'95
5./6. JULI
ab 12.00 Uhr
FUNKHAUS HALBERG
Eintritt frei
Bustransfer kostenlos
Bahnhof - Funkhaus
präsentiert von:
Coca-Cola
S R
1 EUROPAWELLE

1996

Zu seiner 16. Ausgabe am 17. und 18. Juli 1996 wurde das **Schülerferienfest** in **Halberg Open Air** umgetauft, um den Heimatort des SR stärker herauszustellen und die Öffnung für Zielgruppen jenseits der Schulen deutlich zu signalisieren. Insgesamt rund 70.000 Fans sorgten dafür, dass der Berg bebte. Unter den rund 50 Acts waren prominente Namen wie die frechen Mädels von Tic Tac Toe, die smarten Boys von Worlds Apart, Culture Beat, das Modul, Mr. President, Music Instructor, Blümchen, Sweetbox, Squeezer, Dolls United und Dune zu finden.

Für die etwas älteren Musikfans wurde das Programm erstmals auf die Abendstunden ausgeweitet. Bis 22.00 Uhr spielten dann Bands wie Mr. Ed Jumps The Gun, Extrabreit (»Hurra, hurra, die Schule brennt«) und Paddy Goes to Holyhead.

Im Fun-Park konnten sich die Besucher das Spektakel in einer Riesengetränkekiste aus 60 Metern Höhe anschauen oder eine Fahrt in einem Flugsimulator wagen. Die Moderation übernahmen erneut Heike Greis und Eberhard Schilling.

Der Andrang war so groß, dass die Absperrgitter vor der Bühne zu zerbrechen drohten und ausgetauscht werden mussten. Die Securitymitarbeiter hatten alle Hände voll zu tun und setzten erneut Wasser ein, um die Menge abzukühlen. Aufgrund dieser Vorkommnisse beschlossen die Macher, ein neues Sicherheitskonzept zu entwerfen.

1997

Die 17. Ausgabe des Festivals brach alle Rekorde. Fast 100.000 Fans pilgerten am 23. und 24. Juli 1997 auf den Halberg, um insgesamt 20 Stunden Musik von rund 50 Chartstürmern zu erleben. So verwandelten unter anderem Sash! (»Ecuador«), Blümchen, der Wolf, Down Low und C-Block den Halberg in einen brodelnden Tanzkessel. Bei hochsommerlichen Temperaturen verzeichneten die Helfer des Roten Kreuzes etwa 600 Behandlungen – überwiegend Kreislaufprobleme.

Heiß umjubelt war die Teeniegruppe The Boyz. Um ihre Idole live zu erleben, reisten einige Mädchen aus ganz Deutschland an. Damals konnte noch niemand ahnen, dass für eines der Bandmitglieder sein Mitwirken bei The Boyz der Grundstein zu einer bis heute andauernden Karriere werden würde: Adel Tawil feierte anschließend zunächst mit dem Duo Ich + Ich und danach dann solo große Erfolge – und ist dem SR bis heute treu geblieben. So gab er etwa später im Rahmen der Reihe **SR 1 Unplugged** ein viel umjubeltes Konzert.

Sogar der »King of Pop« feierte 1997 mit. Zwar nicht Michael Jackson persönlich, aber dafür ein täuschend echtes Double. Noch Stunden nach der Show des

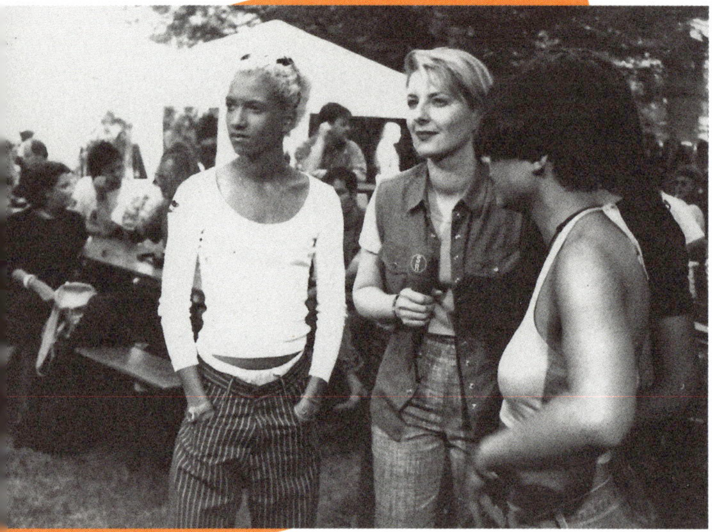

Lee und Jazzy von Tic Tac Toe mit SR-Moderatorin Heike Greis auf dem Halberg Open Air 1997. © SR/Franz Mees

professionellen Imitators hielt sich das Gerücht, der US-Superstar habe leibhaftig auf der Bühne gestanden.

Mit den Magic Artists war zudem ein saarländischer Act mit von der Partie. Nachdem die Tanz- und Akrobatikgruppe bei ihrem ersten großen Aufritt auf dem Halberg im Vorjahr so gefeiert wurde, brachten die Sportler mit »Movin' through the Night« ihre erste Single mit. Ein paar Jahre später schaffte es die Formation sogar in die Charts und zu TV-Shows wie *The Dome*.

Vor dem Festival lud SR 1 übrigens erstmals zu einer Schüler-Pressekonferenz ein, in der das Programm vorgestellt wurde. Zudem gab es eine erste Kooperation mit dem SWR-Jugendsender DASDING.

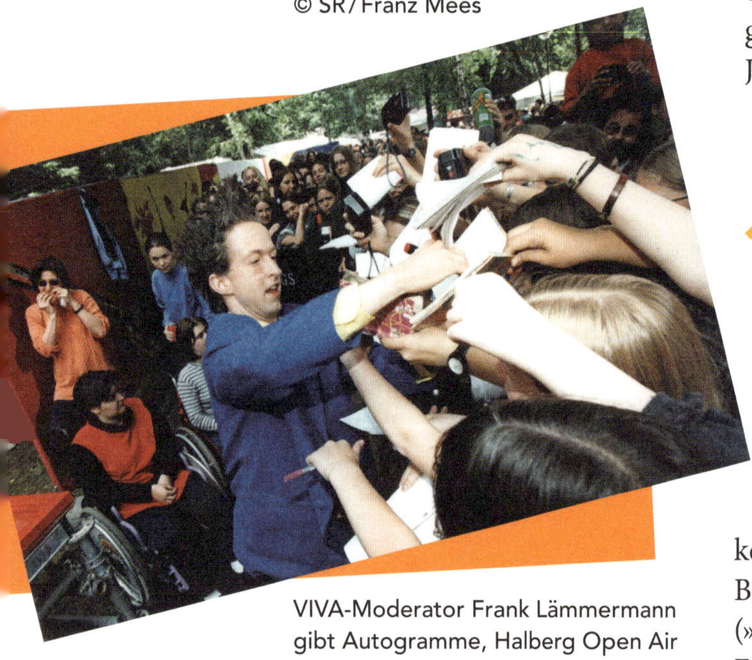

VIVA-Moderator Frank Lämmermann gibt Autogramme, Halberg Open Air 1998. © SR/Becker & Bredel

1998

»When the Rain Begins to Fall«, stimmte Pappa Bear einen seiner Hits an – und lieferte so das Motto der 18. Ausgabe des Festivals am 15. und 16. Juli 1998. Denn nach der Hitze im Vorjahr regnete es in Strömen. Aber obwohl die Jugendlichen total durchnässt waren, tat das der ausgelassenen Stimmung keinen Abbruch. Sommerhit-Lieferanten wie Bellini (»Samba de Janeiro«) und Mr. President (»Coco Jamboo«) heizten den mehr als 95.000 Fans kräftig ein. »Bei diesem Festival hatten wir einen unserer ersten Auftritte«, freute sich Sängerin T. von Mr. President. Auch H. P. Baxxter, Sänger von Scooter, nahm das schlechte Wetter gelassen. Sie seien gerade in Grönland auf Tour gewesen: »Da konnten wir genug Erfahrungen mit Regen sammeln«, sagte er schmunzelnd.

Zudem brachten unter anderem Gil, 4 The Cause (»Stand by Me«), Stammgast Blümchen sowie Bell, Book & Candle Ferienlaune auf die Bühne. Noch als

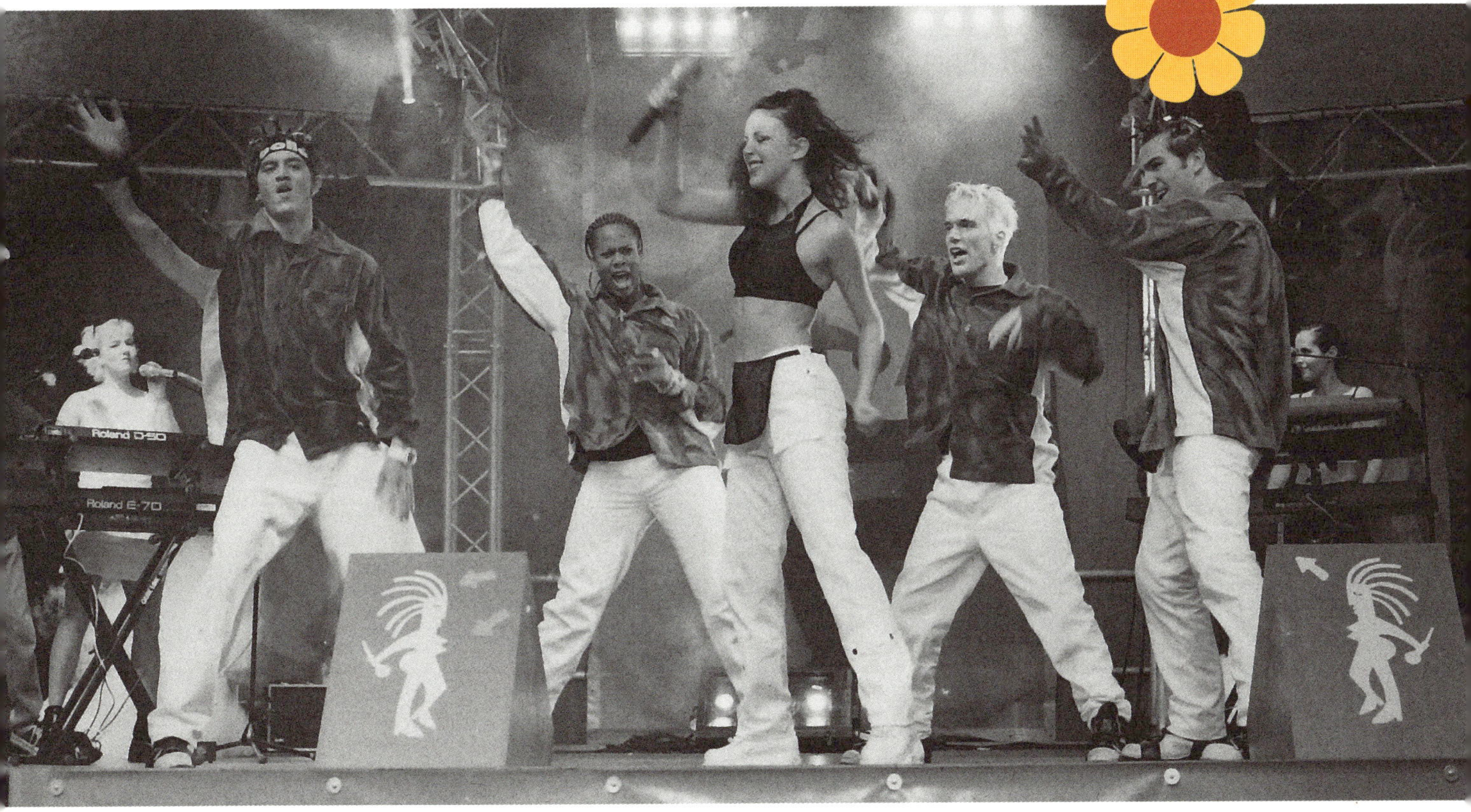

Blümchen, Halberg Open Air 1998. © SR/Franz Mees

Newcomer trat dagegen Sasha auf. Der Sänger wurde später mit Hits wie »If You Believe« zum Teeniestar und ist bis heute erfolgreich.

Im Fun-Park versprach die Dream-Machine virtuelle Simulationen vom Achterbahnfahren bis zum Fliegen. Per Backstagekamera konnten die Daheimgebliebenen das Geschehen erstmals im Internet live mitverfolgen und den Künstlern ihre Fragen stellen. Zudem verkehrten die Zubringerbusse ab 1998 nicht mehr ab dem Saarbrücker Hauptbahnhof. Die Besucher konnten mit der neuen Saarbahn bis zur Haltestelle am Römerkastell fahren und dort in die Busse umsteigen.

Und last but not least gab es noch eine Premiere: die erste Kooperation des SR mit dem seinerzeit sehr erfolgreichen Musik-TV-Sender Viva. Zusammen mit dessen Moderator Frank Lämmermann führten erneut Heike Greis und Eberhard Schilling durch das Programm. Der heutige SR 3-Unterhaltungschef Schilling kündigte in einem Interview der Saarbrücker Zeitung an: »Für mich war das das letzte Festival. 14 Jahre sind genug.« Schon vor seiner Zeit als Moderator war er als Bühnenmanager bei dem Open Air im Einsatz gewesen.

1999

Am 1. März 1999 ging das junge SR-Programm UNSERDING, damals noch als 103.7 UnserDing, auf Sendung. Bei der 19. Ausgabe des Festivals am 30. Juni und 1. Juli 1999 übernahmen zwei Nachwuchstalente das Mikro von den SR 1-Moderatoren-Profis: die damals 17-Jährige und heutige »Lottofee« Miriam Hannah aus Saarbrücken sowie der 15-jJährige Christian Kahl aus Holz. Mehrere Tage bereiteten sie sich intensiv auf diese Aufgabe vor – und bestanden ihren Einstand mit Unterstützung von Frank Lämmermann mit Bravour. Die Viva-Ulknudel war für viele Fans vor allem wegen seiner extremen Frisur ein begehrtes Fotomotiv. Ihm standen im wahrsten Sinne des Wortes die Haare zu Berge.

Das Bühnen-Programm vereinte unter anderem den Schweizer Dance-Star DJ Bobo (»There Is a Party«), Rapper wie Nana und Pappa Bear, den Mambo-König Lou Bega, der pünktlich zum **Halberg Open Air** Platz Eins der Charts erklommen hatte, sowie Teenie Acts wie Christian Wunderlich, The Boyz und Echt. Echt-Bandmitglied Puffi sorgte in einem Interview am Rande des Festivals für Schmunzeln: »Ich hab' das als Kind immer als Brettspiel gespielt«, verwechselte er das Gastgeberland Saarland mit dem Gesellschaftsspiel *Sagaland*.

Die Prinzen erinnerten sich dagegen noch ganz genau an ihre früheren Konzerte in der Region: »Wir sind damals in einer Scheune auf dem Segelflugplatz in Wustweiler aufgetreten. Plötzlich fiel der Strom aus. Da haben wir die Panne mit einer A-Capella-Nummer überbrückt«. Ihr Auftritt beim **Halberg Open Air** verlief dagegen pannenfrei. Mit No Mercy hatte zudem das neueste Projekt von Hitproduzent Frank Farian sein Kommen angekündigt. Doch die Band sagte einen Tag vorher ab. Der Topstimmung tat das jedoch keinen Abbruch. Mehr als 140.000 feierten mit – ein neuer Rekord!

2000

Mit seiner 20. Ausgabe startete das **Halberg Open Air** am 21. und 22. Juni in das neue Millennium. Mit von der Partie waren rund 110.000 Jugendliche sowie Chartstürmer wie Liquido (»Narcotic«), Kim von Echt, C-Block (»So Strong Out«), die Band Ohne Namen (»Take My Heart«), Reamonn (»Supergirl«), Orange Blue (»She's Got That Light«) und DJ Ötzi. Als der Österreicher seinen Stimmungskracher »Anton aus Tirol« anstimmte, bebte der Halberg.

Lou Bega auf der Bühne des Halberg Open Air 1999. © SR / Becker & Bredel

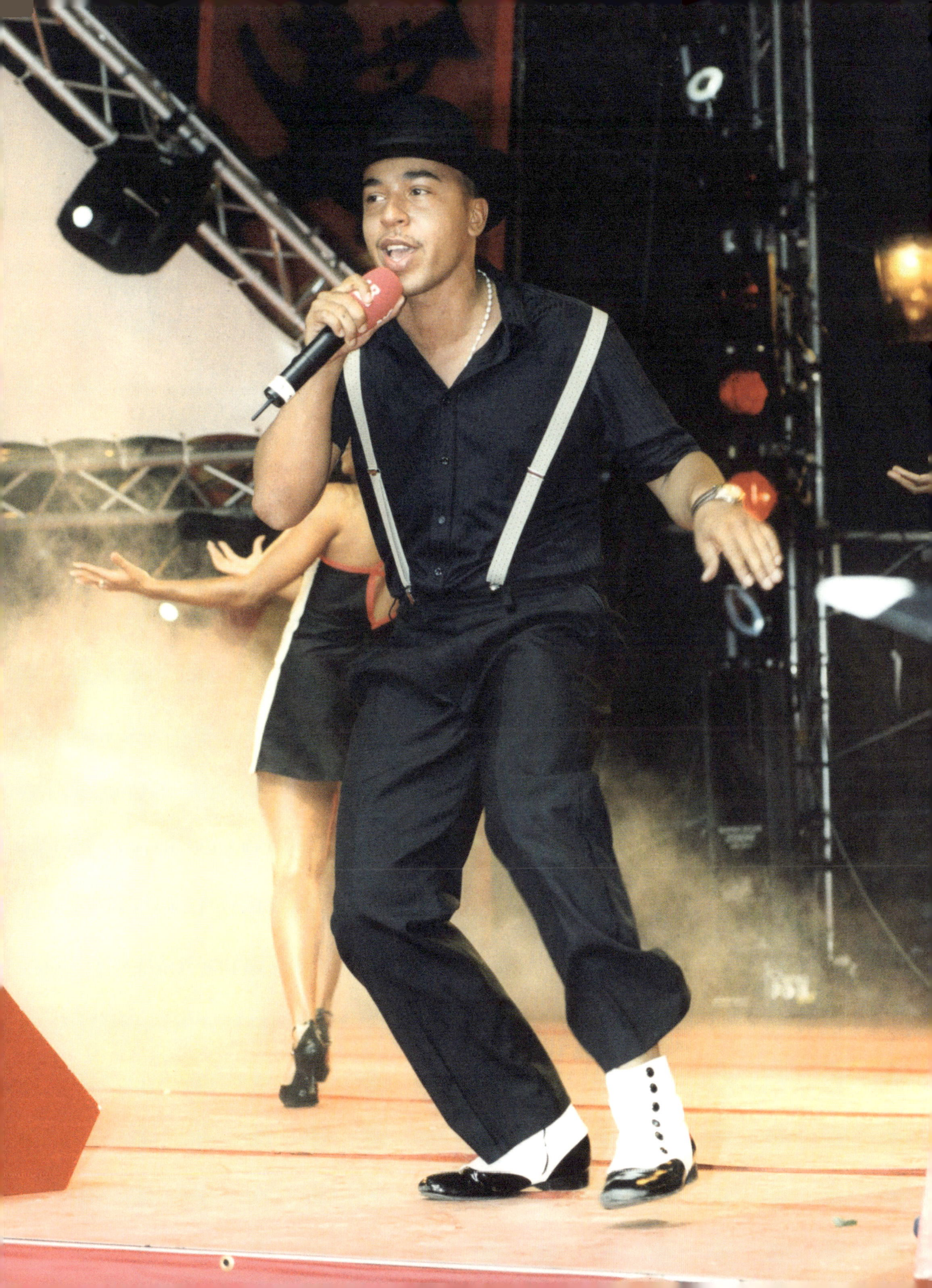

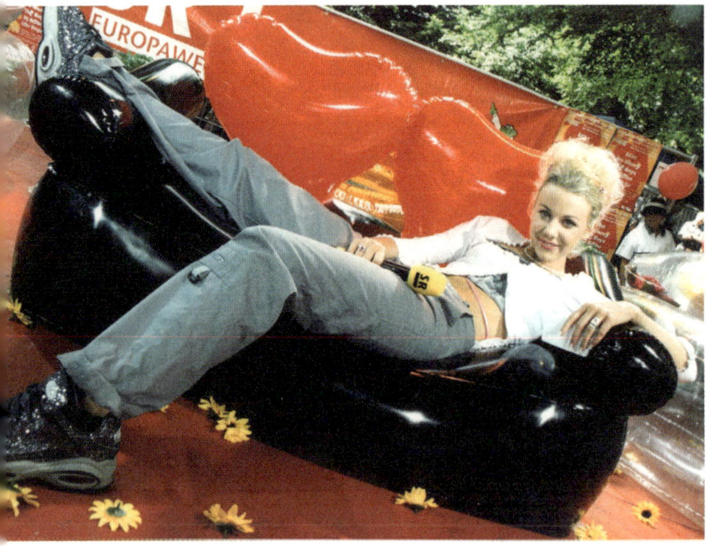

UNSERDING-Moderatorin Miriam Hanna, Halberg Open Air 1999. © SR/Becker & Bredel

Auch die gerade neu gestartete Reality-TV-Serie *Big Brother* war auf der Radiowiese ein Topgesprächsthema. Obwohl sich das weit verbreitete Gerücht, Zlatko komme zum Halberg Open Air, nicht bestätigte – spätestens als Die Dritte Generation bei ihrem Live-Konzert die Erkennungsmelodie der Show »Leb!« anstimmte, war der Ex-Bewohner schnell vergessen.

»Saarbrücken ist cool. Hier ist es fast so heiß wie in Kalifornien«, fühlte sich die US-Girlband Four Colourz an ihre Heimat erinnert. Der Sanitätsdienst musste laufend Kreislaufbeschwerden behandeln. Vielen Fans machten die hochsommerlichen Temperaturen zu schaffen.

Im Fun-Park konnten die Besucher ihr eigenes musikalisches Geschick unter Beweis stellen. Bei der Aktion »Let's Make Music« durften junge Talente mit Profigerätschaften selbst mal auf der Bühne stehen und die Hits der Stars nachspielen. Für die fünf Jungs der Teenieband Boys Alive war dieser Wunsch bereits in Erfüllung gegangen: »Im vergangenen Jahr waren wir noch als Besucher hier. Dabei wurden wir von einer Plattenfirma angesprochen, ob wir nicht Interesse hätten, selbst bei einer Band mitzumachen«, erinnerte sich Chris aus Saarbrücken. Mit ihrer bundesweit veröffentlichten Debütsingle gehörten sie nun zu den umjubelten Mädchenschwärmen.

2001

Mit »Pop und Pep«, so eine Schlagzeile, konnten auch am 20. und 21. Juni 2001 wieder mehr als 100.000 Schülerinnen und Schüler in die Ferien starten. Zu den heißbegehrten Acts gehörten der Teenieschwarm Bosson (»One in a Million«), Rednex (»Cotton Eye Joe«), Scooter, DJ Ötzi, Jeanette Biedermann (»Rock My Life«), Melanie Thornton (»Love How You Love Me«), Sarah Connor, der gerade mit dem Hit »Let's Get Back to Bed – Boy!« ihr Durchbruch gelang, und Emilia. Die schwedisch-äthiopische Sängerin feierte nach ihrem Welterfolg »Big, Big World« auf dem Halberg ihr Comeback. Die englische Girlband Atomic Kitten musste ihr Kommen dagegen kurzfristig absagen. Doch mit der

Dritten Generation und Captain Jack (»Drill Instructor«) fanden die Macher Topersatz.

Am ersten Festivaltag gab es zudem erstmals ein Hip-Hop-Special. Abends standen unter anderem MC René, Da Fource und City Nord auf der Bühne. Damit wolle man »dem Hip-Hop-Trend gerecht werden«, erklärte Musikredakteur Tom Poß die Neuerung.

Auch die »Kids gegen Rechts« hatten beim **Halberg Open Air** einen großen Auftritt. Das Schulchorprojekt des Hochwald-Gymnasiums Wadern bezog mit seinen Songs Stellung gegen die Verbreitung des Rechtsextremismus in Deutschland. Christian »CKay« Kahl von UNSERDING und seine Kollegin Jessica Schwarz vom Musik-TV-Sender Viva moderierten das Open Air.

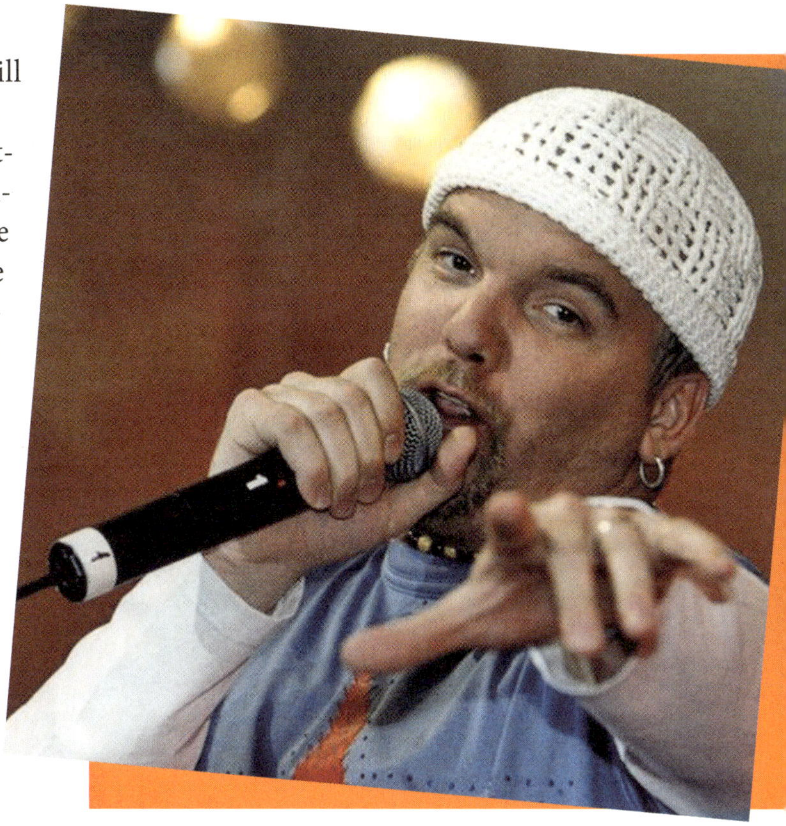

DJ Ötzi, Halberg Open Air 2001.
© SR/Becker & Bredel

2002 Bei der 22. Ausgabe des Festivals brachten am 26. und 27. Juni 2002 bei hochsommerlichen Temperaturen Acts, wie die Hermes House Band (»I Will Survive«), Samajona, Ben (»Engel«), Right Said Fred (»You're My Mate«) und die Boyband Natural (»Put Your Arms around Me«) den Halberg zum Wackeln. Auch mit Stammgästen wie DJ Ötzi und Jeanette Biedermann gab es ein Wiedersehen.

Für diejenigen, die es etwas heftiger mochten, rockten am zweiten Tag Bands, wie die H-Blockx (»The Power«), Gallery und Audiosmog, die Radiowiese. CKay von UNSERDING führte wieder durch das Nonstop-Programm – dieses Mal unterstützt von der Viva-Moderatorin Janin Reinhardt.

Im Fun-Park konnten sich die rund 100.000 Jugendlichen unter anderem auf einem Skisprungsimulator, der größten mobilen Kletterwand der Welt und dem Jumping Seat, der die Besucher in die Höhe katapultierte, austoben. Auf der C&A-Bühne gab es zudem ein Programm mit Modenschauen, Gewinnspielen, Autogrammstunden und Showtänzen der Tanzschule Bootz-Ohlmann. Junge Talente

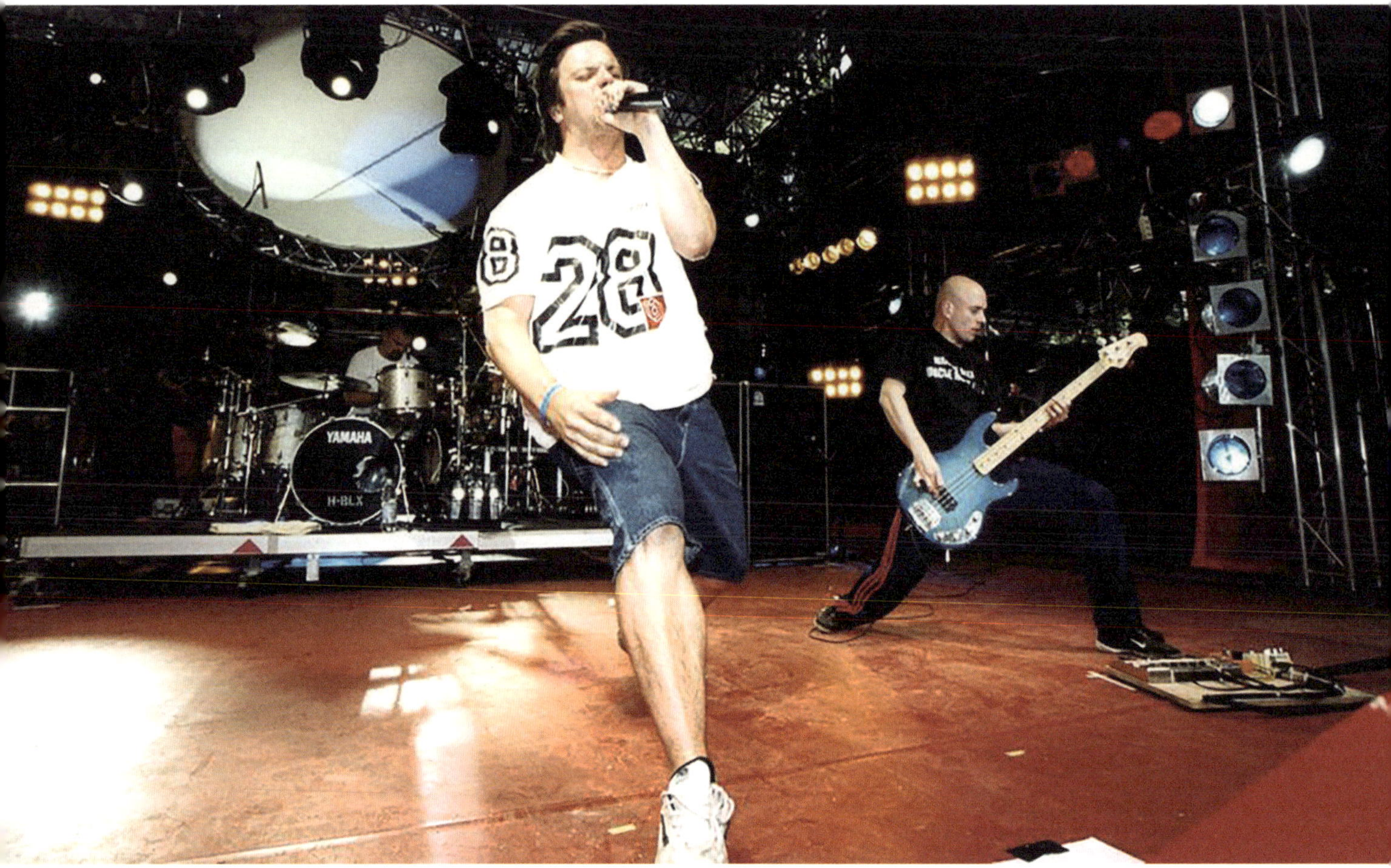

Henning Wehland, Sänger der Band H-Blockx, beim Halberg Open Air 2002.
© SR/Becker & Bredel

präsentierten die Originalchoreografien der **Halberg Open Air**-Stars, wie Jeanette Biedermann & Co.

»Ohne Sponsoren wäre das **Halberg Open Air** nicht mehr realisierbar«, kündigte SR 1-Programmchef Andreas Weber zum Ende der beiden Tage in einem Interview an. Und um diese Sponsoren kümmerte sich und kümmert sich bis heute zuverlässig Monika Maile von der SR-Tochter Werbefunk Saar (WFS) mit ihrem Team. Trotzdem wurden die Sparzwänge, denen der SR und damit auch das Festival unterworfen waren, immer größer. Doch alle Verantwortlichen waren sich darüber einig, das Festival in den nächsten Jahren fortzusetzen.

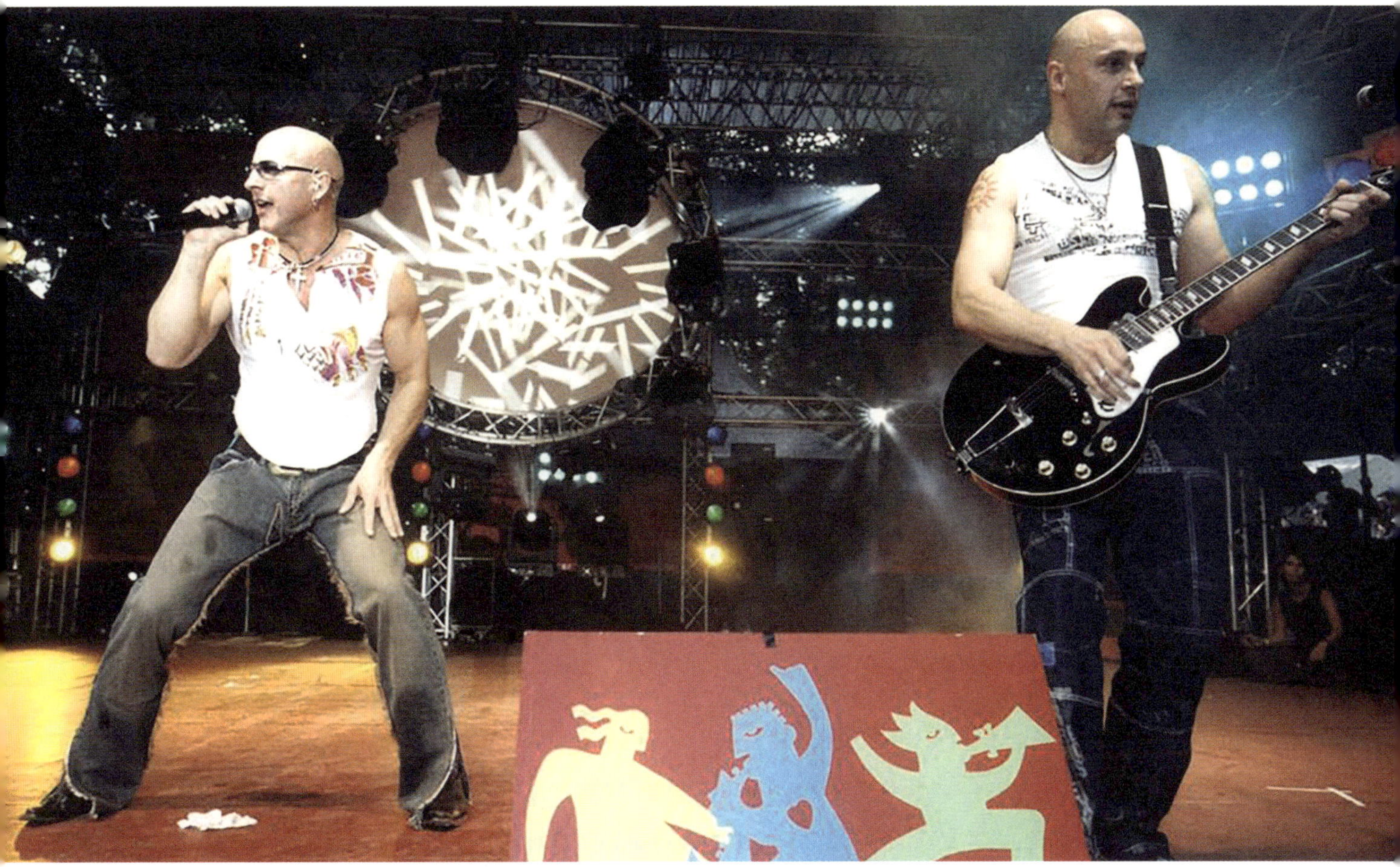

Right Said Fred auf dem Halberg Open Air 2002. © SR/Becker & Bredel

2003 Um bei der 23. Ausgabe des Festivals am 17. und 18. Juli 2003 den Schülern wieder eine »volle Party für null Eintritt« bieten zu können, gab es erstmals eine Kooperation mit McDonalds. Das Gratisticket erhielten die Besucher bei den saarländischen Filialen der Fast-Food-Kette mit dem Halberg Open Air-Menü. Zudem gab es Backstagebesuche zu gewinnen. Gerade im Teeniestar-Zeitalter ließen die Fans nichts unversucht, um zu ihren Idolen hinter die Kulissen zu gelangen.

Als Medienpartner war 2003 neben Viva erstmals die Saarbrücker Zeitung mit im Boot. Schon bei der Tour de France-Etappe in Saarbrücken im Vorjahr hatten die beiden saarländischen Medienhäuser erfolgreich zusammengearbeitet. Nun wolle man das Engagement bei Großveranstaltungen in den Bereichen Sport und

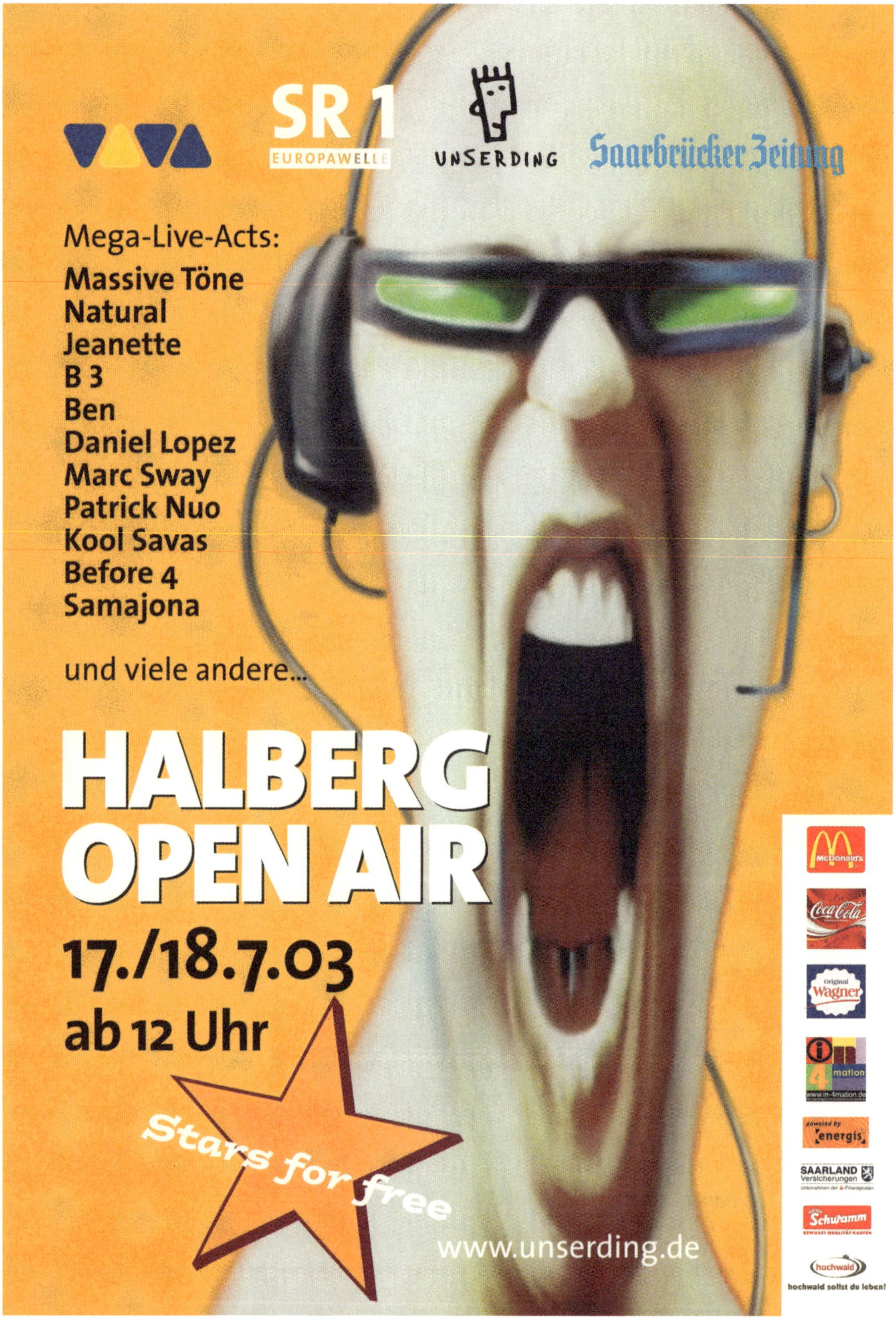
SR 1
EUROPAWELLE
UNSERDING
Saarbrücker Zeitung
Mega-Live-Acts:
Massive Töne
Natural
Jeanette
B 3
Ben
Daniel Lopez
Marc Sway
Patrick Nuo
Kool Savas
Before 4
Samajona
und viele andere...
HALBERG
OPEN AIR
17./18.7.03
ab 12 Uhr
Stars for free
www.unserding.de
McDonald's
Coca-Cola
Original Wagner
energis
SAARLAND Versicherungen
Schwamm
hochwald
hochwald sollst du leben!

Kultur fortsetzen, kündigten sie an. Intendant Fritz Raff war sichtlich zufrieden: »Wir sind begeistert über die Zusammenarbeit mit der Saarbrücker Zeitung.« Das Engagement vieler Sponsoren sei in Zeiten, in denen der Sender einem deutlichen Sparzwang unterliege, zur Finanzierung des Topevents außerordentlich wichtig.

Die Liste der Stars for free reichte 2003 von Patrick Nuo (»5 Days«), Captain Jack und Mr. President (»Coco Jamboo«) über Teeniestars wie Marc Sway und Before 4 (»I'll Be There«), bis zu Hip-Hop Acts, wie Kool Savas (»Optik Anthem«) und die Massiven Töne (»Cruisen«). Zu den Vertretern der regionalen Musikszene gehörte in diesem Jahr auch die Band Snailshouse. Was viele nicht wissen: Ihr Frontman Timo Holstein ist heute Manager von Glasperlenspiel und war auch mit dem Duo schon mehrfach auf dem Festival zu Gast.

Unter den mehr als 95.000 Besuchern waren wieder zahlreiche aus ganz Deutschland. Damit Musikfans mit Behinderungen ihren Stars ebenfalls ganz nahe kommen konnten, erhielten sie freie Durchfahrt zu dem abgesperrten Gelände sowie Backstageausweise. Zudem konnten sie das Spektakel von einer eigens für sie installierten Tribüne in unmittelbarer Bühnennähe verfolgen.

Die Moderation der 16-stündigen Nonstop-Party übernahmen Collien Fernandes von Viva und Katrin Wilde sowie CKay von UNSERDING. Neben den Chartstürmern konnten auch junge Saarländer einmal auf der Mega-Bühne stehen. Die zehn Sieger des Model-Wettbewerbes Hip-Teens durften die neuesten Modetrends präsentieren. Die Dance 4 Fans-Tänzer eiferten die Originalchoreografien einiger Halberg Open Air Acts nach. »Alles ist super gelaufen«, zogen die Macher bei der After-Show-Party in der ehemaligen Saarbrücker Discothek N8werk Bilanz.

2004

Die 24. Ausgabe des Festivals am 15. und 16. Juli 2004 stand ganz im Zeichen des damaligen Casting-Show-Booms. Mit den Bands Bro'sis (»I Believe«), Preluders (»Everyday Girl«), Overground (»Schick mir 'nen Engel«) sowie Vany (»Dramaqueen«) von den No Angels waren gleich vier Vertreter der TV-Show *Popstars* mit von der Partie. Auch Become One aus der Talentschmiede *Fame Academy* und die *DSDS*-Zweitplatzierte Juliette Schoppmann (»Calling You«) standen auf der Bühne.

Zudem verwandelten Vanilla Ninja (»When the Indians Cry«) aus Estland, Jamelia (»Superstar«) aus Großbritannien und der »König von Deutschland« Eko Fresh den Halberg zum Mekka der Chartgrößen. *Momo*-Schauspielerin Radost Bokel versuchte als Sängerin ihr Glück. Mit Silbermond (»Durch die Nacht«) hatte

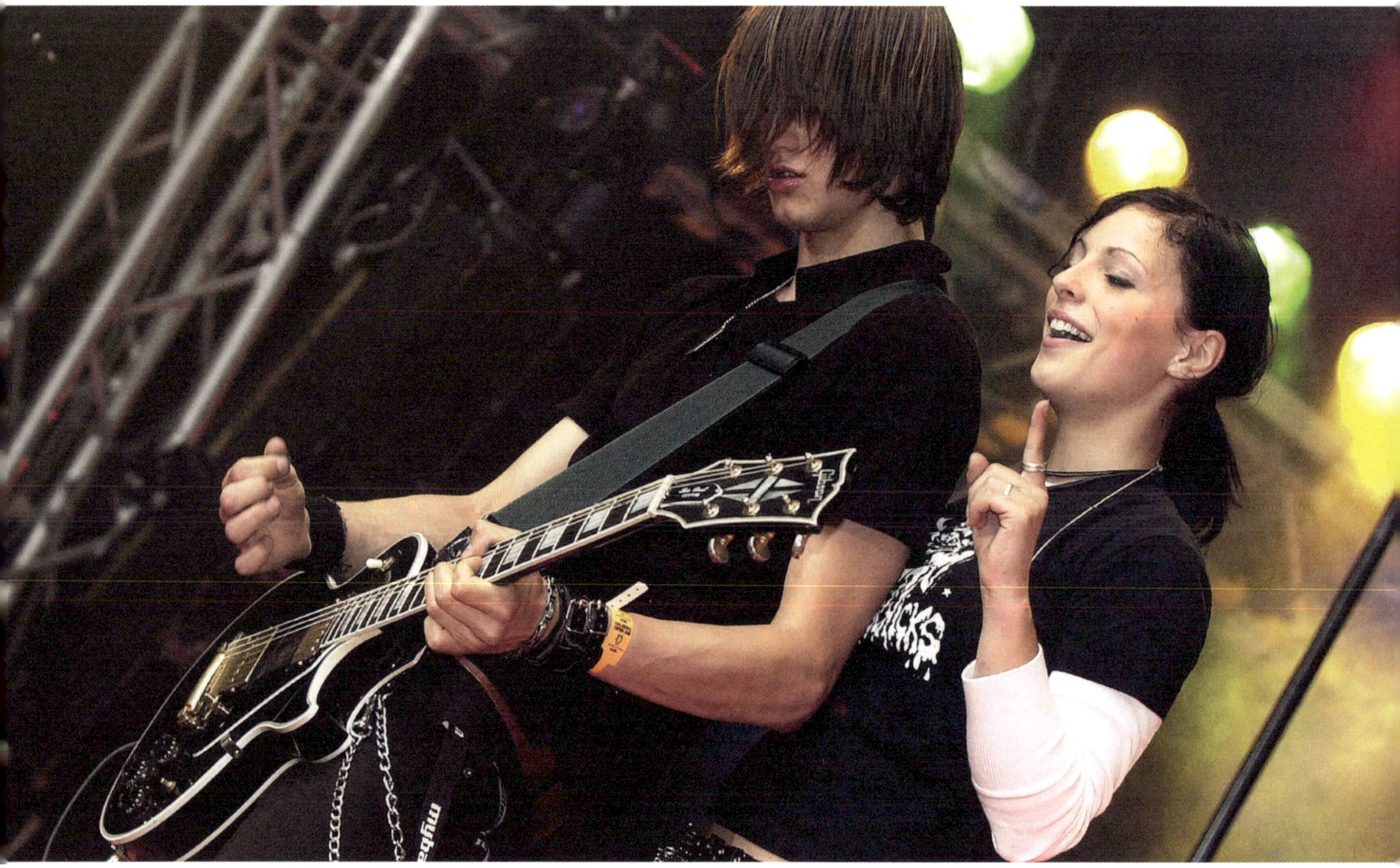

Silbermond auf dem Halberg Open Air 2004. © SR/Becker & Bredel

SR 1-Musikredakteur Jürgen Bohr kurzfristig einen Newcomer verpflichtet, der heute zu den erfolgreichsten deutschen Bands gehört und dem SR stets treu geblieben ist.

Im Fun-Park konnten die Schüler unter anderem am Torwandschießen, dem Kuhmelk- oder dem Ballonwettbewerb teilnehmen. Der Stylingbus machte ganz normale Besucher zu Topmodels. In der Flirt-Station konnten Singles ihren Traumtyp treffen. Beim Starvote wurde dagegen der Lieblingsact des Festivals gesucht. Auf der Bühne von UNSERDING und der Tanzschule Euschen-Gebhardt gab es an beiden Tagen ein Showprogramm mit Auftritten von Tanzformationen, Modeschauen, Autogrammstunden und Gewinnspielen.

Als Medienpartner unterstützten wieder die Saarbrücker Zeitung und Saarland Online (SOL) das Festival. Mit den beiden Medien konnten die Jugendlichen ganz nah bei ihren Stars sein: So durften die Gewinner der Aktion »Meet Your Star« als Nachwuchsreporter ihre Lieblingskünstler interviewen. Wer bei der Aktion »Star Anmoderation« teilnahm, hatte die Chance, zusammen mit den UNSERDING-Moderatoren Kathrin Wilde und Ckay selbst auf der Bühne zu stehen und einen der Stars zu präsentieren.

2005

Vor dem 25. Jubiläum des Festivals zogen dunkle Wolken über die Radiowiese. »SR Pop Festival muss sparen«, titelte die SZ. Wegen der Zwänge, denen der Sender unterworfen war, wurde monatelang heftig über den Fortbestand der Schülerparty diskutiert. Immer wieder wurden auch die Kosten kalkuliert.

Mitte März verkündete schließlich der damalige Hörfunk-Programmchef Andreas Weber, dass das zweitägige Programm »komplett auf neue Füße gestellt wird«. Nur noch der erste Tag sollte unter dem bisherigen Titel **Halberg Open Air** laufen und wie in den Vorjahren ausgerichtet werden: Künstler aus den aktuellen Hitparaden sollten 14- bis 20-jährigen Musikfans aus der Region zum Schulferienstart einheizen – und zwar wie immer bei freiem Eintritt. »Wir sehen uns unserer jungen Zielgruppe gegenüber verpflichtet, etwas zu tun. Die Region wird von den Veranstaltern her oft stiefmütterlich behandelt«, erklärte Weber.

Um den zweiten Veranstaltungstag habe es dagegen »lange, interne Diskussionen« gegeben, so Weber weiter. Die finanziellen Mittel, um das Programm an beiden Tagen kostenlos anbieten zu können, seien nicht mehr vorhanden gewesen. Deshalb beschloss der SR, an diesem Tag ein älteres Publikum anzusprechen und erstmals einen Eintrittspreis von 25 Euro pro Person zu erheben.

Das Geld sollte dann zur Refinanzierung der beiden Tage verwendet werden. Die Verantwortlichen sahen darin »eine Chance, das **Halberg Open Air** dauerhaft sichern zu können«, zumal die Kosten für den Bühnenaufbau gleich seien. Um Kosten zu sparen, plante man ohne Aufzeichnung für das SR Fernsehen.

Auch über alternative Veranstaltungsorte wurde damals schon nachgedacht. »Das Ergebnis war, dass dadurch keine nennenswerten Einsparungen möglich sind«, berichtete Andreas Weber.

Am 22. Juli 2005 war es schließlich so weit: Beim 25. **Halberg Open Air** feierten rund 40.000 Besucher mit Chartstürmern wie US 5 (»Maria«), Fettes Brot (»Emanuela«), Banaroo (»Dubi Dam Dam«), Nu Pagadi (»Sweetest Poison«) und Kate Hall (»Is There Anybody out There?«) eine ausgelassene Gratisfete. Noch zu den Newcomern zählten damals The BossHoss (»Hey Ya«) und Christina Stürmer (»Ich lebe«), die beide inzwischen längst zu Hitgaranten und Stammgästen von SR 1 geworden

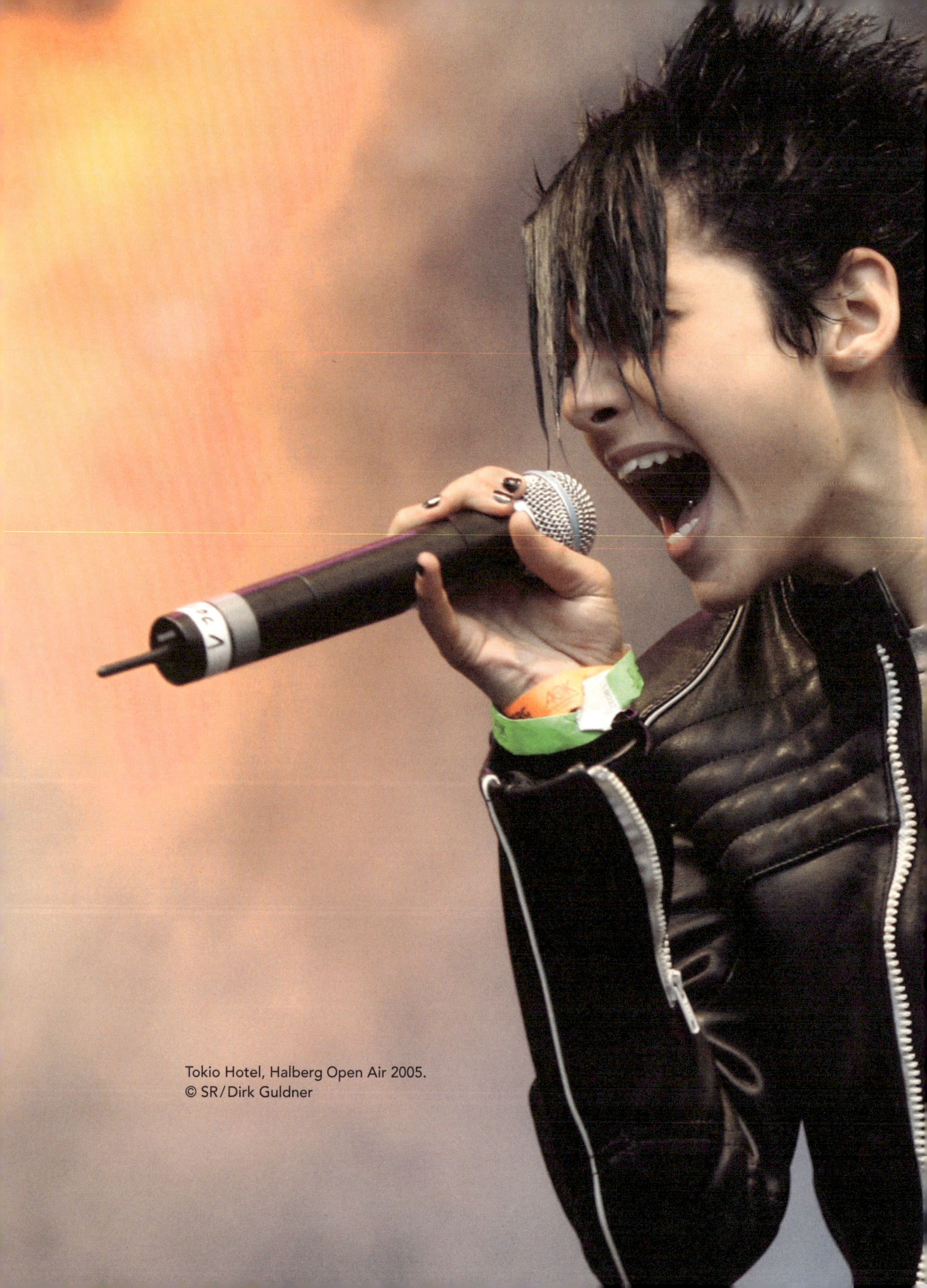

Tokio Hotel, Halberg Open Air 2005.

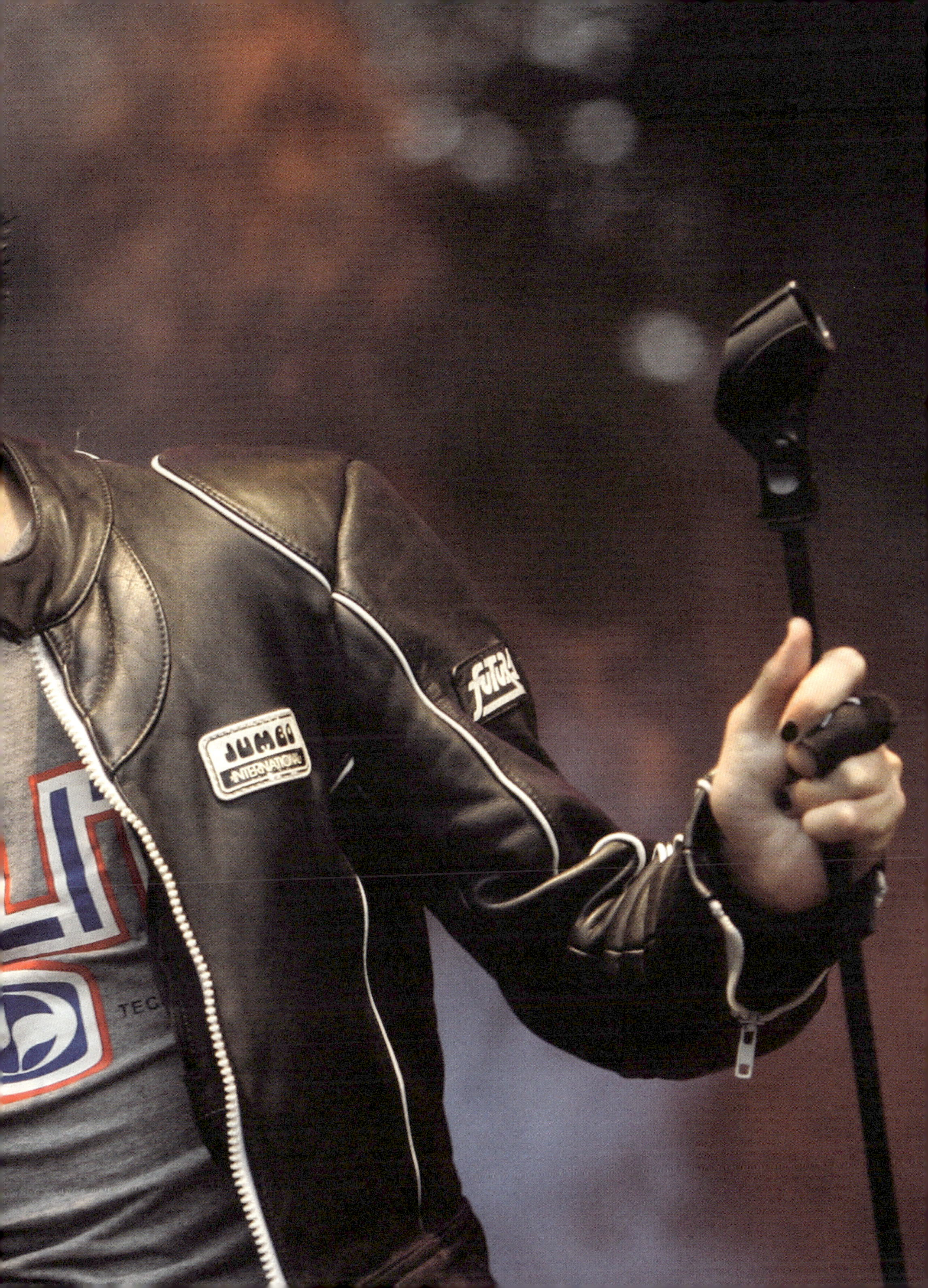
JUMBO
INTERNATIONAL

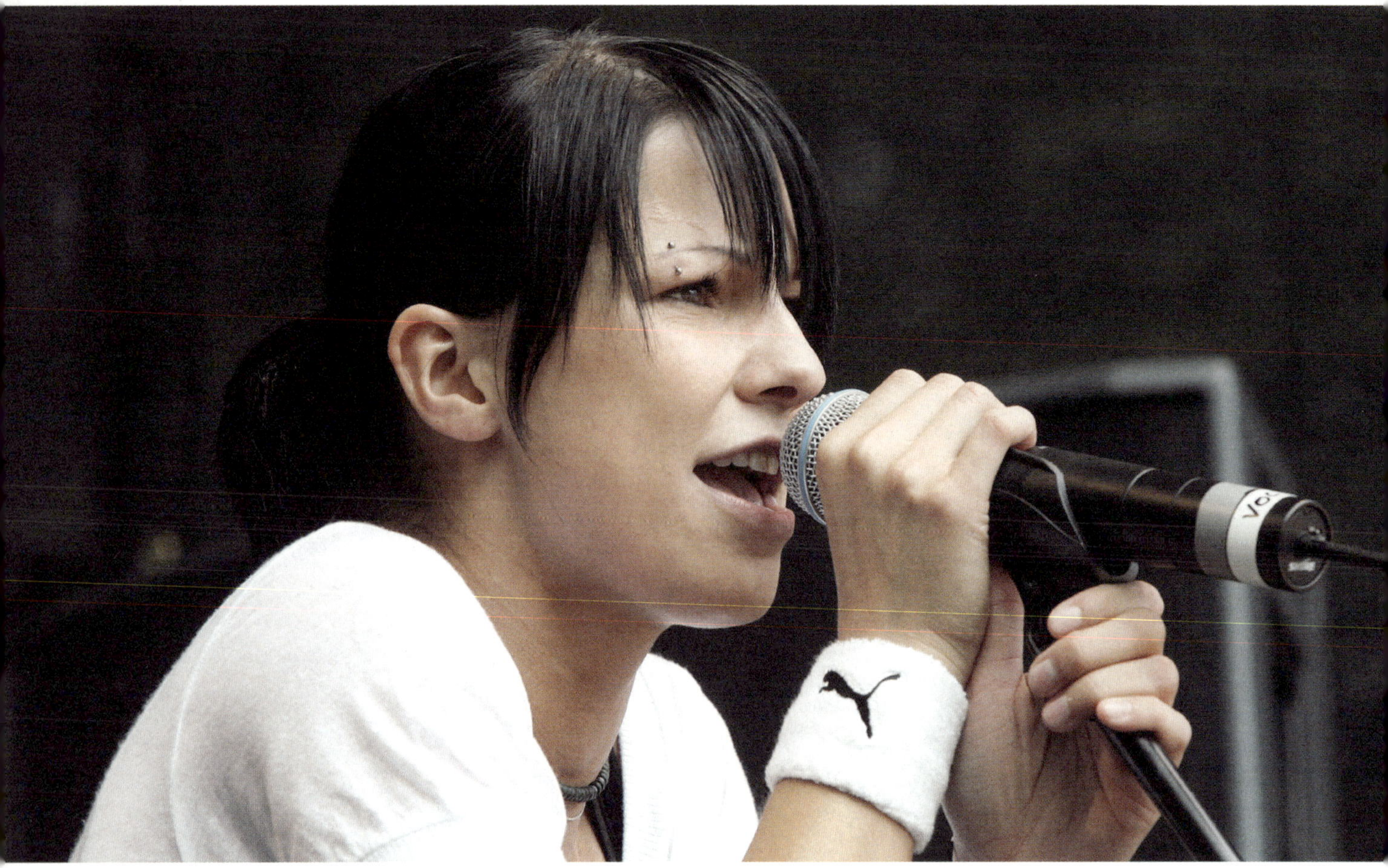

Christina Stürmer, Halberg Open Air 2005. © SR/Dirk Guldner

sind. Auch die Jungs von Tokio Hotel (»Durch den Monsun«) hatten auf der Radiowiese einen ihrer ersten großen Auftritte. Kurze Zeit später fegte ihr Ohrwurm rund um den Globus – und die Musiker wurden zu Megastars.

Die UNSERDING-Moderatoren Susanne Bersin, Kathrin Wilde und Freaky Jörn führten durch das Programm auf der Hauptbühne. Als »Alternative zum Abrocken« warteten im Fun-Park verschiedene Freizeitangebote auf das Publikum. Vom Stylingbus der Zeitschrift *Mädchen* bis zu Spielaktionen und Verlosungen reichte das Programm.

Nach der Aftershow-Party in der Discothek N8-Werk ging es dann am Samstag, 23. Juli, mit der Premiere des **LegendAir**-Open Airs auf der Radiowiese weiter. Das *SR 1-Morningshow*-Team Colette Dryja und Thomas Rosch präsentierte Bands aus der

Pop- und Rockszene, wie Reamonn (»Supergirl«), Laith Al-Deen (»Bilder von dir«), Fools Garden (»Lemon Tree«), Glashaus und die Rock 'n' Roller von Boppin'B.

Unter dem Slogan »Back to the Roots« wollten die Verantwortlichen damit viele Besucher aus den Anfangsjahren des Schülerferienfestes wieder für den Halberg begeistern – und das gelang ihnen auch: Einige der 3.500 Zuschauer breiteten ihre Picknickdecken auf der Radiowiese aus. Es herrschte eine sehr entspannte Atmosphäre, die an ein englisches »Party-in-the-Parks«-Konzert und ein großes Familienfest erinnerte, das es zu Beginn seines Bestehens war. Boppin'B, die die Menge zu Rock 'n' Roll-Tänzen auf der staubigen Wiese animierten, erinnerten sich: »Wir haben hier schon vor zehn Jahren beim **Schülerferienfest** gespielt.«

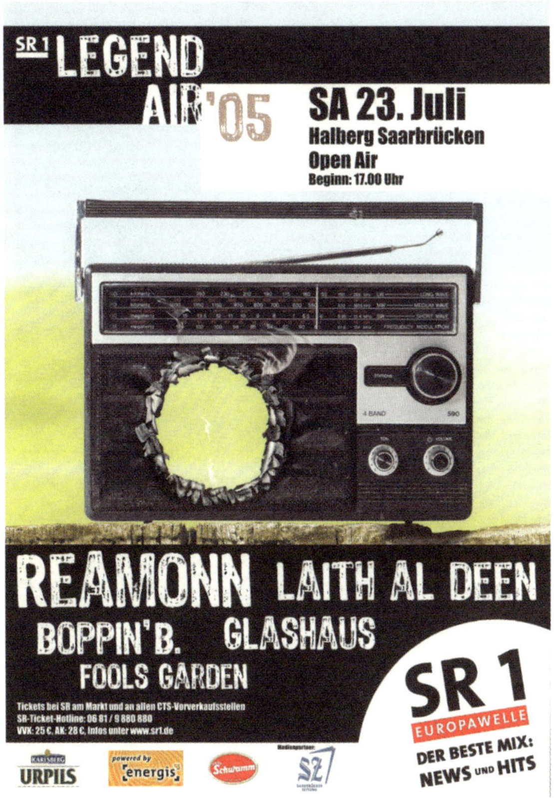

2006 Trotz der erfolgreichen **LegendAir**-Premiere gab es keine zweite Auflage. Ab 2006 stieg das Festival nur noch an einem Tag auf dem Halberg. Wegen des engen Sparkorsetts gab es ein neues Organisations- und Finanzkonzept mit Budgetierung, das hieß: Den einzelnen Bereichen wurden finanzielle Vorgaben gemacht, die eingehalten werden mussten. Zudem gab der langjährige Hauptsponsor OKKO/Coca Cola sein Engagement auf. Die Sicherheit der Gäste wurde wie immer großgeschrieben.

Mit ihrem Hit »Heat of the Summer« lieferte Stammgast Jeanette Biedermann bei ihrem fünften **Halberg Open Air**-Auftritt den passenden Soundtrack zu der 26. Ausgabe am 14. Juli 2006. Die Hitze bescherte den Helfern einige Mehrarbeit. Trotzdem stürmten rund 50.000 Fans – und damit gut 10.000 mehr als im Vorjahr – den Halberg, um mit Acts wie Marlon (»Lieber Gott«), Massive Töne, Revolverheld (»Freunde bleiben«), US 5 & Co. zu singen, zu tanzen und zu jubeln.

Die jungen Killerpilze (»Springt hoch«) mussten – wie viele Besucherinnen und Besucher – morgens noch selbst die Schulbank drücken, gerieten in einen Stau und konnten erst viel später als geplant auftreten. Moderiert wurde die Freiluftfete dieses Mal von Susi Bersin und Freaky Jörn. In den Umbaupausen wurden sie von Volker Gebhardt von der Tanzschule Euschen-Gebhardt unterstützt.

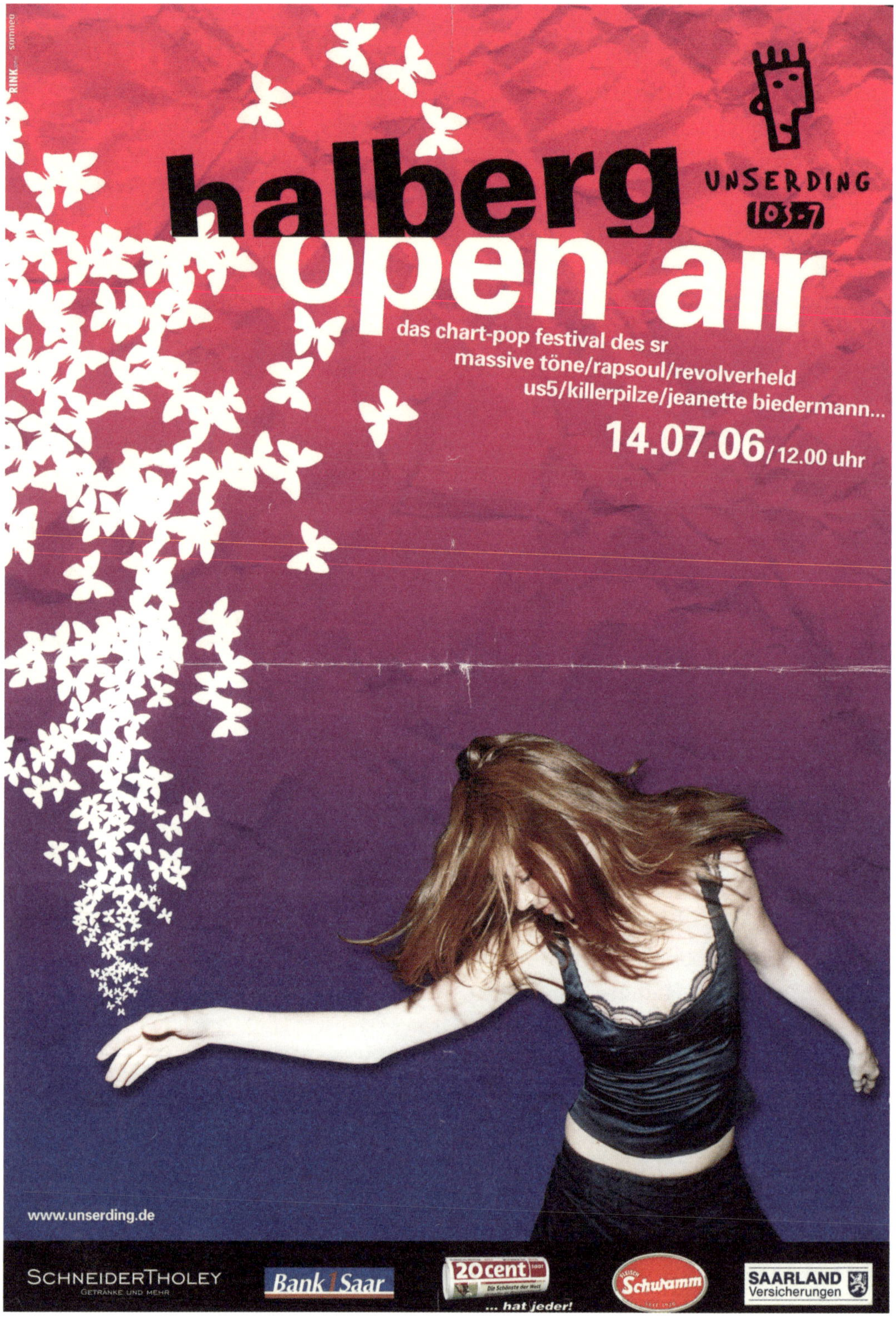
halberg
open air
UNSERDING
103.7
das chart-pop festival des sr
massive töne/rapsoul/revolverheld
us5/killerpilze/jeanette biedermann...
14.07.06/12.00 uhr
www.unserding.de
SCHNEIDERTHOLEY
GETRÄNKE UND MEHR
Bank1Saar
20cent
... hat jeder!
Schwamm
SAARLAND
Versicherungen

Neben der Musik auf der Bühne gab es wieder verschiedene Mitmachaktionen im Fun-Park. So konnten sich Besucherinnen und Besucher im Stylingbus den passenden Look zu der Party zaubern lassen. Sportbegeisterte kämpften in der Soccer-Arena um den »Weltmeistertitel«. Auf der Show-Truck-Bühne gaben Barkeeper Tipps, wie man an heißen Tagen selbst coole Cocktails mixen kann. Fans von Konsolenspielen konnten neue Produkte testen.

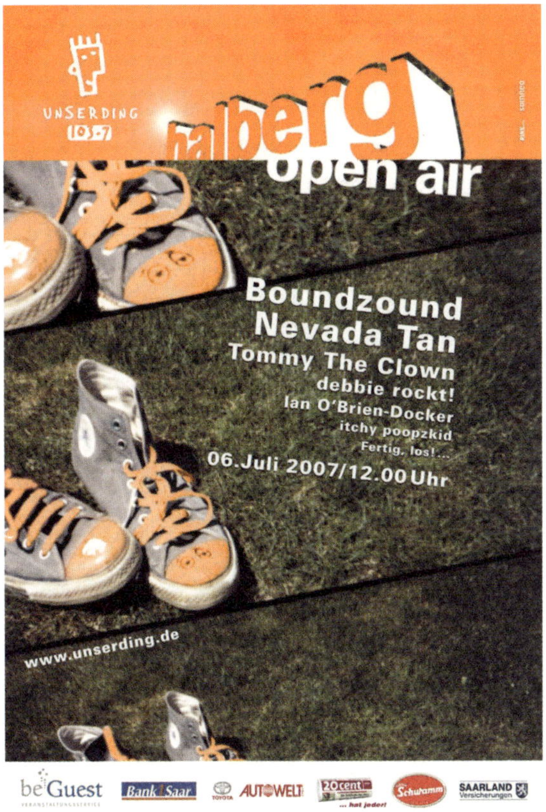

2007 Zum ersten Mal in seiner Geschichte setzte das Festival bei seiner 27. Ausgabe komplett auf Livemusik. »Wir wollen keine Playback-Show, sondern ein authentisches Festival mit ehrlichen, gut ausgebildeten Musikern«, erklärte Christian Langhorst, neuer Programmchef von SR 1 und UNSERDING, das geänderte Konzept.

Bis zuletzt bangten die Macher, ob das Wetter halten würde. Doch pünktlich zum Start des traditionellen Open Airs ließ sich die Sonne blicken. Und statt Regen strömten die Massen auf die Radiowiese. Zu den Künstlern, die die circa 40.000 Musikfans am 6. Juli 2007 zum Rocken brachten, gehörte der Ex-*Deutschland-sucht-den-Superstar*-Finalist Max Buskohl, der aus der Casting-Show freiwillig ausgestiegen war, weil er lieber mit seiner Band Empty Trash Karriere machen wollte.

Neben Itchy Poopzkid und Nevada Tan (»Revolution«) stand auch Seeed-Mitglied Ear mit seinem Solo-Projekt Boundzound (»Louder«) live auf der Bühne. Tommy the Clown galt in den USA bereits als Ikone der Straßentanz-Szene.

Zum Moderatorenteam gehörten neben Susi Bersin auch Celina Fries und Frank Falkenauer. Bersin holte sich die Künstler auf ein Sofa, das auf der Ladefläche eines Pick-Ups stand, um sie zu interviewen. In den Umbaupausen verteilte »Geschenke-Roland«, Roland Kanwicher von Radio Bremen, fleißig Präsente der Sponsoren. Die sorgten zudem im Fun-Park wieder für Spaß und Action. Hier konnten sich die Besucher in der Soccer Arena austoben und an einem Model Contest teilnehmen. Zudem gab es Preise wie zum Beispiel einen Führerschein zu gewinnen.

2008 Fünf Musiker aus dem eher kühlen Finnland sorgten beim **Halberg Open Air** 2008 für heiße Sommerferien-Stimmung. Die europaweit erfolgreiche Band Sunrise Avenue (»Fairytale Gone Bad«) war Top Act der 28. Ausgabe des Festivals am 27. Juni. Aus Kanada reisten zudem Outmatch (»Broken«) an. Und auch Stanfour (»For All Lovers«) von der Nordseeinsel Föhr wurde damals eine große Karriere vorhergesagt. »Ein derartiges Line-Up mit internationalen Hochkarätern hatten wir noch nie«, stand für Programmchef Christian Langhorst fest.

Die deutsche Chartszene war mit Bands wie Klee (»Gold«), den Killerpilzen, Kool Savas und Aloha from Hell vertreten und wurde von den über 40.000 Besuchern gefeiert. Frank Falkenauer und Susi Bersin von UNSERDING führten durch das Liveprogramm. Auch »Geschenke-Roland« durfte nicht fehlen.

2009 Nach Sunrise Avenue sollte bei der 29. Ausgabe des Festivals am 10. Juli 2009 mit The Rasmus (»In The Shadows«) eine weitere Band aus Finnland den Halberg zum Rocken bringen. Zu der Mischung aus bekannten Hitparadenstürmern, hoch gehandelten Newcomern und regionalen Bands gehörten zudem Stefanie Heinzmann (»My Man Is a Mean Man«) aus der Schweiz, die deutsche Sängerin Cassandra Steen (»Stadt«), der Songschreiber Bosse (»Drei Millionen«) und die Band Luxuslärm (»1000 km bis zum Meer«). Auch saarländische Künstler wie Drehmoment sowie Oku & The Reggaerockers waren dabei.

Kerstin Mark und Frank Falkenauer führten durch das fast zehnstündige Programm mit elf Bands zum Nulltarif. In den Umbaupausen machte Klaus Krückemeyer vom Hessischen Rundfunk (HR) seinem Namen als »Geschenke-Klaus« alle Ehre. Im Fun-Park klärte das saarländische Gesundheitsministerium über die Gefahren der Einstiegsdrogen Alkohol und Nikotin auf. Und am Stand des Szene-Magazins *Lifestyle* standen bei einem Fotoshooting nicht die Stars, sondern die Fans im Mittelpunkt.

Unter den rund 30.000 Zuschauern waren auch viele Anhänger von The Rasmus, aus ganz Deutschland nach Saarbrücken gepilgert, um ihre Idole live zu erleben. Dass 2009 rund 25 Prozent weniger Besucher als im Vorjahr mitfeierten, führte Wellenchef Christian Langhorst auf die unsichere Wetterlage und die kühlen Temperaturen zurück. Dennoch war er mit der Resonanz zufrieden.

rechts: Kool Savas, Halberg Open Air 2008. © SR/Becker & Bredel

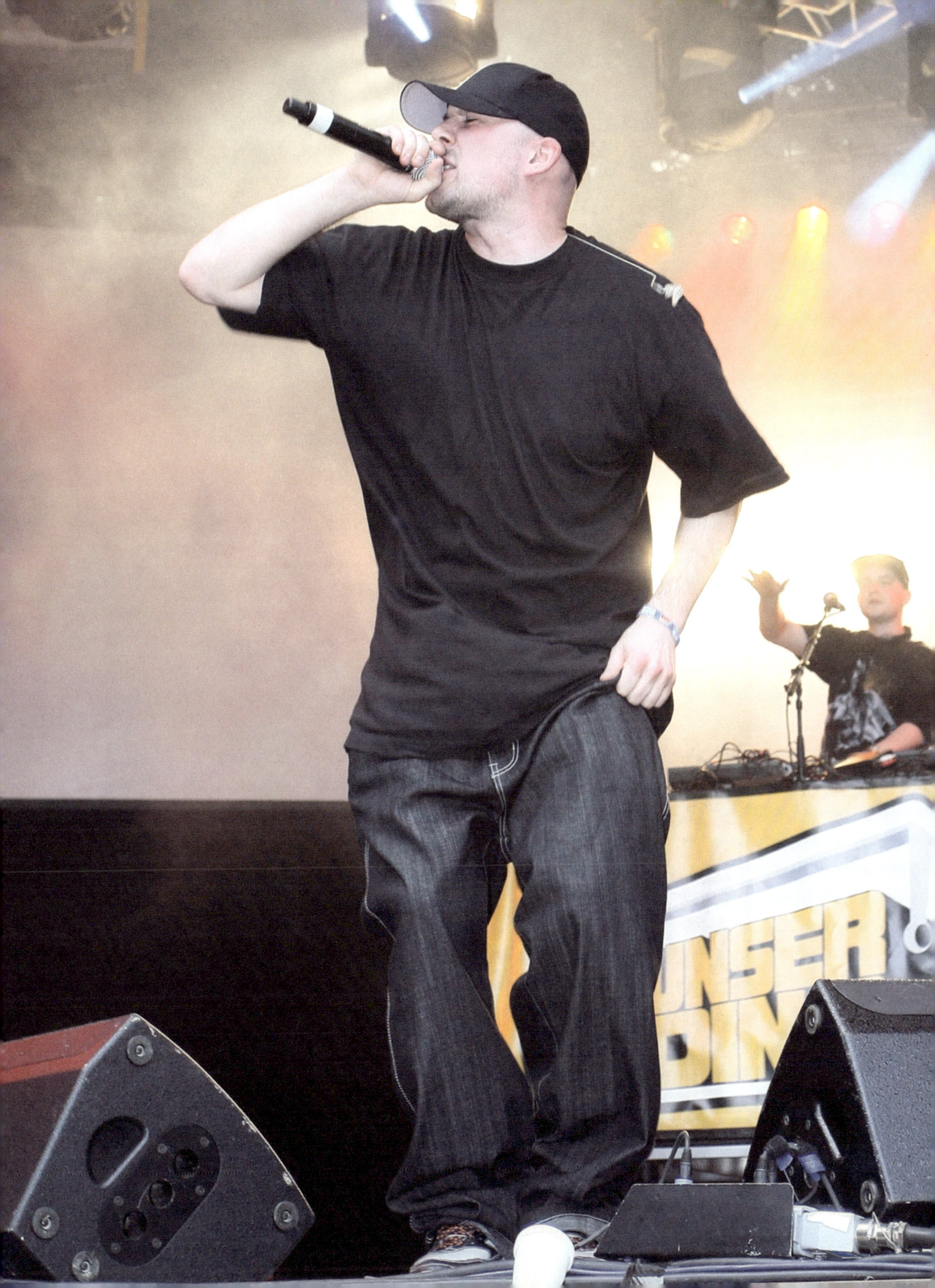
UNSER

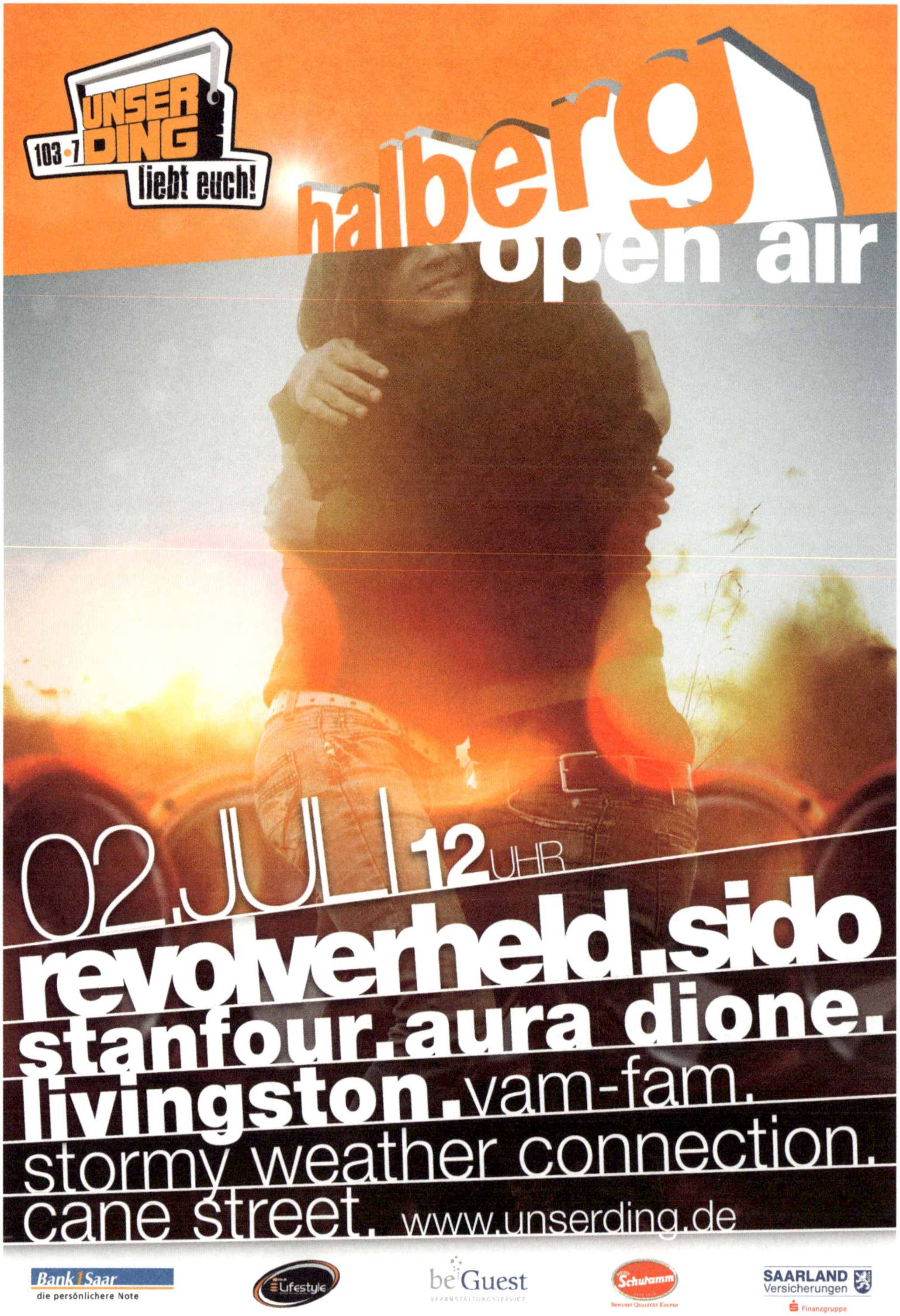

UNSER DING
103•7
liebt euch!
halberg
open air
02.JULI 12UHR
revolverheld.sido
stanfour.aura dione.
livingston.vam-fam.
stormy weather connection.
cane street. www.unserding.de
Bank1Saar
die persönlichere Note
Lifestyle
be Guest
Schwamm
SAARLAND
Versicherungen
Finanzgruppe

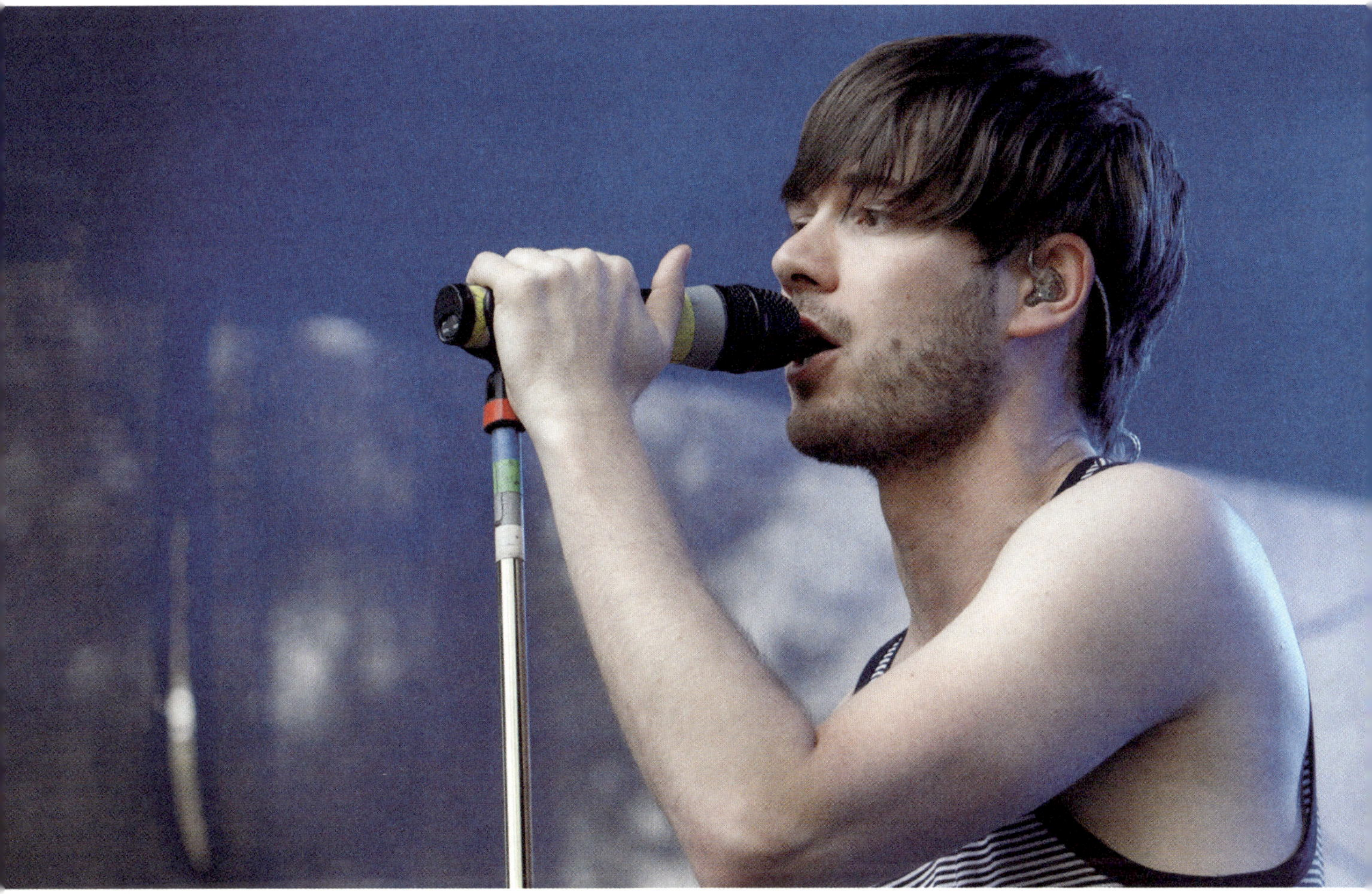

Revolverheld-Sänger Johannes Strate beim Halberg Open Air 2010. © SR/Becker & Bredel

2010 Am 2. Juli 2010 feierte das Festival seinen 30. Geburtstag. Im Gegensatz zum reifen Alter des Festivals wurden die Fans immer jünger, denn das Künstleraufgebot war wie immer aktuell und trendy. Neben den Wiederholungstätern, den Bands Revolverheld und Stanfour, brachte Aura Dione die 32.000 Besucher mit ihrem Nummer-Eins-Hit »I Will Love You Monday« zum Mitsingen. Sido (»Ich und meine Maske«) bekam von vielen Schülerinnen und Schülern für seinen Auftritt zwar eine glatte Eins, die Betragensnote des früheren Skandal-Rappers fiel dagegen deutlich schlechter aus. Livingston (»Broken«) sorgten für eine frische Prise Rock.

Die konnte das Publikum bei Temperaturen von bis zu 35 Grad auch gut gebrauchen. Die Sonne brannte, Staub lag in der Luft, der Schweiß floss in Strömen. Doch das tat der Stimmung keinen Abbruch. Die Krankenkasse AOK verteilte fleißig Sonnencreme. Neben ihr präsentierten sich im Fun-Park auch die weiteren Sponsoren des **Halberg Open Air** wieder mit ihren Aktionen rund um einen englischen Doppeldeckerbus.

Die Moderation übernahmen Kerstin Mark und Alex Mehl von UNSERDING. Zudem feierte »Geschenke-Roland« in den Umbaupausen sein Comeback. Nachdem der letzte Act die Bühne verlassen hatte, ging es für viele vom Halberg zur After-Show-Party ins N8werk.

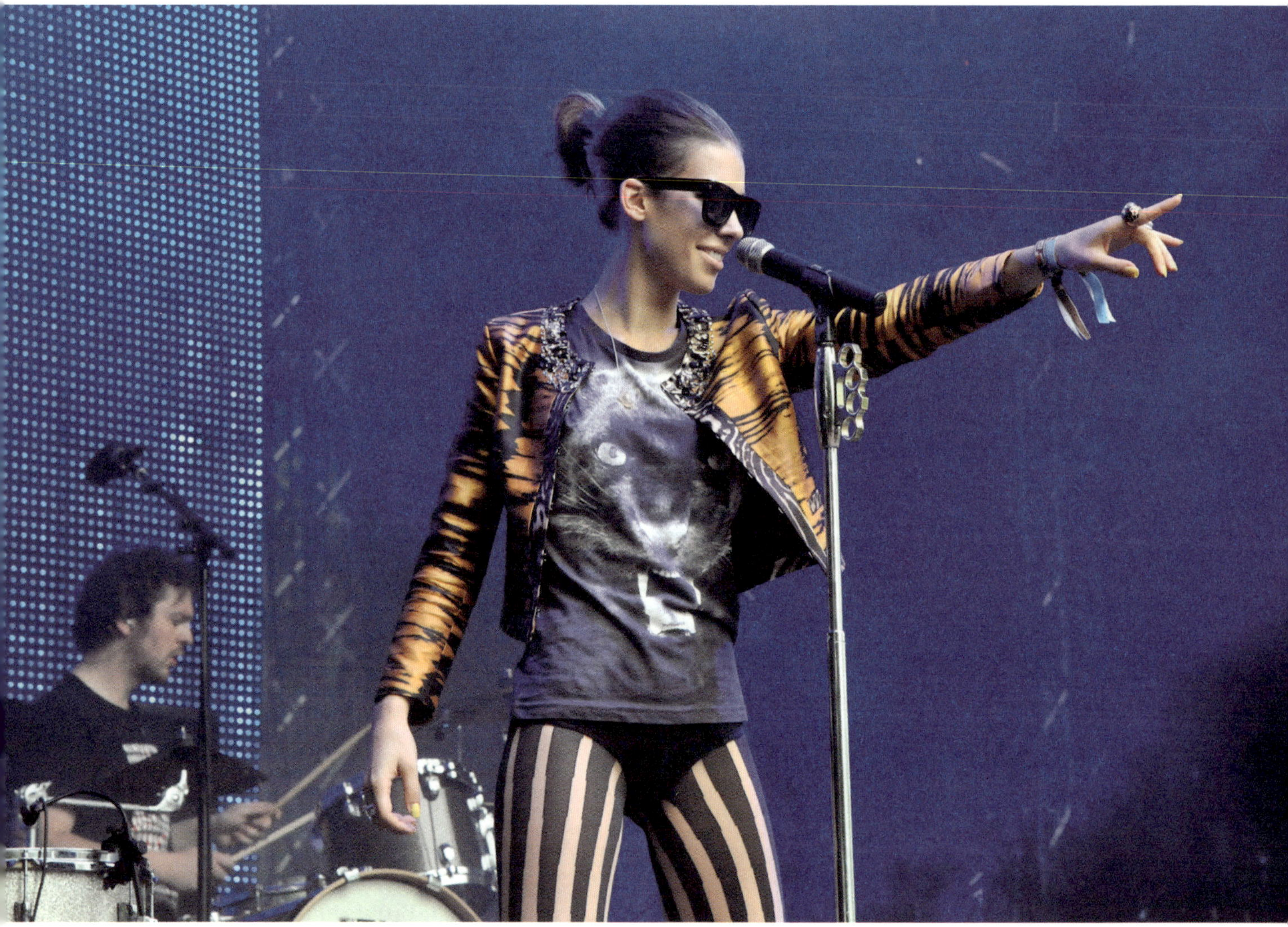

Frida Gold, Halberg Open Air 2011. © SR/Becker & Bredel

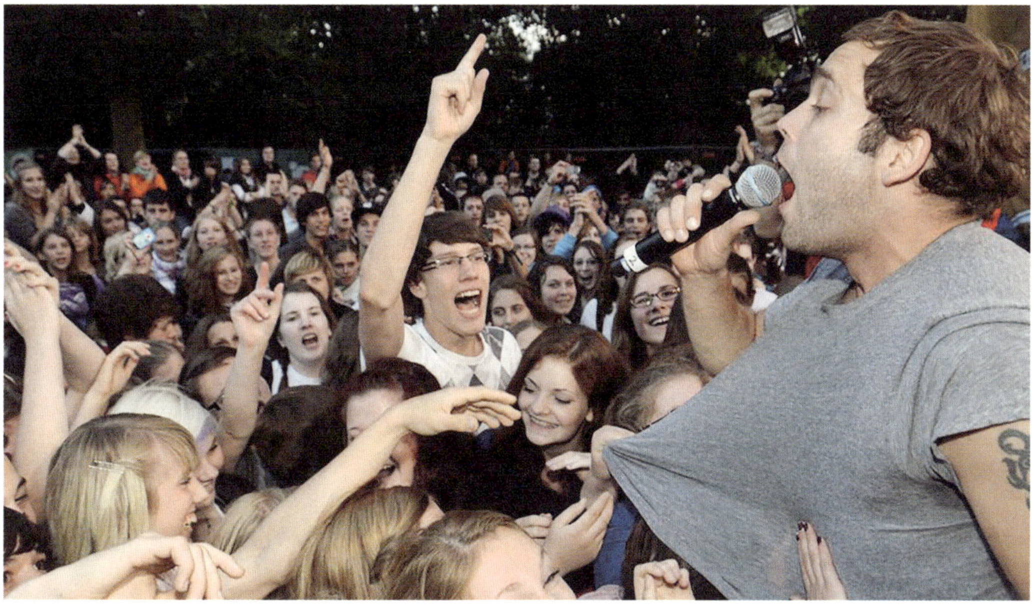

Bosse beim Halberg Open Air 2011. © SR/Becker & Bredel

2011 In seiner langen Geschichte hatte das Festival vom strömenden Regen bis zur extremen Hitze ja schon einige Wetterkapriolen miterlebt. Doch die 31. Ausgabe am 22. Juni 2011 drohte buchstäblich ins Wasser zu fallen. Statt Charthits prasselte es dicke Regentropfen, statt der Bassdrum hallten Donnerschläge über die Radiowiese. Eine Stunde nach Beginn des **Halberg Open Airs** setzte ein heftiges Unwetter ein. Im Bühnendach sammelten sich mehrere Hundert Liter Wasser, die von der Feuerwehr abgesaugt werden mussten.

Das Festival wurde unterbrochen. Während das Publikum Schutz unter anderem in der eilig ausgeräumten Fahrzeuggarage fand, versuchte das SR-Team alles, um das traditionsreiche Fest zu retten. Mit Erfolg: Nach zwei Stunden konnte die Party schließlich weitergehen – und rund 18.000 feierten mit.

Noch vor dem Unwetter hatte das Anti-Rassismus-Projekt **Farbenblind** seinen großen Auftritt. Für die jungen Talente aus dem Saarland verwirklichte sich damit ein Jugend-Traum: »Ich habe mit einer Freundin gewettet, auf dieser Bühne zu stehen«, erinnert sich Solistin Sarah Hamm.

Zu den Chartgrößen gehörten 2011 der belgische Sänger und Songschreiber Milow (»Ayo Technology«), die Pop-Band Frida Gold (»Wovon sollen wir träumen«), Rapper Materia (»Lila Wolken«) und Soulstimme Cassandra Steen. Für sie war es nach 2005 mit ihrer früheren Gruppe Glashaus und 2009 bereits der dritte

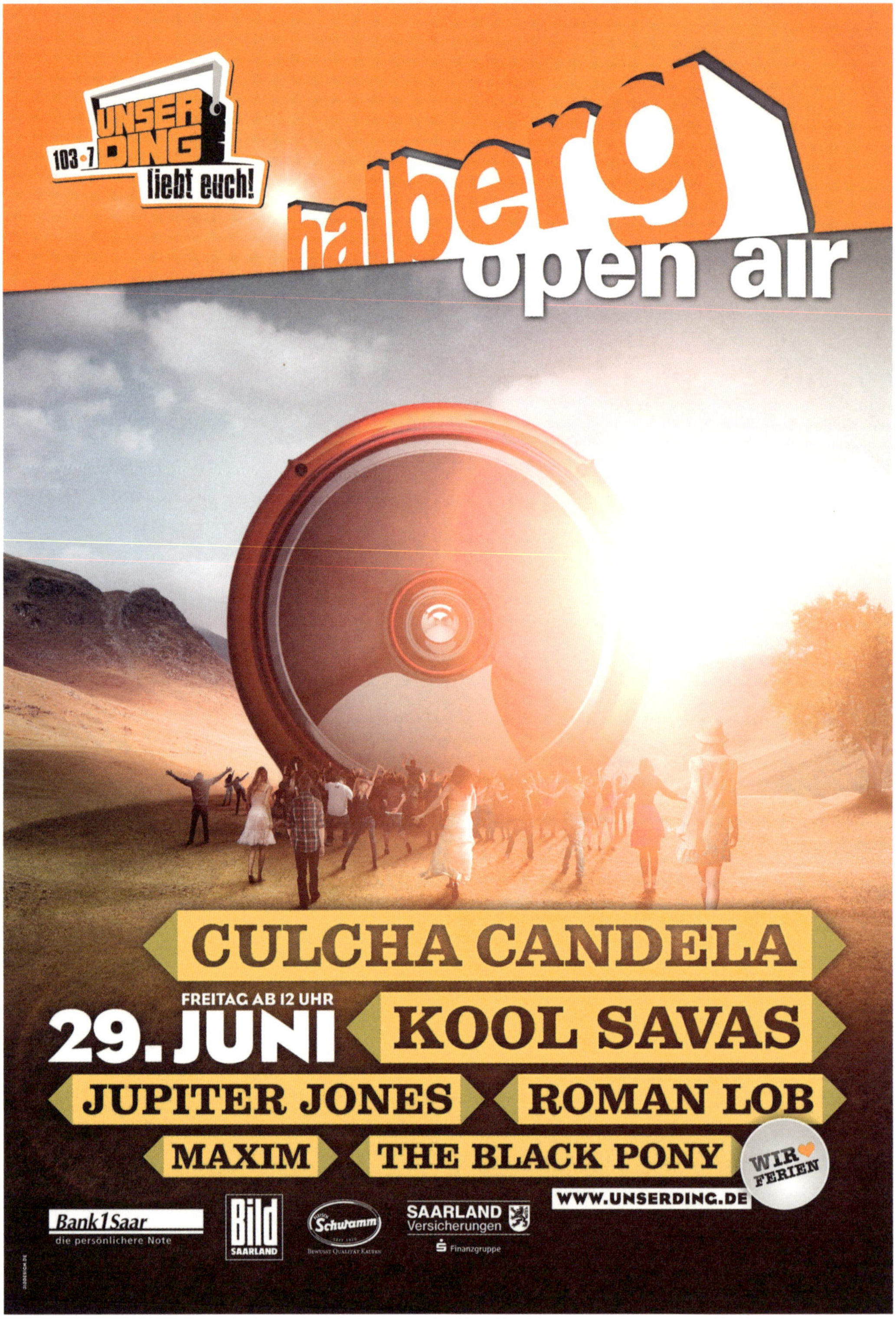
103.7 UNSER DING liebt euch!
halberg open air
CULCHA CANDELA
FREITAG AB 12 UHR
29. JUNI
KOOL SAVAS
JUPITER JONES
ROMAN LOB
MAXIM
THE BLACK PONY
WIR FERIEN
WWW.UNSERDING.DE
Bank1Saar
die persönlichere Note
Bild SAARLAND
Schwamm
SAARLAND Versicherungen
Finanzgruppe

Auftritt bei dem Festival. Auch Bosse, der bereits 2009 auf der Bühne gestanden hatte, sorgte erneut für Stimmung.

Die Moderation übernahmen in diesem Jahr Josi Lundström und Frank Falkenauer. Highlight im Fun-Park war der 18 Meter lange Sony-Show-Truck. Hier konnten die Jugendlichen die Spielekonsolen testen. Auch der original Londoner Doppeldeckerbus machte wieder Station.

»Trotz der Witterungsverhältnisse war das ein äußerst ruhiges **Halberg Open Air**«, zogen die Einsatzkräfte am Ende des Tages zufrieden Bilanz. Das seit Jahren bestehende, bewährte Sicherheitskonzept, das nach den Vorfällen bei der Duisburger Love-Parade noch einmal verbessert worden war, ging auf. Das Budget für diesen Bereich war eigens um mehr als 50 Prozent erhöht worden. Rund 90 Securitymitarbeiter, 30 Polizistinnen und Polizisten und etwa 60 Helferinnen und Helfer des Roten Kreuzes sorgten dafür, dass die Party reibungslos über die Bühne ging.

2012

Am 29. Juni 2012 bebte der Halberg bei der 32. Ausgabe des Festivals wieder. Der Andrang war riesig. Um dem Sicherheitskonzept Rechnung zu tragen, musste das Gelände erstmals in der langen Geschichte des Festivals kurzzeitig wegen Überfüllung geschlossen werden.

Für rund 24.000 Musikfans hieß es »Party total« mit aktuellen Künstlern aus den Charts. Roman Lob (»Standing Still«) verschlug es vom **Eurovision Song Contest** in Baku, bei dem er für Deutschland den achten Platz erzielt hatte, auf den Halberg. Aus Berlin reiste die Hip-Hop-Formation Culcha Candela an, der mit ihrem Nummer-Eins-Hit »Hamma« der Durchbruch gelungen war. Kool Savas vertrat ebenfalls erneut die Rap-Szene. Und auch Pop-Poet Maxim war dabei.

Die Gewinner der UNSERDING-Aktion **Saarlands beste Schulband** hatten beim Festival ihren großen Auftritt. Eine Fachjury wählte unter den Bewerbern die sechs besten Teilnehmer aus, die im Rahmen einer Schultour bei Pausenkonzerten ihr Können unter Beweis stellen mussten. Die jungen Punk-Musiker From Fall to Spring aus Neunkirchen machten schließlich das Rennen. Für sie hieß es: Raus aus der Schule, rauf auf die **Halberg Open Air**-Bühne!

Im Fun-Park gab es neben Spiel und Spaß mit den Sponsoren auch harte Fakten über Alkohol und Gefahrensituationen am Steuer. Fahranfängerinnen und -anfänger konnten diese in Simulatoren realitätsnah erfahren.

Für Jupiter Jones aus der Eifel, die mit »Still« einen Charterfolg landeten, war die Party nach ihrem Auftritt noch nicht vorbei. Für die Band hieß es nämlich: Runter vom Halberg und nichts wie hin zum Saarbrücker Altstadtfest. Dort gaben die Musiker auf der SR 1-Bühne vor dem Staatstheater noch ein weiteres Konzert.

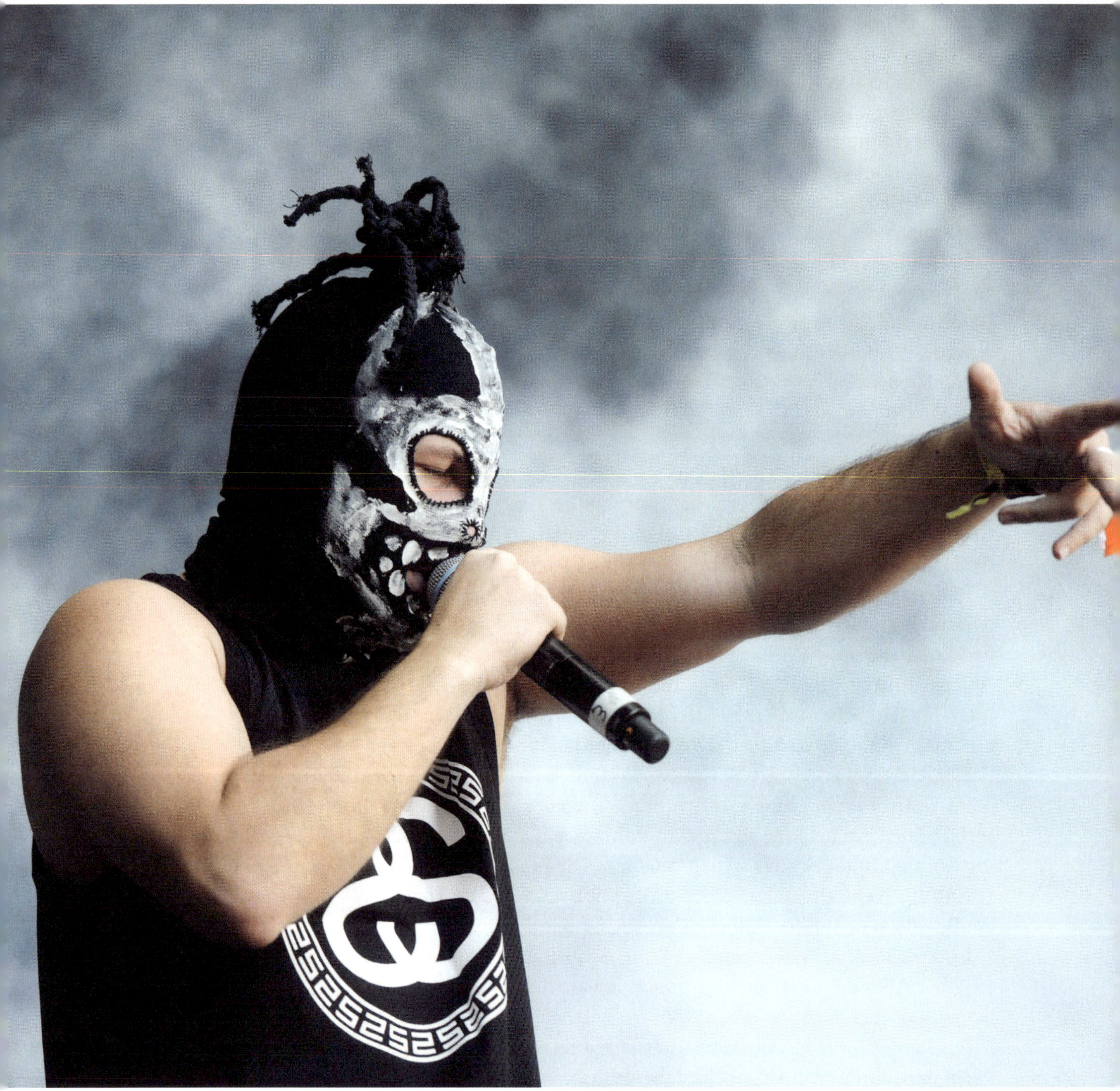

Genetikk, Halberg Open Air 2014. © SR/Becker & Bredel

2013 Das Duo Glasperlenspiel brachte bei der 33. Ausgabe des Festivals am 5. Juli 2013 mit seiner Single »Grenzenlos« die über 10.000 jungen Musikfans zum Tanzen und Singen. Der Titel schien gleichzeitig auch das Motto des diesjährigen **Halberg Open Airs** zu sein. Die musikalischen Stile reichten von Rock mit Royal Republic (»Everybody Wants to Be an Astronaut«) über Hip-Hop mit Max Herre (»Wolke 7«) und Reggae-Rhythmen von Gentleman (»Superior«) bis zu Elektropop mit Glasperlenspiel. Auch die Besucher waren bunt gemischt – sowohl vom Alter her als auch von ihrer Nationalität.

Nach 2006 und 2008 rockten zudem die Killerpilze bereits zum dritten Mal den Halberg. An den ersten Auftritt des in Dillingen an der Donau als Schülerband gegründeten Trios kann sich Ex-SR 1-Musikredakteur Jürgen Bohr noch gut erinnern. Die Jungs düsten direkt aus der Schule nach Saarbrücken: »Damals war ihr Schlagzeuger 13 Jahre alt und der Kleinste auf der Bühne – dieses Mal ist er der Größte«, bemerkte Bohr schmunzelnd.

Auch Malzbia stand auf dem Programm. Die Nachwuchstalente vom Johannes-Kepler-Gymnasium Lebach waren beim **UNSERDING-Schülerbattle** zu Saarlands bester Schulband gekürt worden. Im Fun-Park wurde für »Null Alkohol, voll Power« geworben.

2014 Top Act der 34. Ausgabe am 25. Juli waren die Country-Rocker The BossHoss. Die Berliner Großstadt-Cowboys, die bereits 2005 beim »Halberg Open Air« auf der Bühne gestanden hatten, heizten den rund 12.000 Partywilligen kräftig ein.

Ansonsten stand eine fette Ladung Hip-Hop auf dem Programm. Dafür sorgten neben Mateo, der im Gegensatz zu 2012 nicht mit seiner Gruppe Culcha Candela, sondern solo auf den Halberg kam, der österreichische Rapper Raf 3.0 sowie sein deutscher Kollege und Youtube-Star Kayef (»Nie wieder Niemand«). Mit der Saarbrücker Band Genetikk (»Wünsch Dir was«) und DCVDNS (»Eigentlich wollte Nate Dogg die Hook singen«) aus St. Ingbert mischten auch zwei bundesweit erfolgreiche saarländische Hip-Hop-Vertreter mit.

Als Gewinner-Band der **UNSERDING-Schultour** standen 2014 The Noiz vom Theodor-Heuss-Gymnasium in Sulzbach mit den Chartgrößen zusammen auf der Bühne. Selbst ein kurzes Gewitter brachte die Stimmung nicht zum Kippen. Zu den Highlights im Fun-Park gehörte die Karaokebühne.

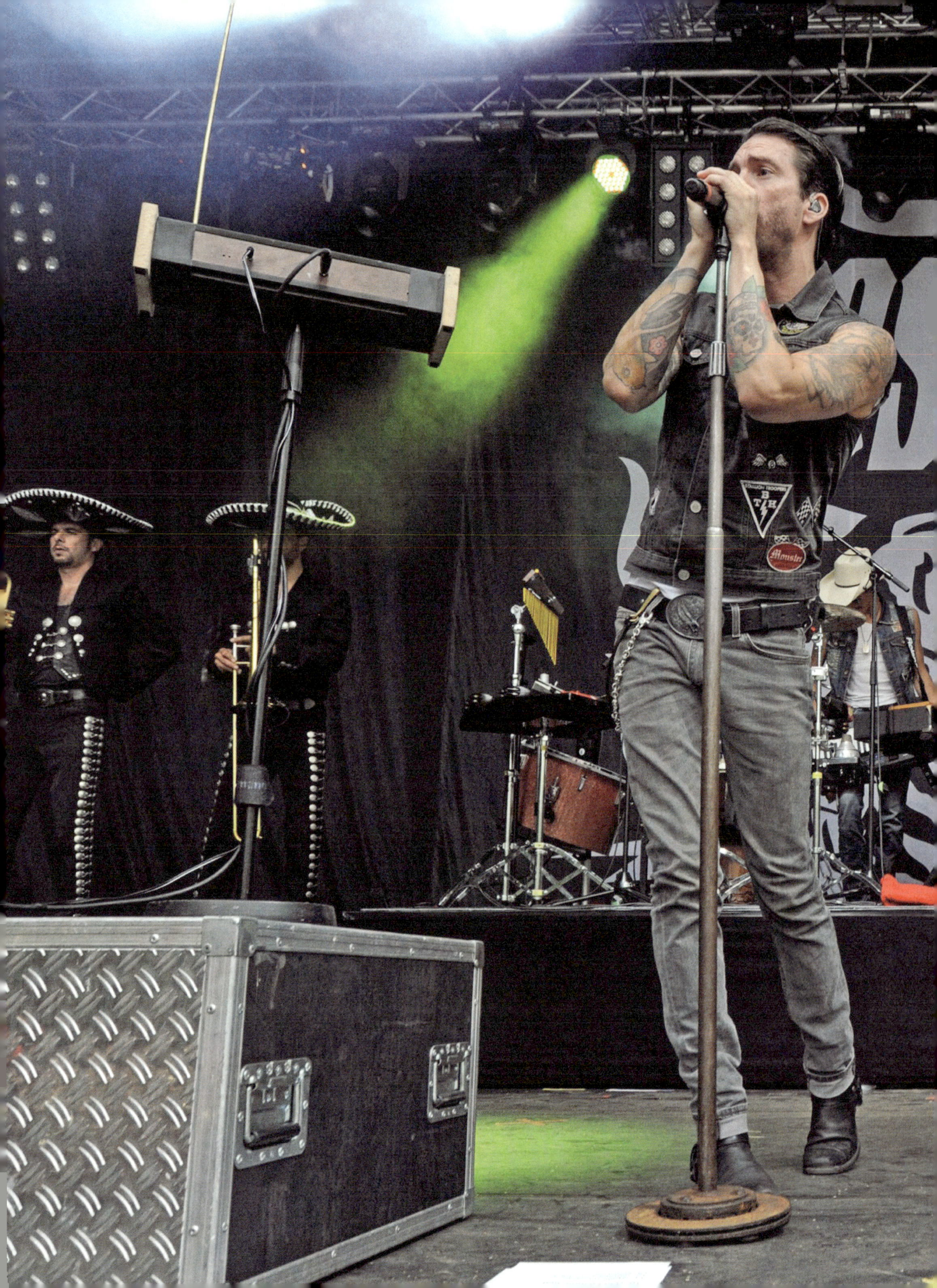

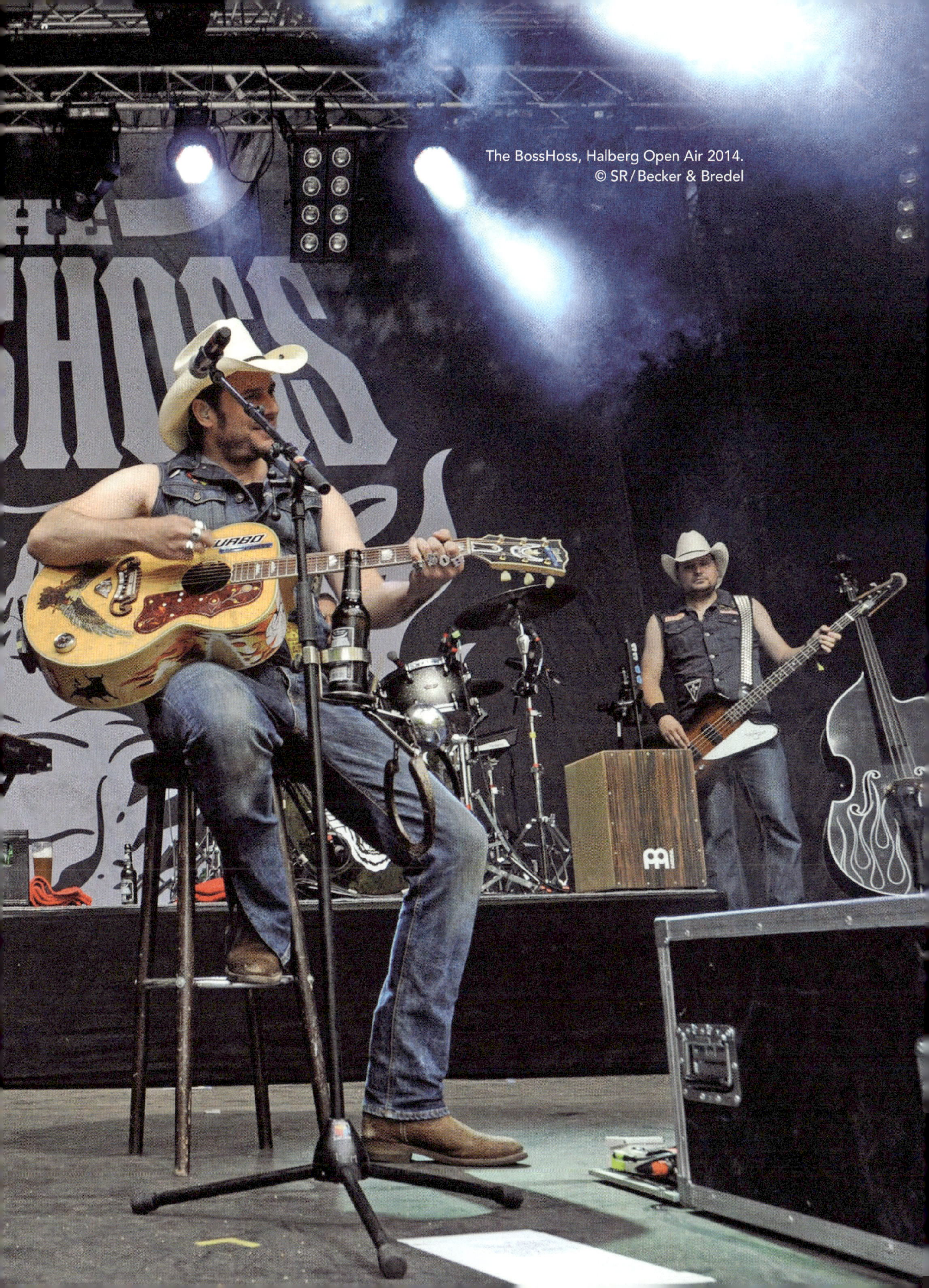

The BossHoss, Halberg Open Air 2014.
© SR / Becker & Bredel

2015 Bei der 35. Ausgabe des Festivals am Freitag, 24. Juli 2015, traf die deutsche **Eurovision-Song-Contest**-Siegerin Lena (»Satellite«) auf die Orsons (»Horst & Monika«). Die Band war für das Saarland bei Stefan Raabs *Bundesvision Song Contest* ins Rennen gegangen und überraschend auf dem fünften Platz gelandet.

»Das Programm ist dieses Mal besonders auf Schüler zwischen neun und 18 Jahren zugeschnitten«, erklärte SR 1-Musikredakteur Jürgen Bohr. Das Vorhaben

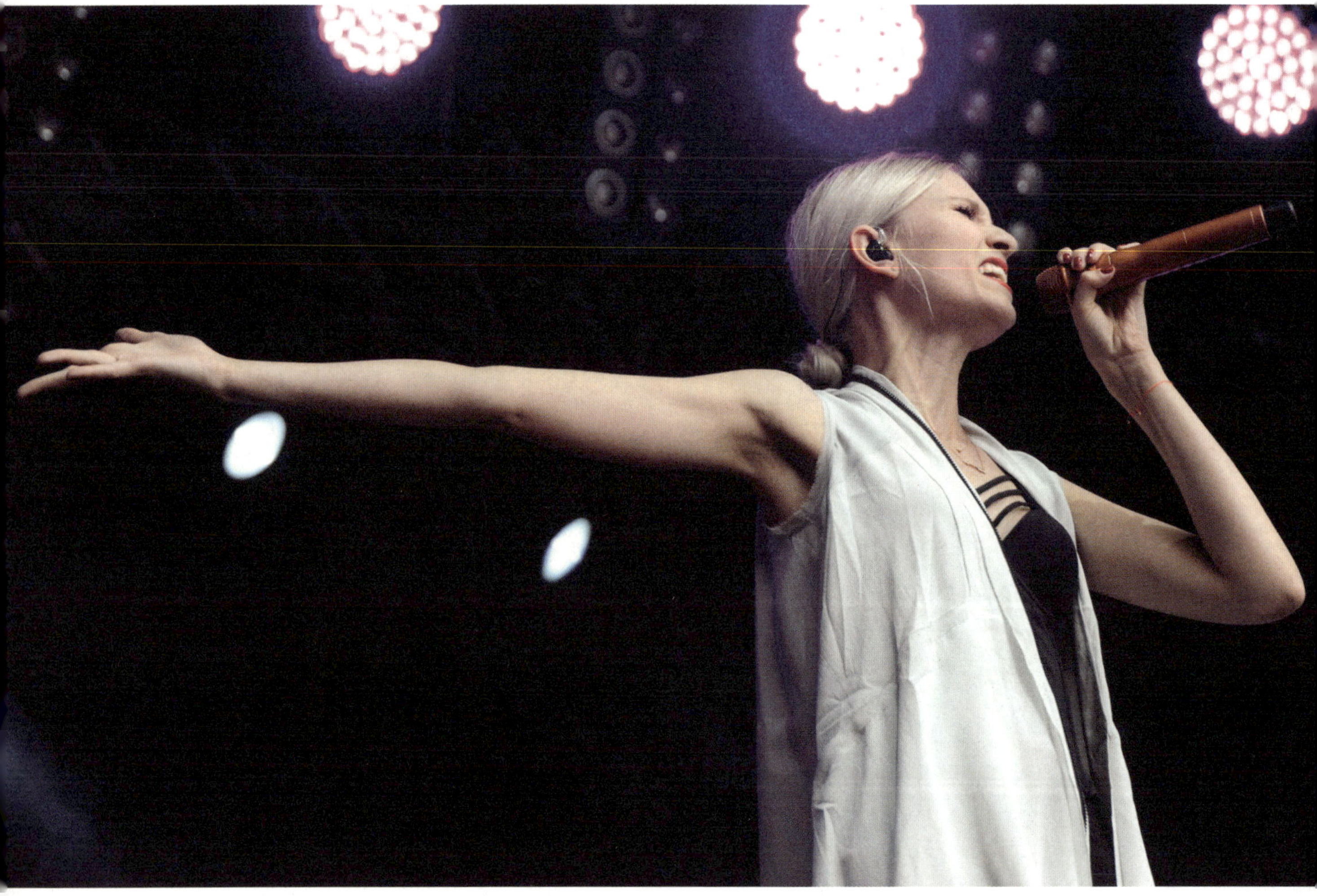

Glasperlenspiel, Halberg Open Air 2015. © SR/Becker & Bredel

rechts: Lena Meyer-Landrut, Halberg Open Air 2015. © SR/Becker & Bredel

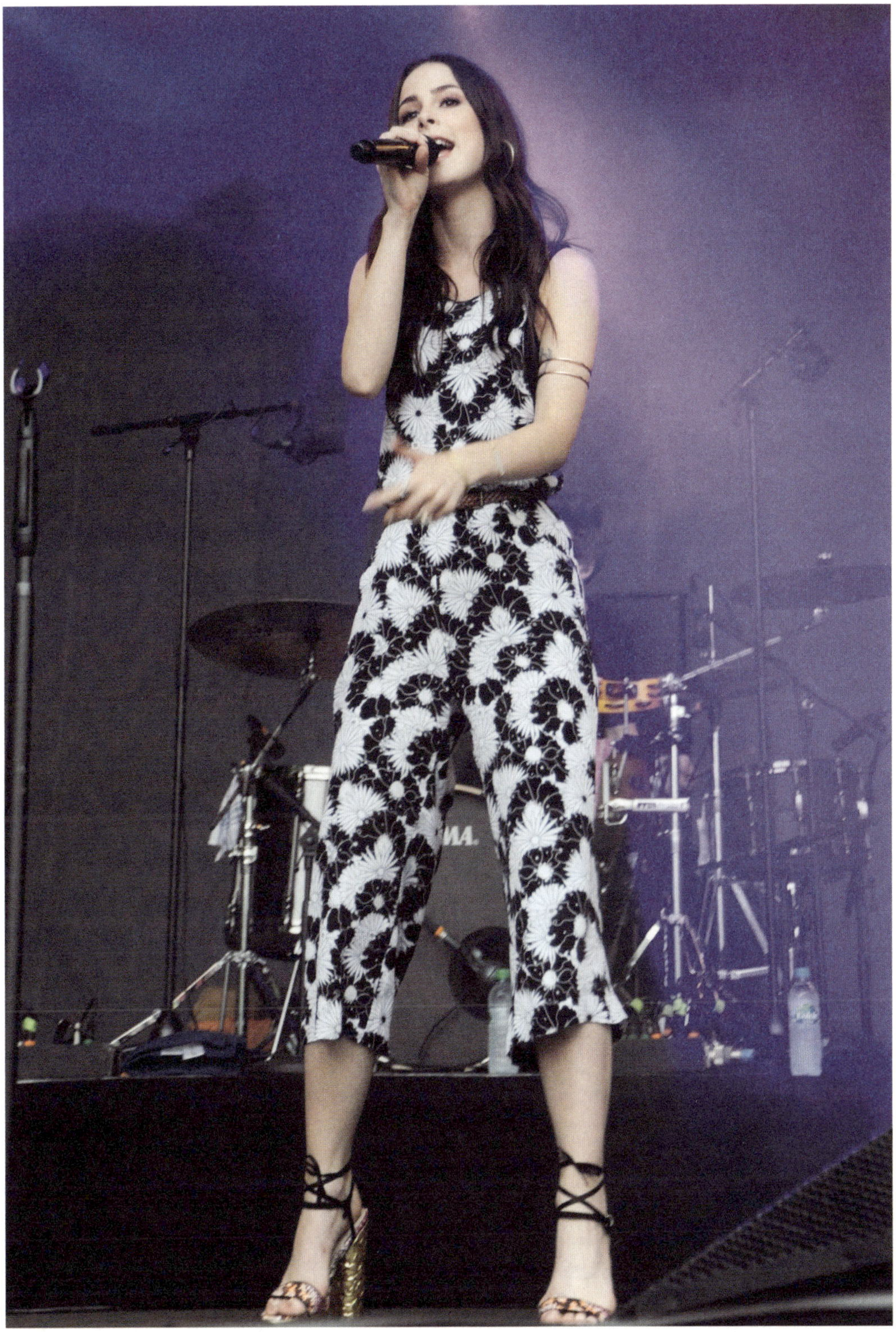

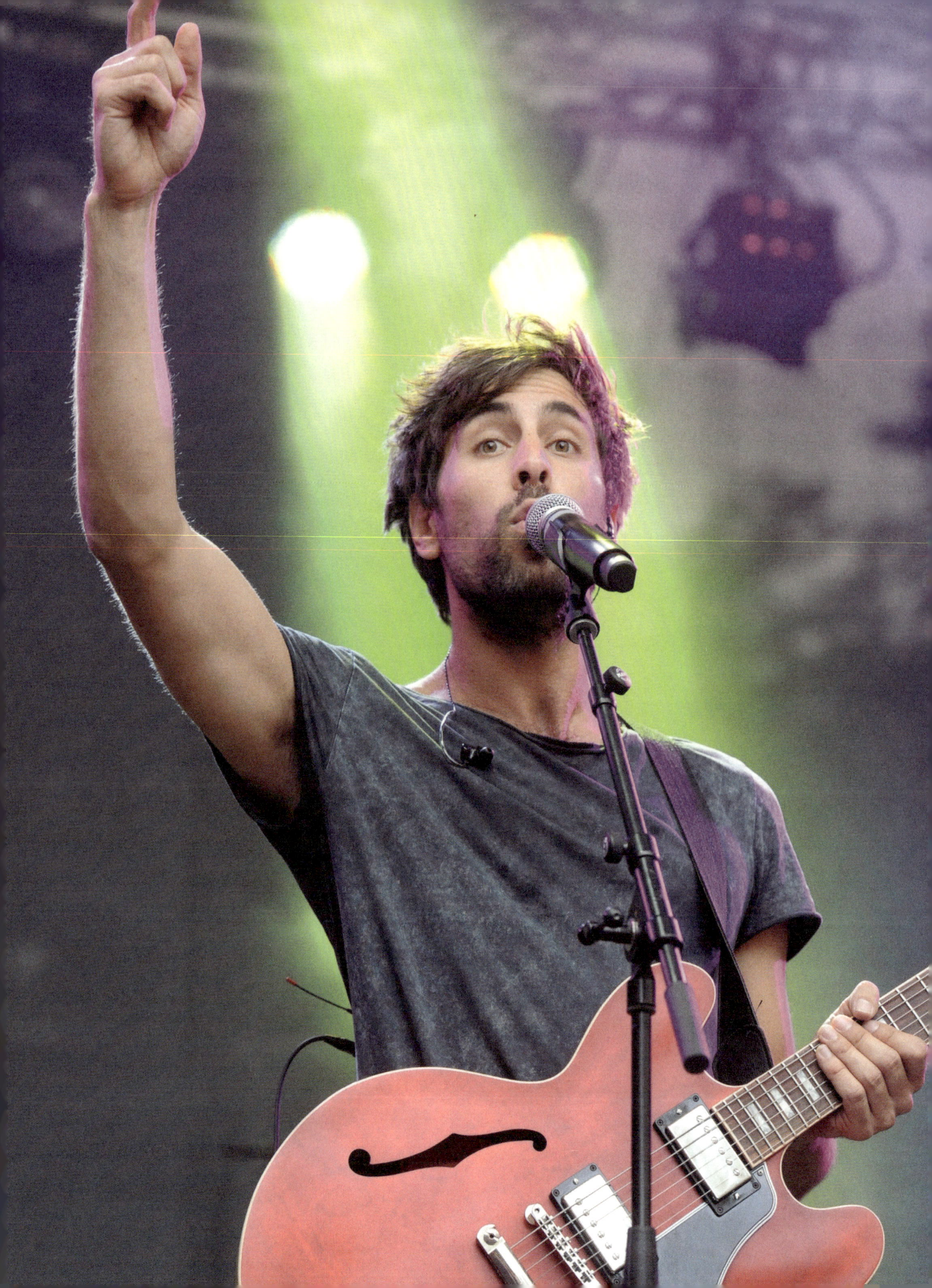

ging auf: Mehr als 11.500 feierten mit. Neben den Schwerpunkten Pop und Rap, der auch durch Internetstar Liont und Urgestein Ferris MC (»Zur Erinnerung«), vertreten war, steuerten Glasperlenspiel (»Echt«) eine Prise Dance-Musik bei. Die Chartstürmer spielten nach 2013 bereits zum zweiten Mal beim **Halberg Open Air**. Nicole Cross war nicht nur auf der Radiowiese, sondern zuvor bereits bei der **UNSERDING-Schultour** dabei.

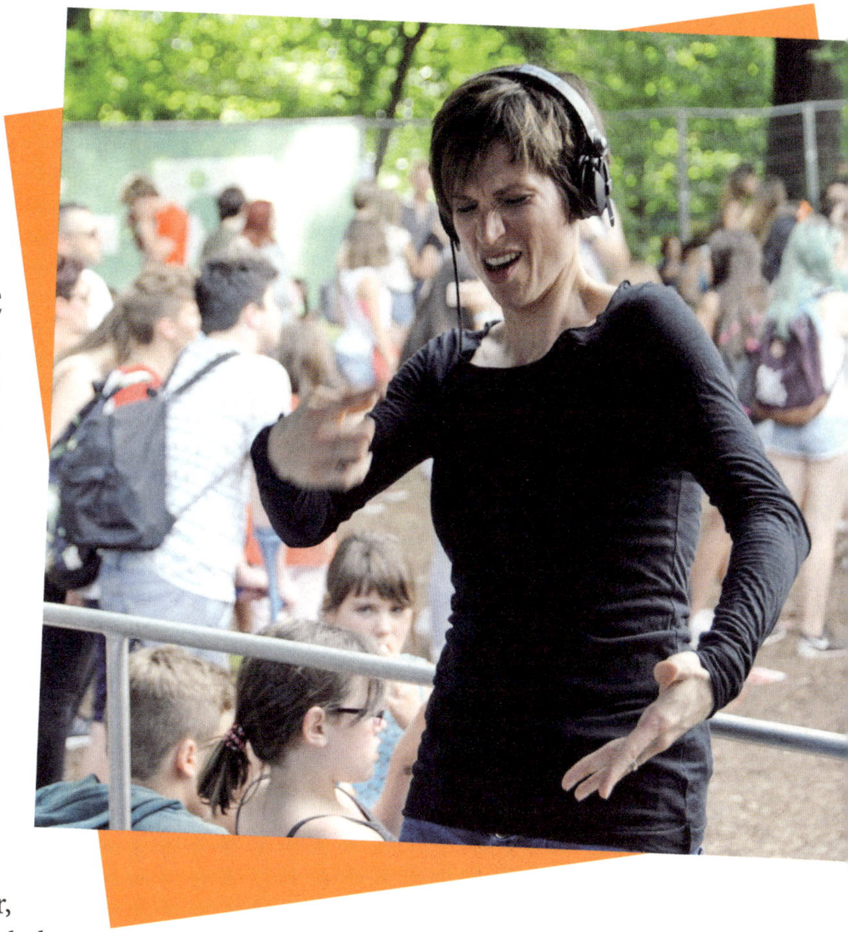

Gebärdendolmetscherin Isabelle Ridder auf dem Halberg Open Air 2015. © SR/Becker & Bredel

Im Fun-Park gab es eine Mischung aus harten Facts zu HIV und Drogen und spaßigen Aktionen wie das beliebte Karaokesingen. Zudem sorgte 2015 erstmals die Gebärden-Dolmetscherin Isabelle Ridder dafür, dass Hörgeschädigte das Bühnengeschehen besser verfolgen konnten. Sie vermittelte tauben und schwerhörigen Schülern der Ruth-Schaumann-Schule in Lebach und der Wilhelm-Hubert-Cüppers-Schule in Trier die Musik einiger Künstler. Mit der Aktion wollte der SR »in Sachen Barrierefreiheit ein weiteres Zeichen setzen«, sagte Unternehmenssprecher Peter Meyer.

Hinter den Kulissen des Festivals gab es in diesem Jahr Neuheiten: Ein Führungs-Trio übernahm die Organisation. SR 1-Moderator und Programmmanager Thomas Rosch kümmert sich seitdem unter anderem um die Bewerbung des Festes und das Gesamtbudget: »Ich war sogar schon als Jugendlicher auf dem St. Johanner Markt mit dabei«, erinnert er sich an die Anfänge des **Schülerferienfestes**. Seine Kollegin Monika Maile war für die Sponsoren sowie den Fun-Park zuständig. Michael Degott war für die Sicherheit, den Aufbau und die Logistik des Festivals verantwortlich. Zudem wurde das Gelände so umgestaltet, dass es mehr Platz und einen besseren Überblick bieten konnte.

Max Giesinger, Halberg Open Air 2015. © SR/Becker & Bredel

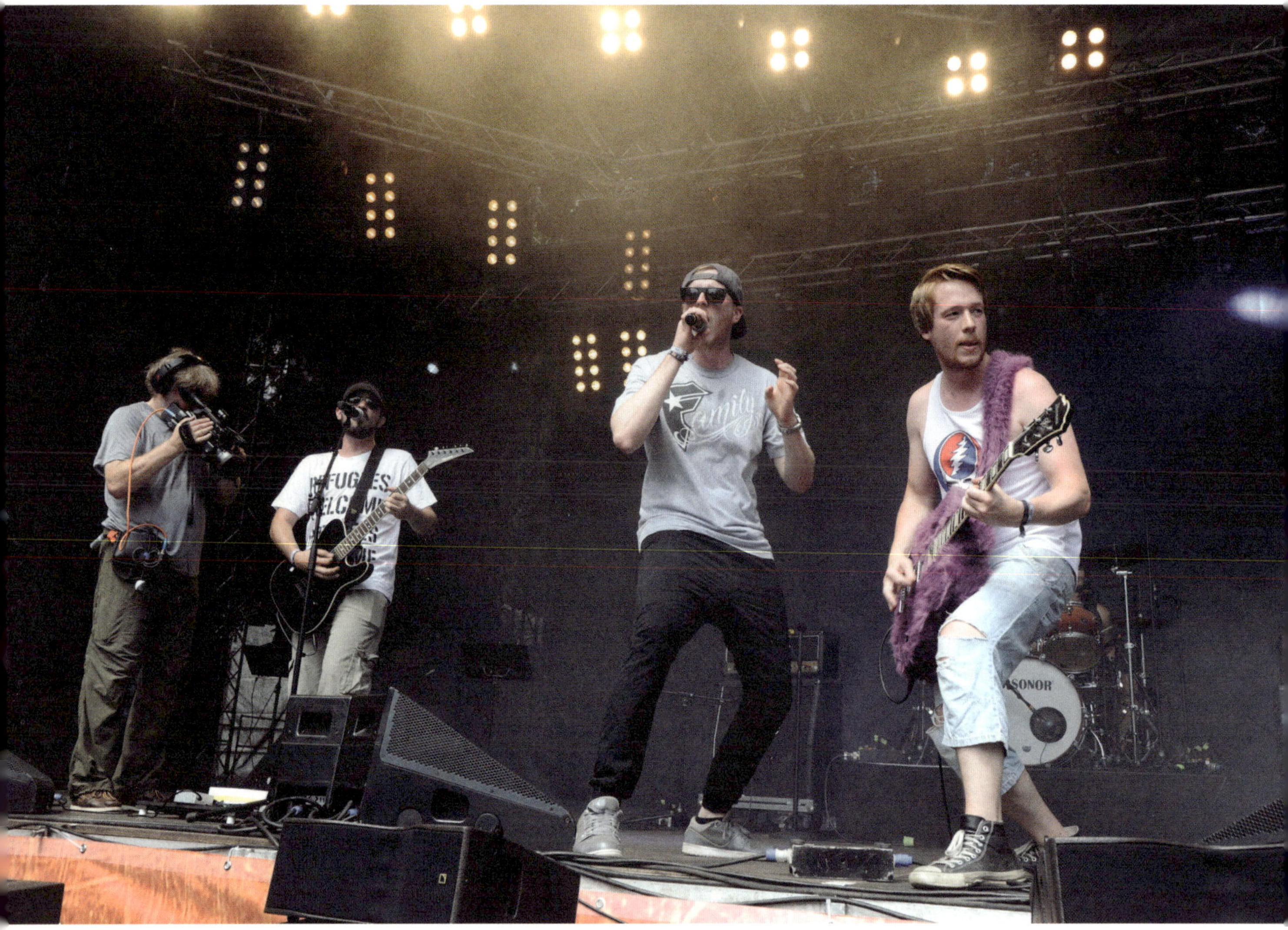

Axel Weber & viele mehr beim Halberg Open Air 2015. © SR/Becker & Bredel

2016 Gleich zwei ehemalige Teilnehmer der erfolgreichen TV-Show *The Voice Of Germany* gehörten zu den Top Acts der 36. Ausgabe des Festivals am 15. Juli 2016: die Siegerin Jamie-Lee Kriewitz (»Ghost«) und Ex-Finalist Max Giesinger. Der Musiker war der Überraschungsact des **Halberg Open Airs** 2016. Gerade stand er mit seinem Hit »80 Millionen« ganz oben in den Charts und feierte mit den rund 10.000 Besuchern noch einmal die positiven Momente der Fußball-EM.

Der Pop-Bereich bildete in diesem Jahr den musikalischen Schwerpunkt des Festivals. Auch Luxuslärm, Lions Head (»When I Wake Up«) und Teenie-Idol Mike

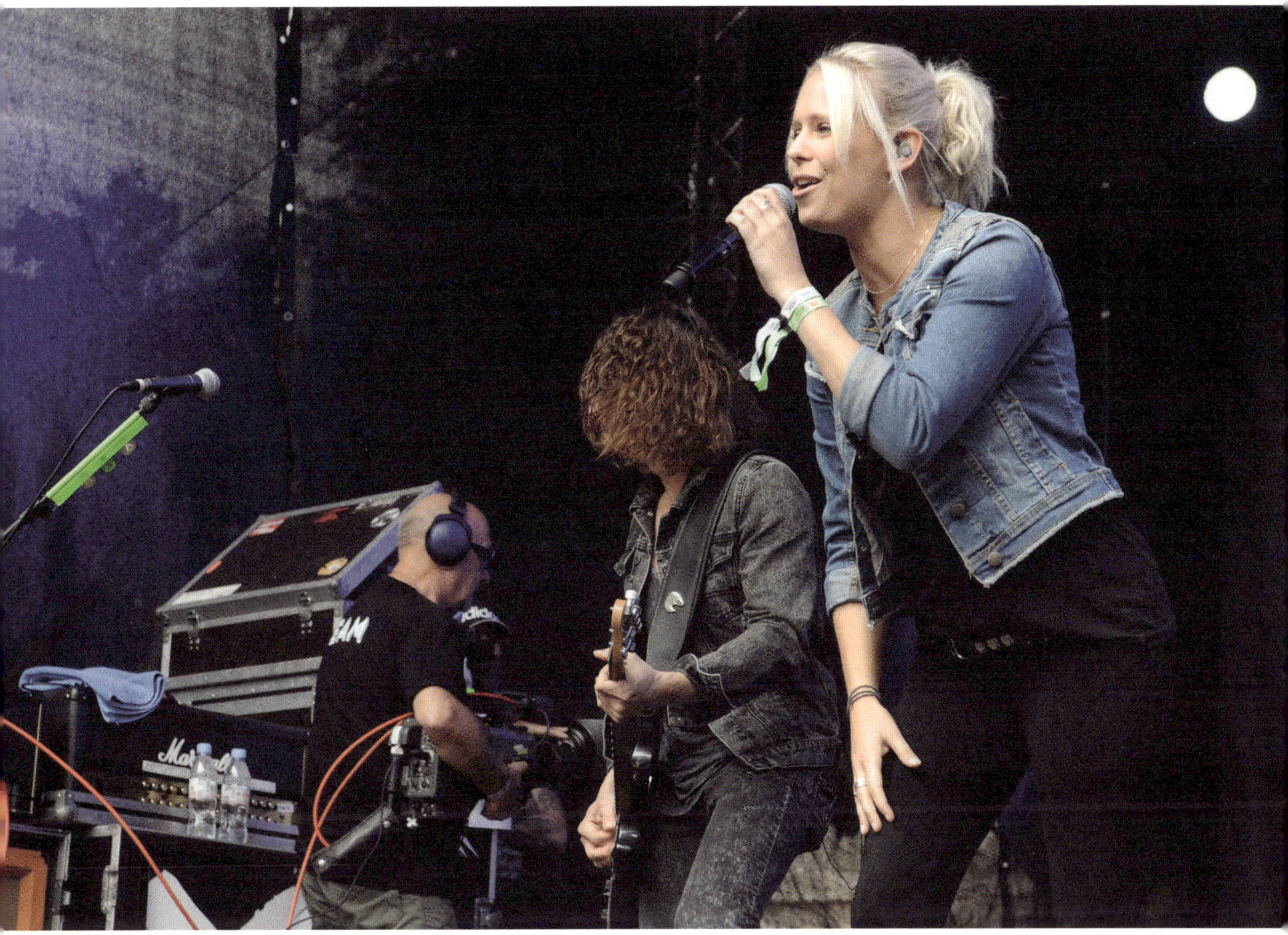

Luxuslärm, Halberg Open Air 2016. © SR/Becker & Bredel

Singer (»Karma«) sorgten für ausgelassene Stimmung. Anders als in den Vorjahren wollte man einer noch jüngeren Zielgruppe etwas bieten. »Der achtjährige Junge soll genauso auf seine Kosten kommen wie das 16-jährige Mädchen«, erklärte Musikredakteur Jürgen Bohr.

Zudem setzten die Macher erfolgreich auf Rapper, die durch das Internet bekannt wurden. Dazu gehören Die Lochis (»Ab geht's«), damals wohl die »bekanntesten Zwillinge Deutschlands«, und T-Zon, der bereits zweimal – mit Liont und Kayef

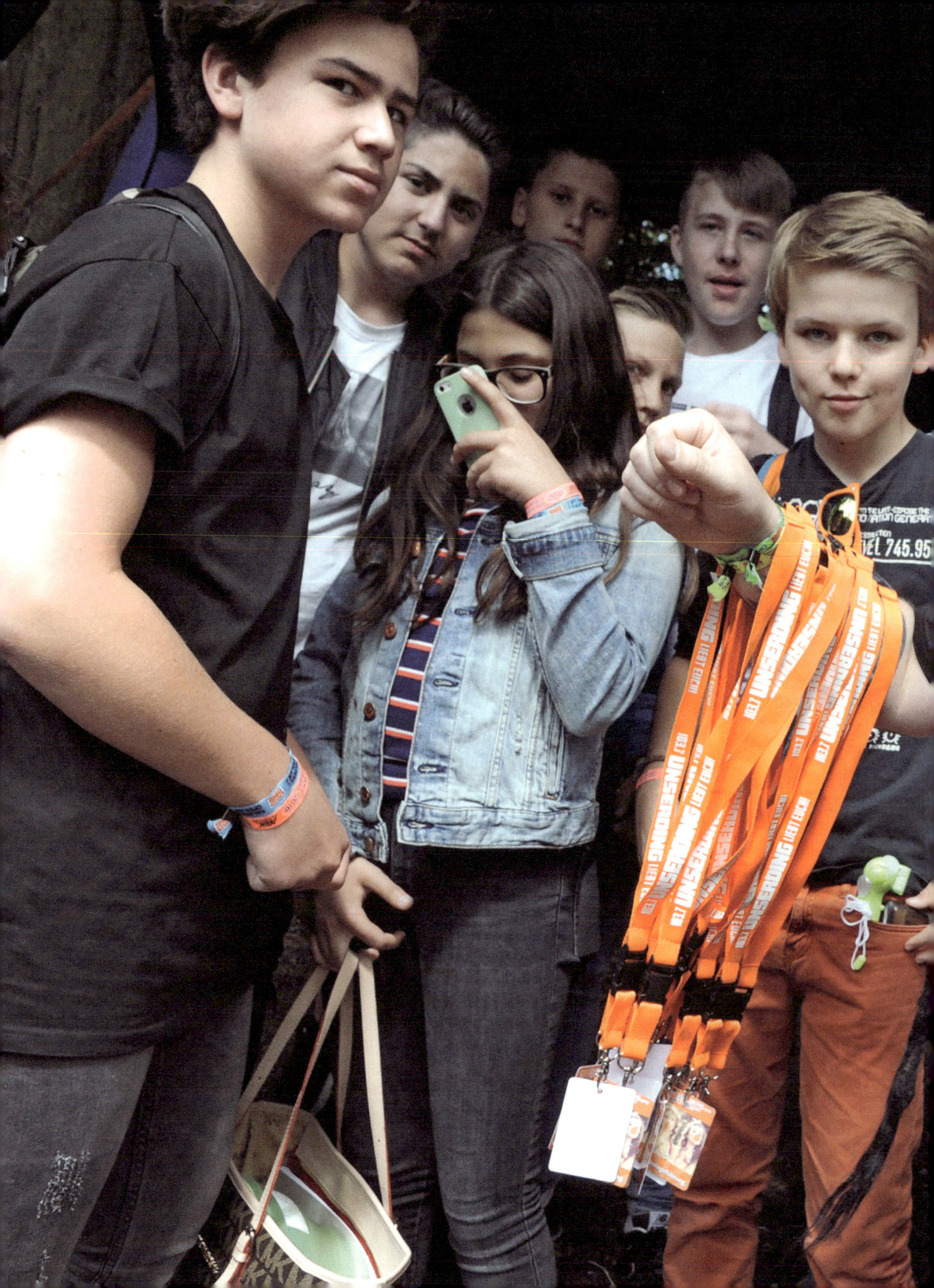
UNSERDING LIEBT EUCH

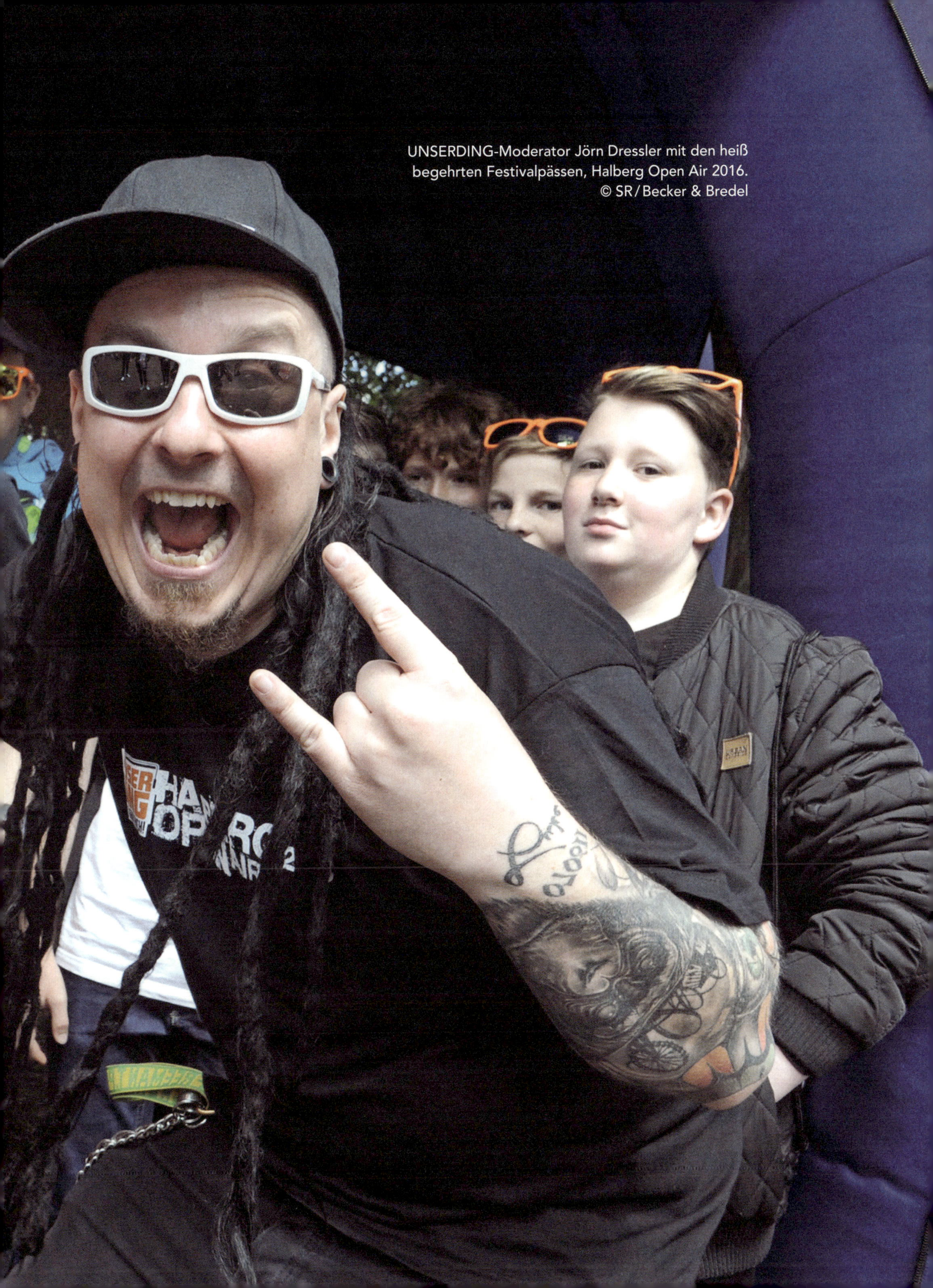

UNSERDING-Moderator Jörn Dressler mit den heiß begehrten Festivalpässen, Halberg Open Air 2016.

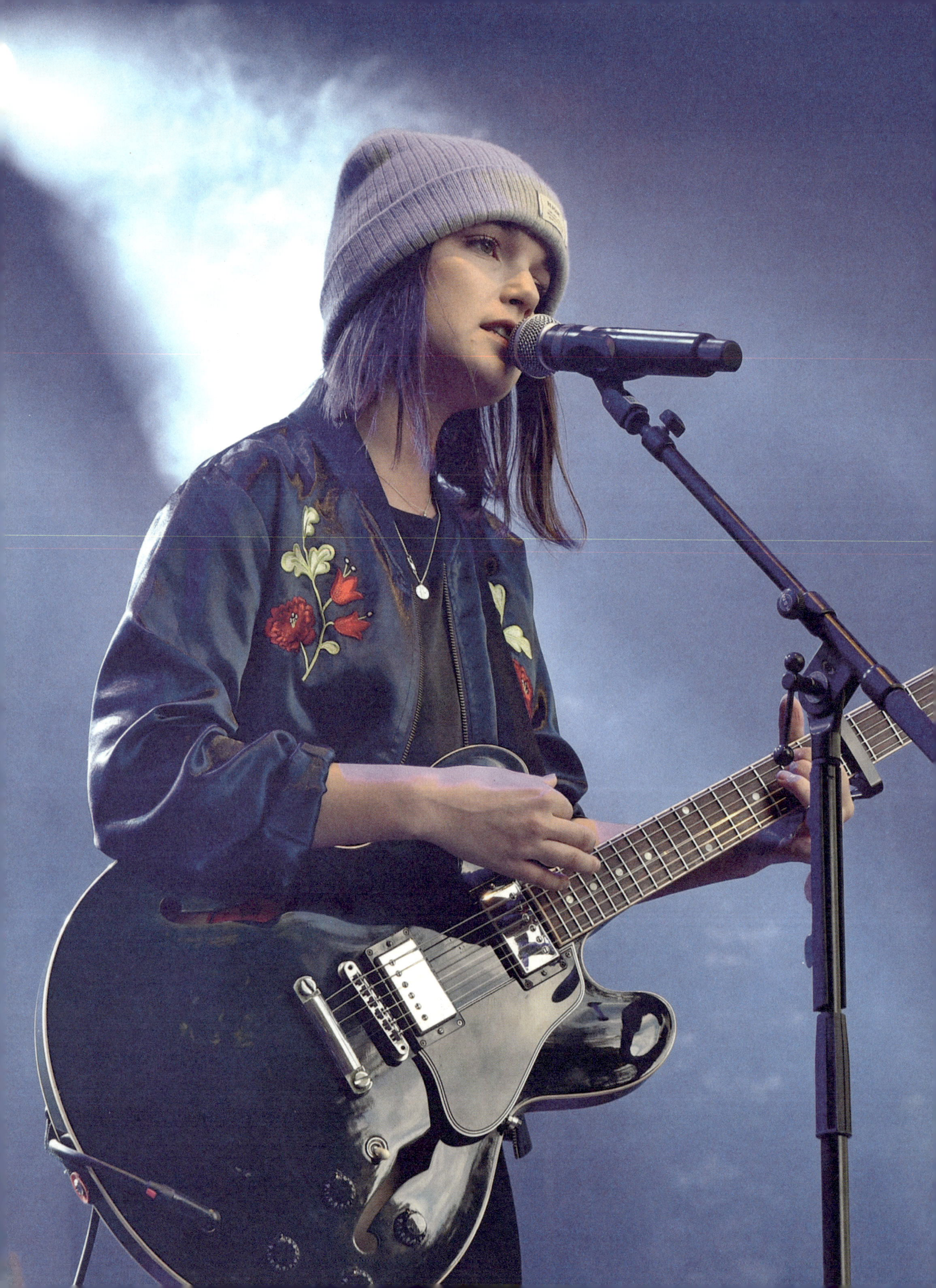

– auf dem Festival aufgetreten war. Auch Rap »made im Saarland« wurde geboten: durch einen viel umjubelten Auftritt von EstA (Eike Staab).

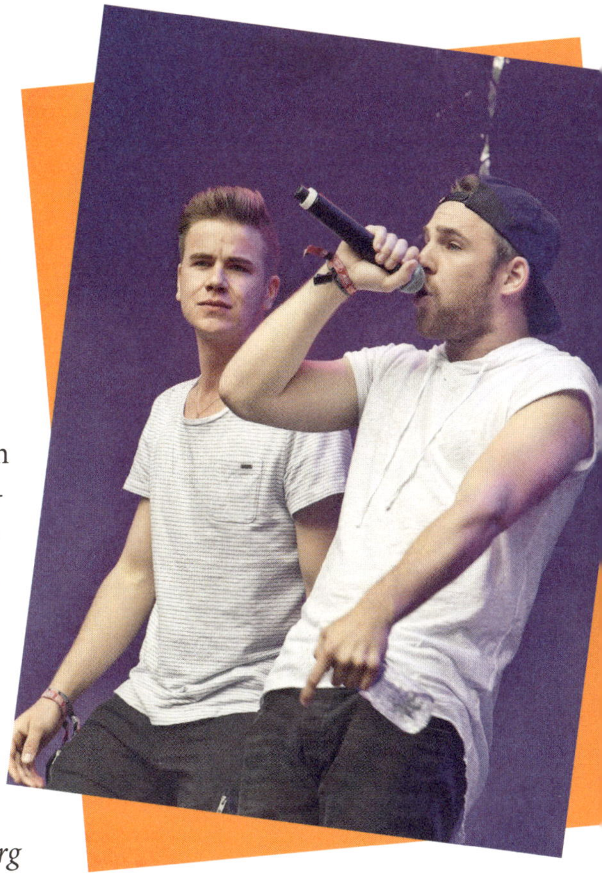

2017 Der 2. Mai 2017 war ein schwarzer Tag in der Geschichte des Festivals. SR-Intendant Professor Thomas Kleist musste das Ende der **Halberg Open Air**-Ära nach der Ausgabe 2017 verkünden. »Die Entscheidung ist uns sehr, sehr schwergefallen«, bedauerte er. Doch die Maßnahme war Teil eines größeren Sparpakets und unumgänglich: »*Wir müssen auf allen Ebenen sparen. Wir sind nicht nur ein Medium, sondern auch als Veranstalter auch Faktor. Das Halberg Open Air hat eine gewisse Symbolwirkung für die jungen Leute, das ist uns bewusst. Gleichwohl hat das Halberg Open Air enorme Kosten verursacht – wir müssen es leider infrage stellen und können es ab 2018 nicht mehr durchführen.*«

Das stark gestiegene Budget des Festivals sei vor allem auf die verschärften Sicherheitsvorkehrungen und die steigenden Künstlergagen der vergangenen Jahre zurückzuführen, erklärte Kleist. Der Sender habe große Anstrengungen unternommen, um mit anderen Partnern nach Alternativen zu suchen. Doch das habe bis zu dem Zeitpunkt nicht funktioniert. Auch sei es nicht gelungen, Großsponsoren zu gewinnen. Eintritt zu verlangen, würde den sozialen Aspekt des Festivals untergraben, so Kleist weiter.

Das Aus für das traditionsreiche Festival stieß in der Region auf ein riesiges Echo und rief eine Protestwelle hervor. Unter anderem wurde eine Onlinepetition ins Leben

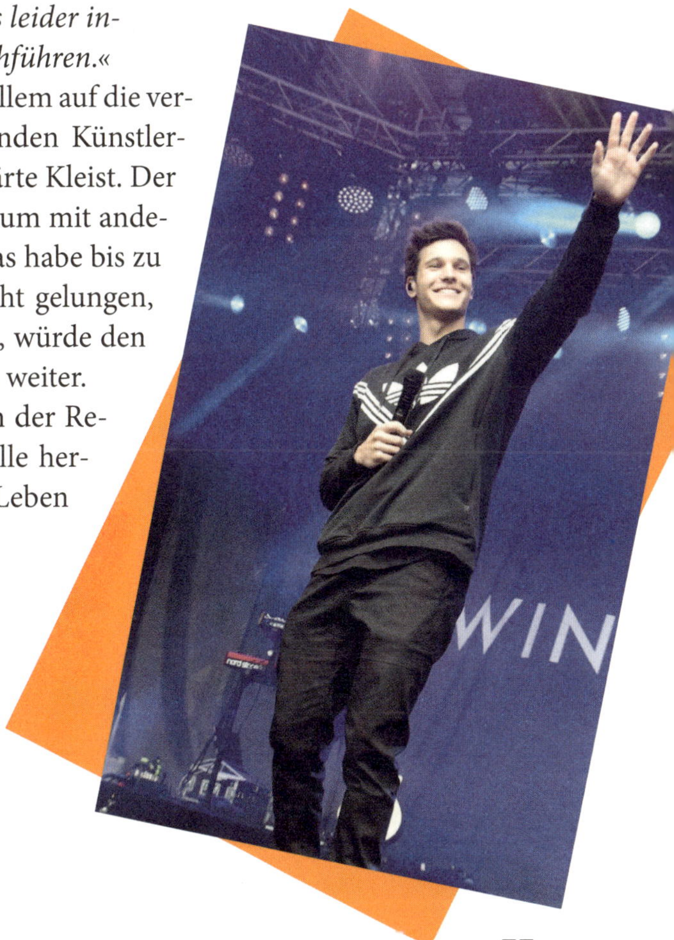

oben: EstA mit Eric Philippi, Halberg Open Air 2017.
unten: Wincent Weiss, Halberg Open Air 2017.
beide: © SR/Becker & Bredel

links: Lotte, Halberg Open Air 2017.
© SR/Becker & Bredel

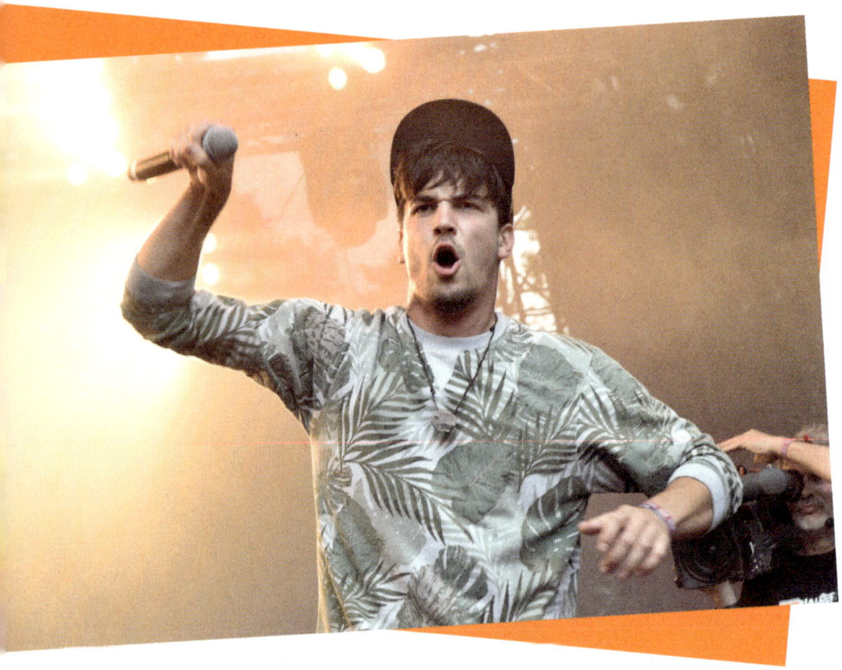

ManuMeta, Halberg Open Air 2017.
© SR/Becker & Bredel

gerufen. Parteiübergreifend setzten sich Politikerinnen und Politiker für den Erhalt des Kult-Festivals ein. Entgegen der ursprünglichen Planung suchte SR-Intendant Kleist schließlich eine Partnerstadt, um das Festival weiterleben zu lassen. Zu den Bewerbern gehörten Saarbrücken, St. Wendel und Merzig.

Am 30. Juni 2017 war es dann soweit: Bei der 37. und letzten Ausgabe des Festivals auf dem Halberg gab es noch mal mehr als acht Stunden Livemusik. Teenieschwarm Wincent Weiss nahm ein Bad unter den rund 11.200 Fans im Publikum und zeigte sich passend zu seinem Hit »Unter die Haut« zum Anfassen nah.

Neben ihm standen weitere junge Künstler, die vor allem durch das Internet bekannt geworden waren, live auf der Bühne. Zu ihnen gehörte der »deutsche Justin Bieber«, Lukas Rieger, der als Star des Videoportals Youtube gefeiert wurde, und Kayef. Der Rapper war bereits 2014 ein umjubelter Gast des Festivals gewesen. Auch Lotte (»Pauken«) und Saar-Rapper EstA waren mit von der Partie, bis die Ära des **Halberg Open Airs** dann am Abend endgültig mit dem Live-Auftritt von Philipp Dittberner (»Wolke 4«) zu Ende ging.

Wie in der Anfangszeit waren zur letzten Ausgabe wieder viele Eltern mit ihrem Nachwuchs gekommen – wohl auch, um sich quasi von diesem Stück ihrer Jugend zu verabschieden. Für SR-Hörfunkdirektor Martin Grasmück stand fest: »Heute ist ein sehr emotionaler Tag.« Mit dem letzten **Halberg Open Air** gehe ein Kapitel der SR-Geschichte zu Ende. Der Abschied sei für den Sender aber auch Ansporn für einen Neuanfang.

Anfang September 2017 stand schließlich fest: »The Show Must Go On.« Das traditionsreiche **Halberg Open Air** lebt weiter. Ab 2018 sollte ein Nachfolge-Festival in St. Wendel steigen – und zwar im ehemaligen Bosenbachstadion im Rahmen einer Medienpartnerschaft.

»Wir sind sehr froh, dass wir zusammen mit St. Wendel als erfahrenem Veranstalter auch in Zukunft ganz im Geiste des **Halberg Open Airs** ein Highlight für die junge Zielgruppe anbieten können«, sagte SR-Intendant Thomas Kleist.

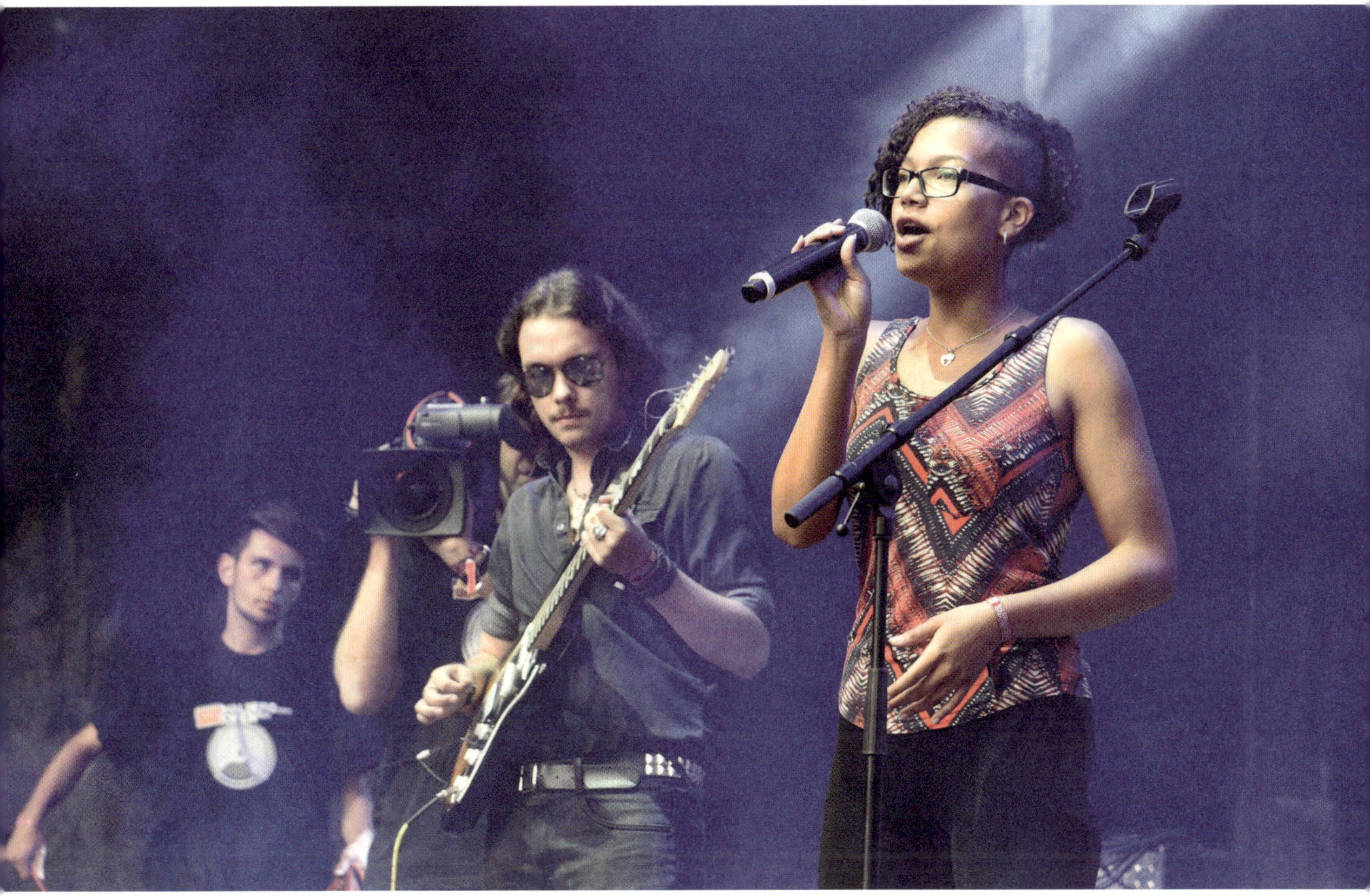

Groovy Tabasco, Halberg Open Air 2017. © SR/Becker & Bredel

St. Wendels Bürgermeister Peter Klär ergänzte: »Es freut mich sehr, dass wir gemeinsam eine Möglichkeit gefunden haben, das großartige Konzept fortzuführen. Die Gewinner sind die saarländischen Schülerinnen und Schüler.«

Bereits wenige Tage später wurden die ersten Details für das neue **SR Ferien Open Air St. Wendel** bekannt gegeben: Für den Sender sei wichtig gewesen, dass außer der Änderung des Namens und des Austragungsortes der Charakter des Festivals erhalten bleibe und sich insoweit auch für das Publikum nichts ändere, erklärte Kleist. Deshalb sei der Eintritt weiterhin frei. Es werde kein Alkohol angeboten und es solle speziell für die junge Zielgruppe Angebote zur Suchtprävention, Drogenberatung und HIV-Aufklärung geben.

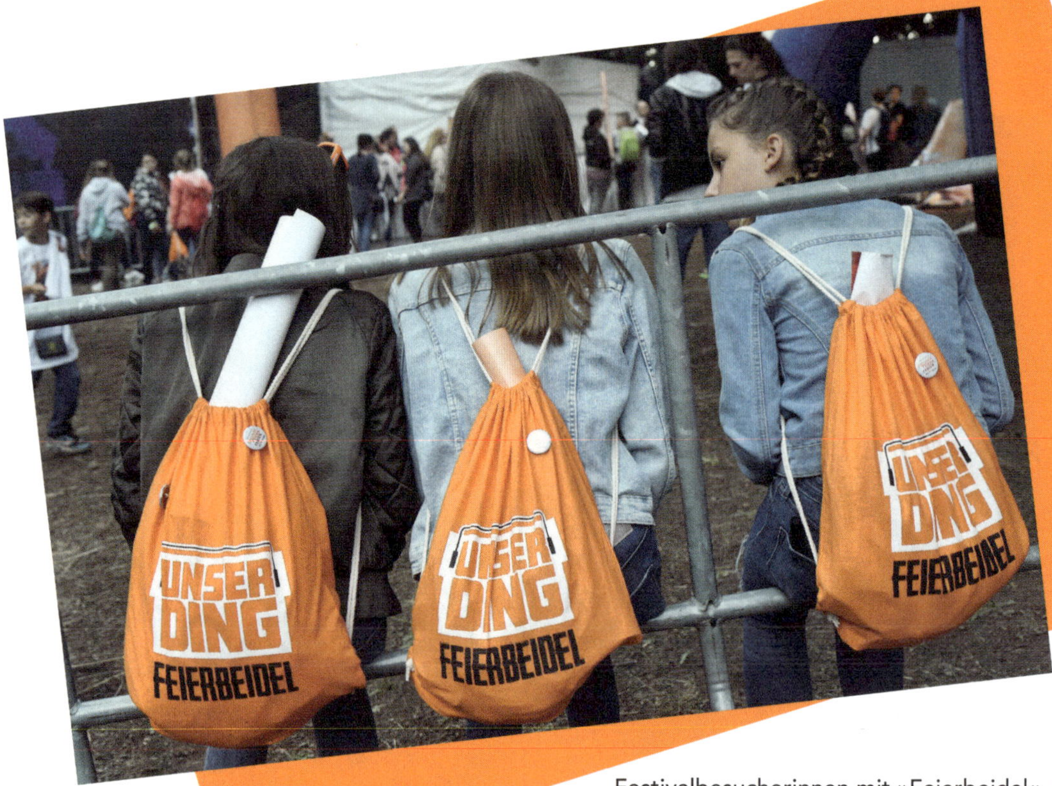

Festivalbesucherinnen mit »Feierbeidel«, Halberg Open Air 2017. © SR/Becker & Bredel

Auch das hochwertige Programm wolle man beibehalten. Der SR sorge deshalb wie bisher für die Künstler und den Fun-Park. Die Stadt St. Wendel sei der Veranstalter und organisiere das Festival infrastrukturell.

2018

Am 22. Juni 2018 startete das Festival mit seiner 38. Ausgabe in eine neue Ära: Beim ersten **SR Ferien Open Air St. Wendel** traten aktuelle Chartstürmer an einem Ort auf, an dem schon Größen wie Joe Cocker, Rod Stewart und Herbert Grönemeyer vor Tausenden von Zuschauern auf der Bühne gestanden hatten. Im alten Bosenbachstadion wurde somit eine langjährige Tradition fortgeführt. Und 10.000 Schülerinnen und Schüler aus dem ganzen Saarland feierten trotz Wind und frischer Temperaturen mit und sorgten so für eine gelungene Premiere.

Mit dem Teenie-Idol Lukas Rieger (»Bella«) startete das Programm. Joris forderte die Schüler getreu dem Titel seines neuen Albums »Schrei es raus« auf, sich von dem Frust des vergangenen Schuljahres zu befreien. Mit Nico Santos (»Rooftop«)

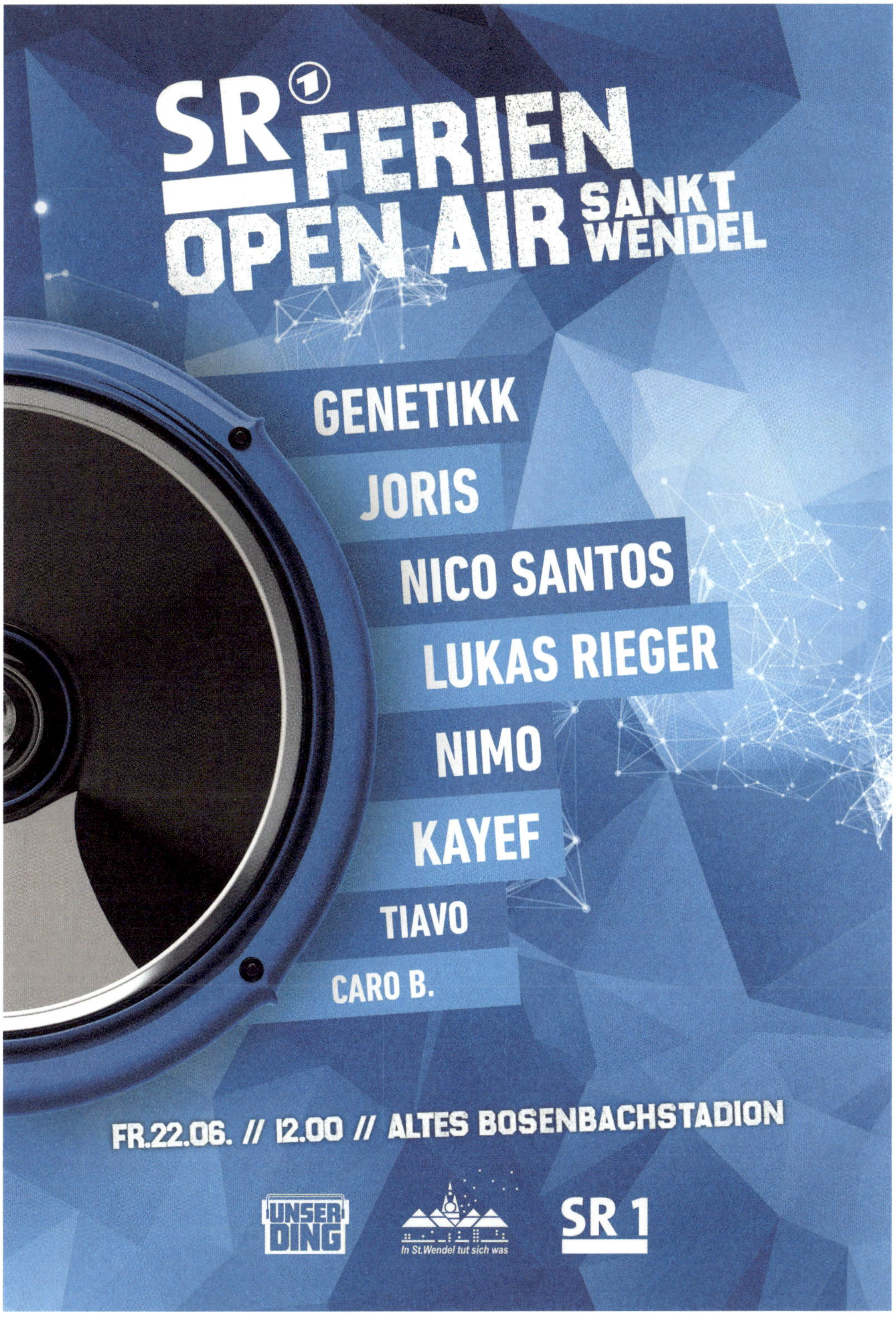
SR FERIEN
OPEN AIR SANKT WENDEL
GENETIKK
JORIS
NICO SANTOS
LUKAS RIEGER
NIMO
KAYEF
TIAVO
CARO B.
FR.22.06. // 12.00 // ALTES BOSENBACHSTADION
UNSER DING
In St.Wendel tut sich was
SR 1

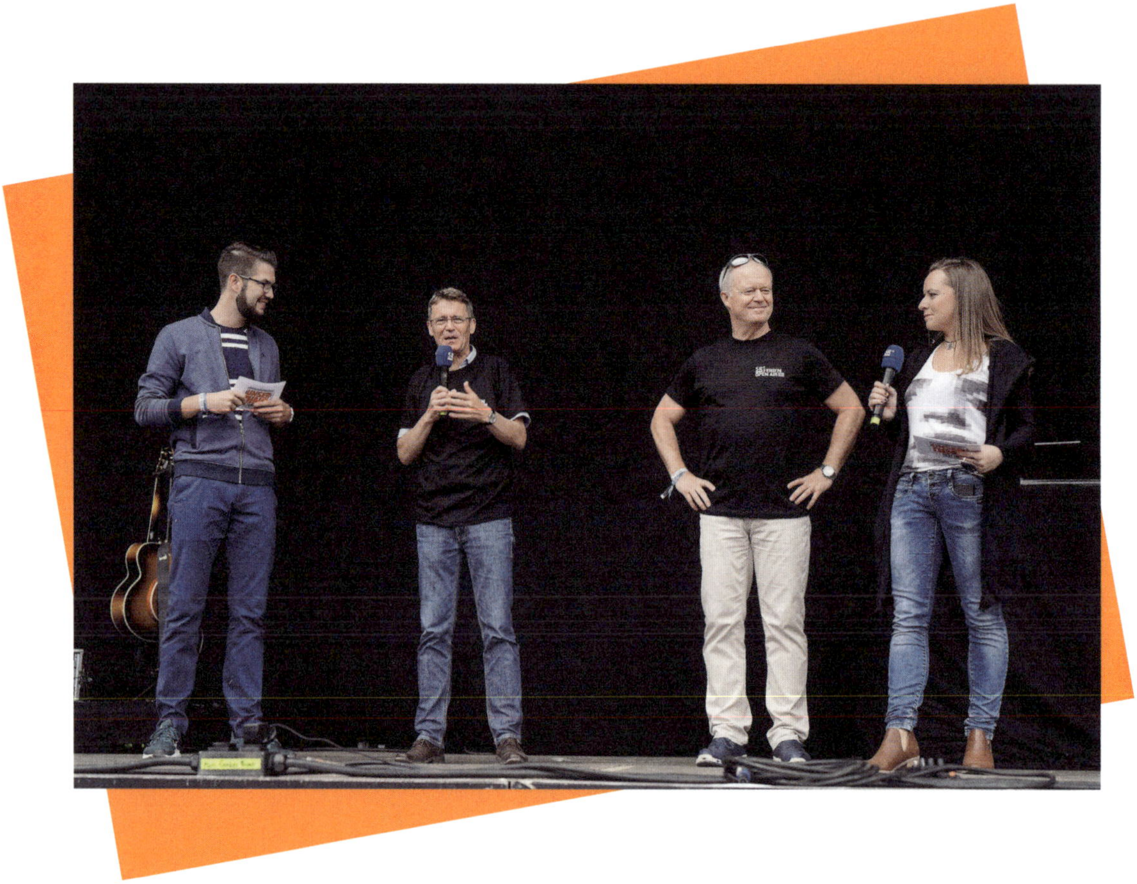

Moderator Jonas Degen, St. Wendels Bürgermeister Peter Klär, SR-Intendant Professor Thomas Kleist und Moderatorin Stefanie Thurow auf der Bühne des SR Ferien Open Air in St. Wendel 2018. © SR/Dirk Guldner

konnte das junge Publikum in die Ferien tanzen. Bei dem Song »Signal« von Joris standen sogar beide gemeinsam auf der Bühne. Denn Nico hatte gegen seinen Kollegen eine WM-Wette verloren und musste sie so einlösen. Auch die Rap- und Hip-Hop-Szene war mit Genetikk, Nimo und Kayef fett vertreten.

Im Fun-Park wurden traditionell verschiedene Aktionen zum Mitmachen geboten: Wer zum Beispiel hoch hinaus wollte, konnte an einem Seil Kisten stapeln. Und auf einer großen Leinwand durften sich die Jugendlichen kreativ austoben.

Nach der gelungenen **SR Ferien Open Air St. Wendel**-Premiere war am folgenden Tag Livemusik im alten Bosenbachstadion angesagt: Zum Konzert der Fantastischen Vier pilgerten rund 15.000 Hip-Hop-Fans in die Stadt.

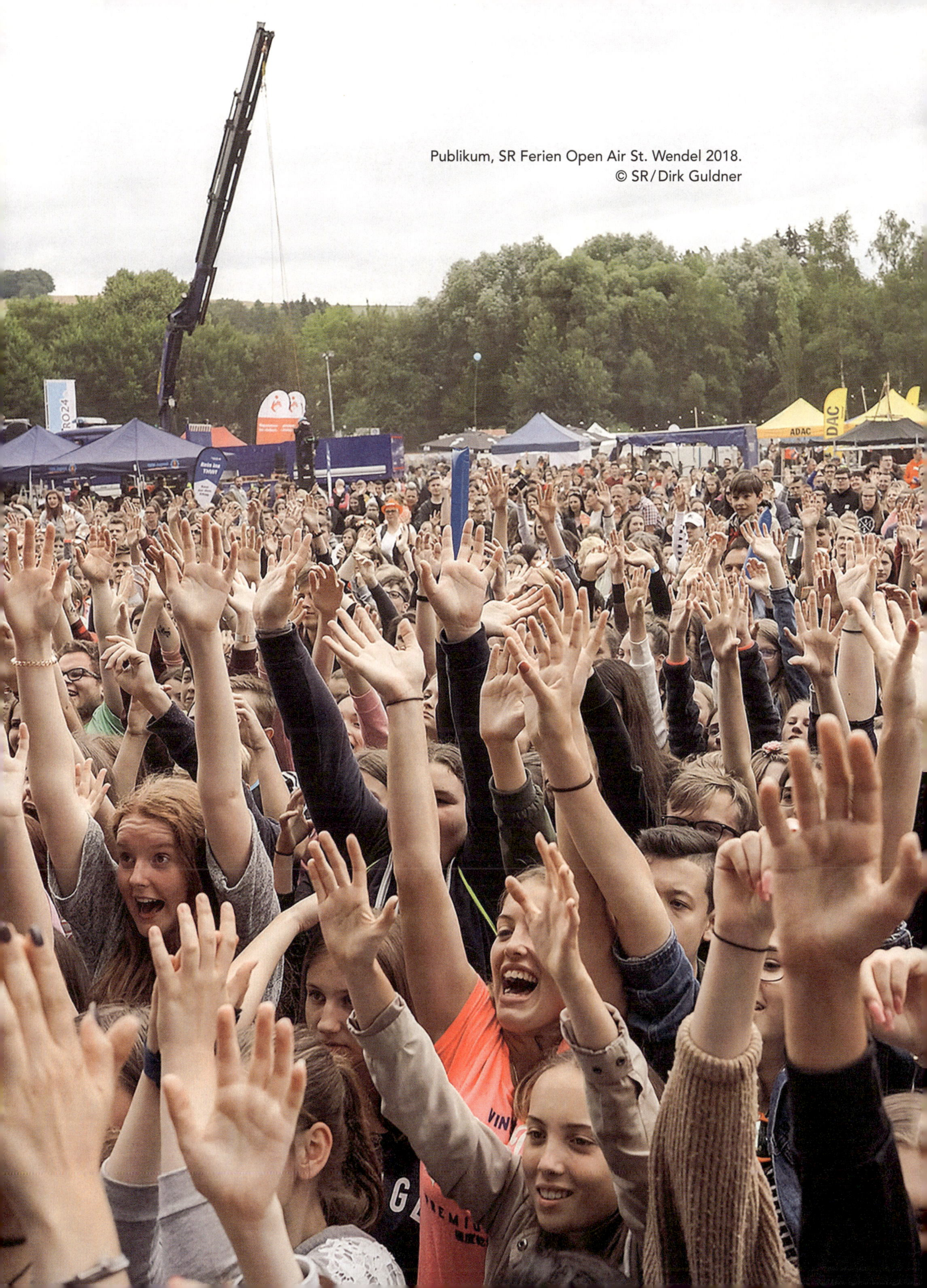

Publikum, SR Ferien Open Air St. Wendel 2018.
© SR / Dirk Guldner

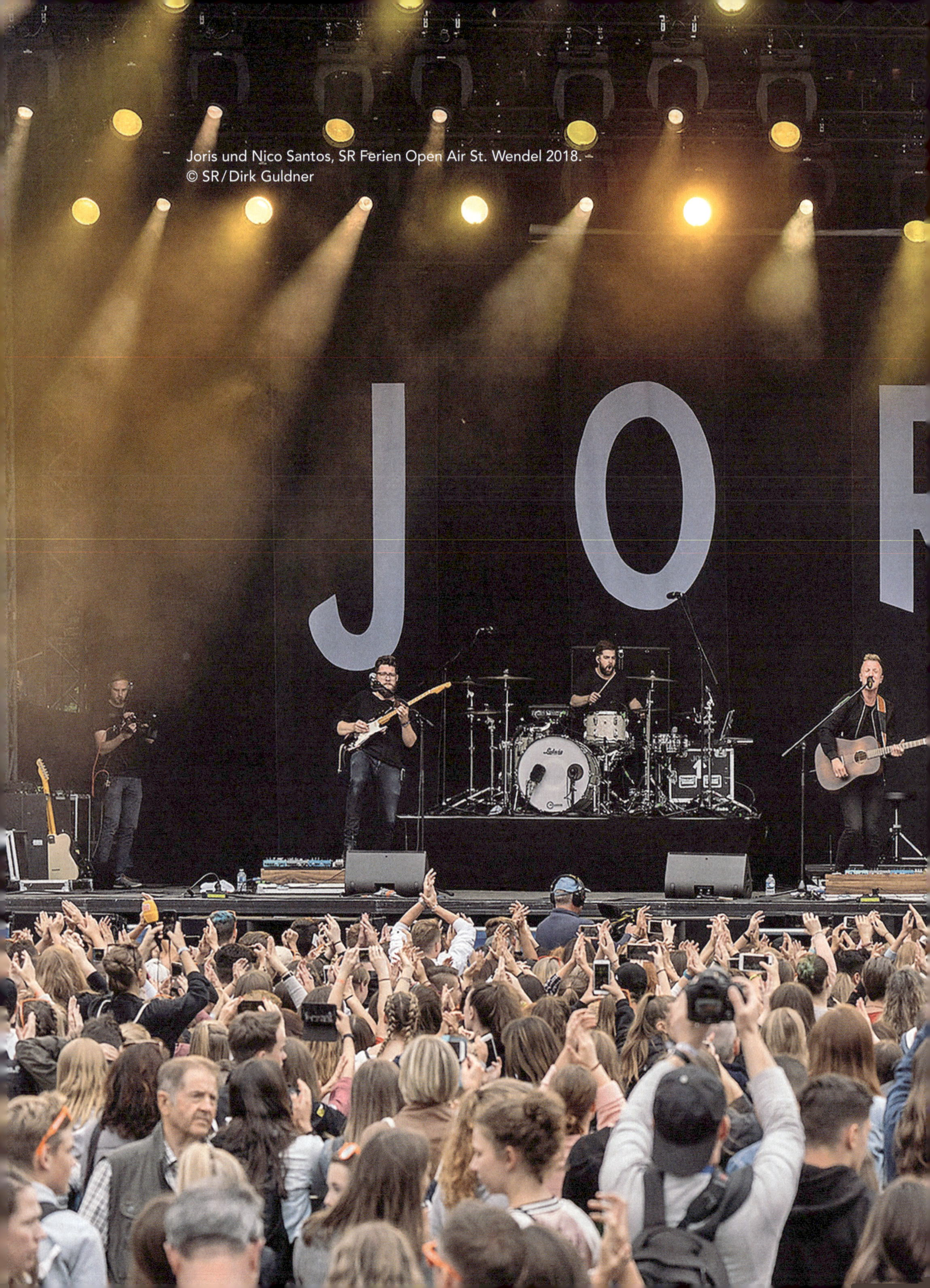

Joris und Nico Santos, SR Ferien Open Air St. Wendel 2018.
© SR/Dirk Guldner

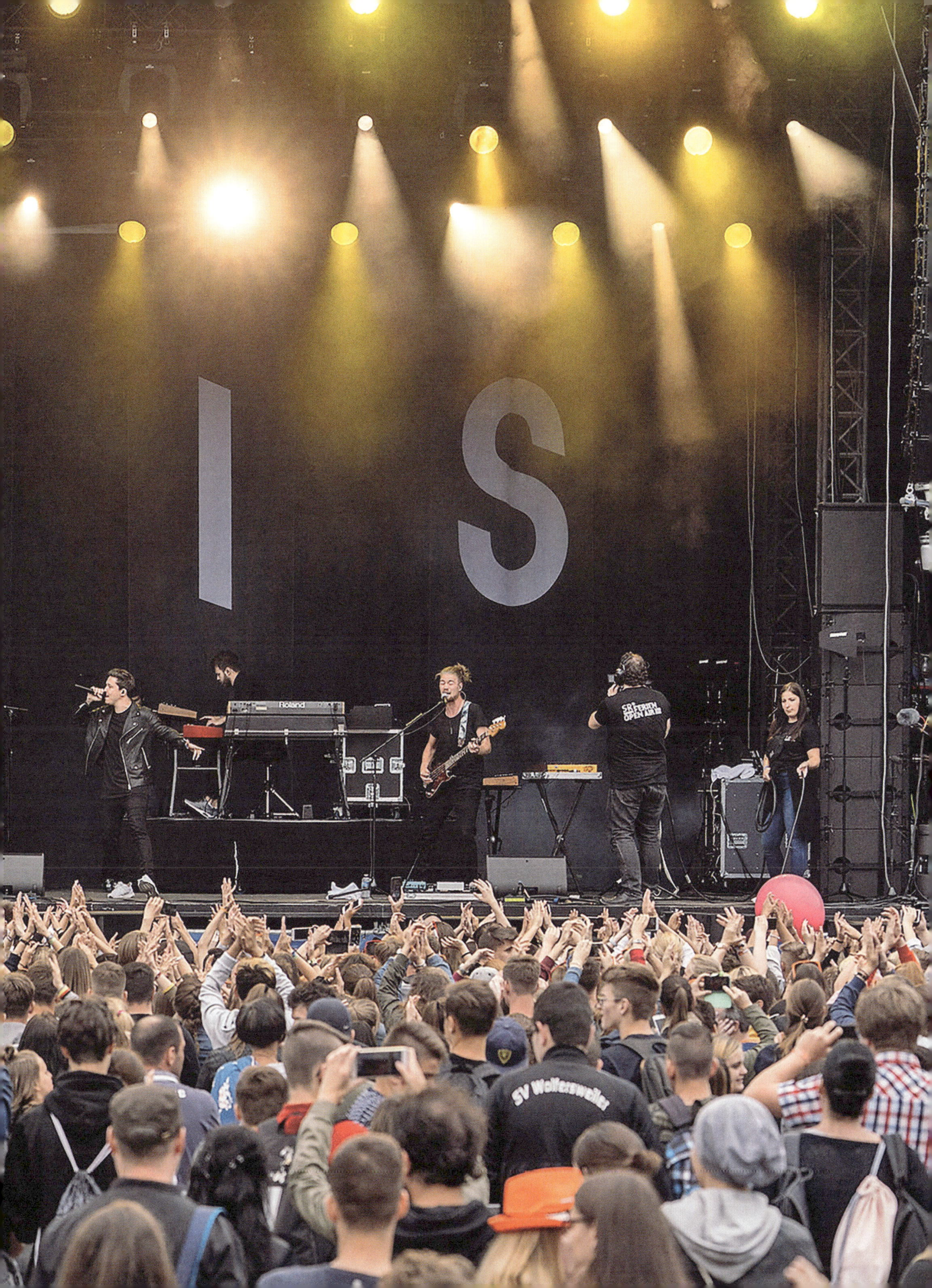
I S
Roland

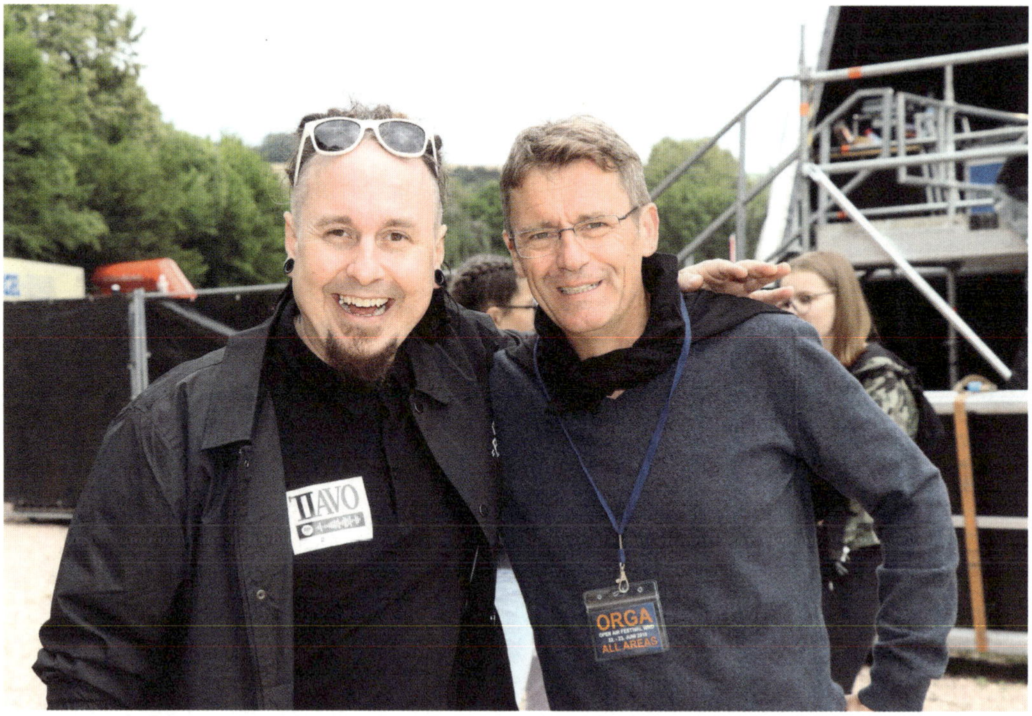

UNSERDING-Moderator Jörn Dressler mit St. Wendels Bürgermeister Peter Klär beim SR Ferien Open Air St. Wendel 2018. © Stadt St. Wendel / Jannik Zeyer

2019 »Augen zu, Musik an«: Getreu dem Hit von Bosse durfte bei der 39. Ausgabe des Festivals am 28. Juni 2019 in St. Wendel der Schulstress weggetanzt und abgefeiert werden. Mit Max Giesinger konnten die Macher zudem einen weiteren Top Act der deutschen Popszene verpflichten. Bevor er als krönender Abschluss nach 2016 zum zweiten Mal beim Festival die Bühne betrat, brachten weitere Künstler das Publikum ordentlich ins Schwitzen. Bei hochsommerlichen Temperaturen animierte das durch seine Teilnahme an der TV-Casting-Show *Britain's Got Talent* bekannt gewordene Duo Bars and Melody (»Lighthouse«) die Jugendlichen zum Winken, Singen und Mitklatschen.

Rap-Fans kamen mit dem Nummer-Eins-Hit-Lieferanten Summer Cem (»Casanova«) und seinem saarländischen Kollegen EstA voll auf ihre Kosten. Zuvor hieß es »Bühne frei« für weitere Künstler aus der Region: Die Schwestern Kathrin und Lena Sicks feierten in St. Wendel ein Heimspiel. Auch der aus Kusel stammende Sänger und Songschreiber Moritz Garth hatte es nicht weit.

Im Fun-Park gab es neue Angebote, die sich sowohl an behinderte als auch nichtbehinderte Jugendliche richteten und so Barrieren abbauen konnten. Die Lebenshilfe

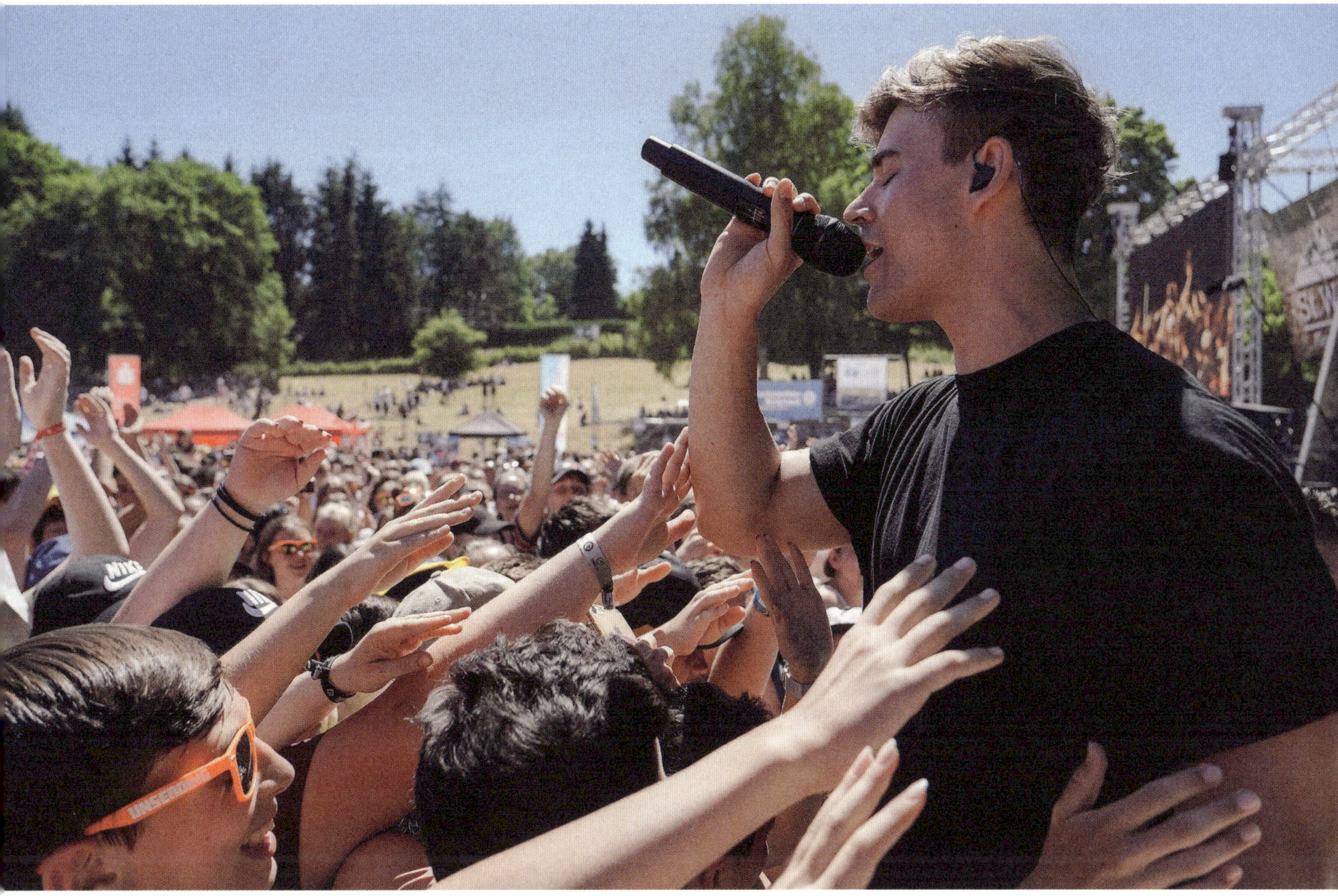

Viel Gefühl und Stimme gab es auf der Bühne vom SR Ferien Open Air St. Wendel 2019 von Moritz Garth. © SR/Dirk Guldner

St. Wendel lud zu Aktionen vom Turnbeutel-Basteln über Air-Brush-Tatoos bis hin zum Dosenwerfen ein. Und der Verein Miteinander leben lernen war mit einem Erlebnis-Tourbus vertreten. An einer mobilen Kletterwand konnten Besucher mit oder ohne Handicap ihr Geschick testen.

Zudem sorgte der Verein mit einem Shuttle-Service dafür, dass auch Jugendliche, die die regulären Busse nicht nutzen können, bei dem Festival mitfeiern konnten. Für die anderen Besucher gab es in Kooperation mit dem Verkehrsverbund SaarVV übrigens ein besonderes Angebot: Mit einer Gratis-Tageskarte konnten Schüler und Azubis kostenlos per Bus und Bahn an- und abreisen.

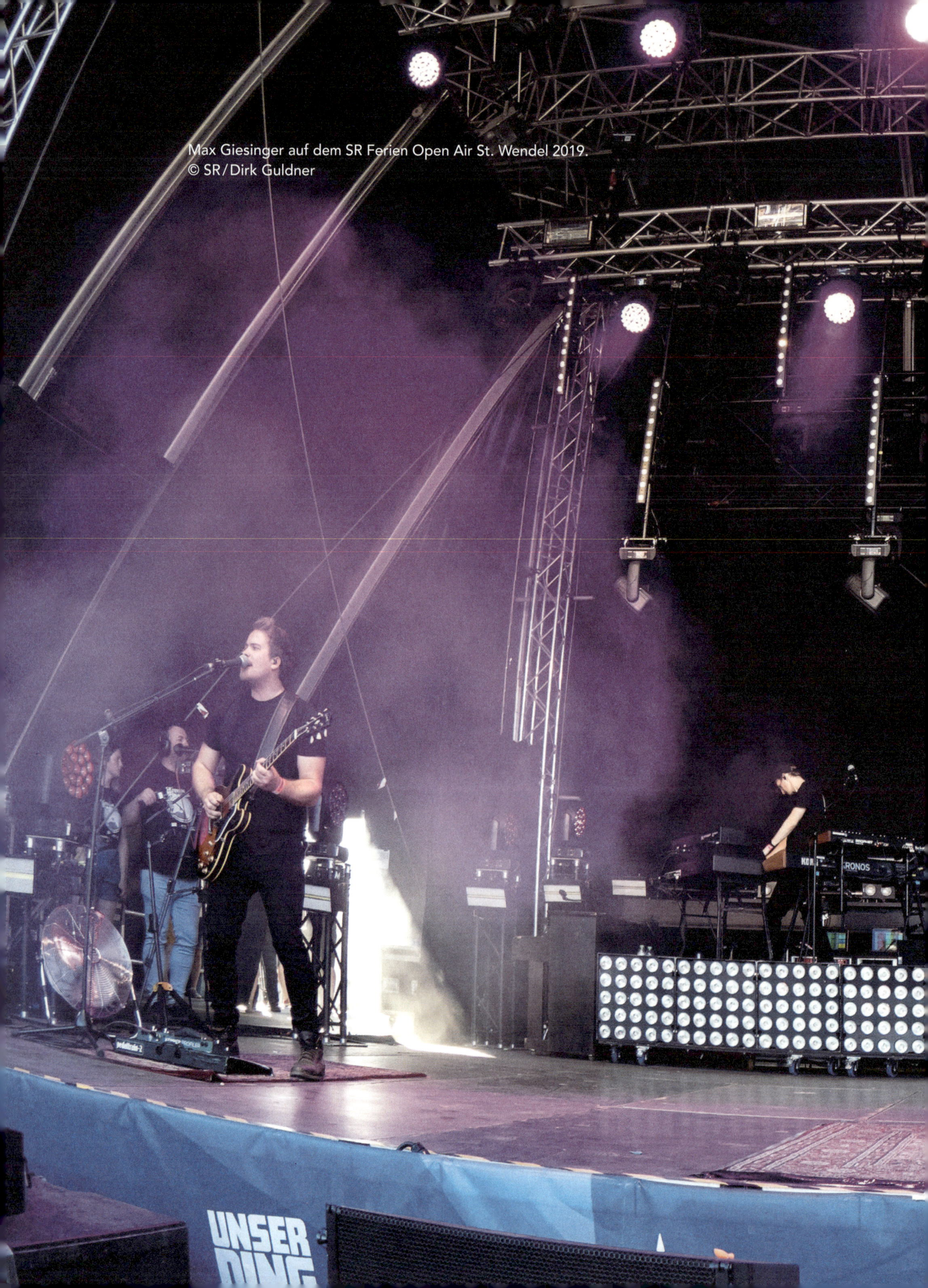

Max Giesinger auf dem SR Ferien Open Air St. Wendel 2019.
© SR/Dirk Guldner

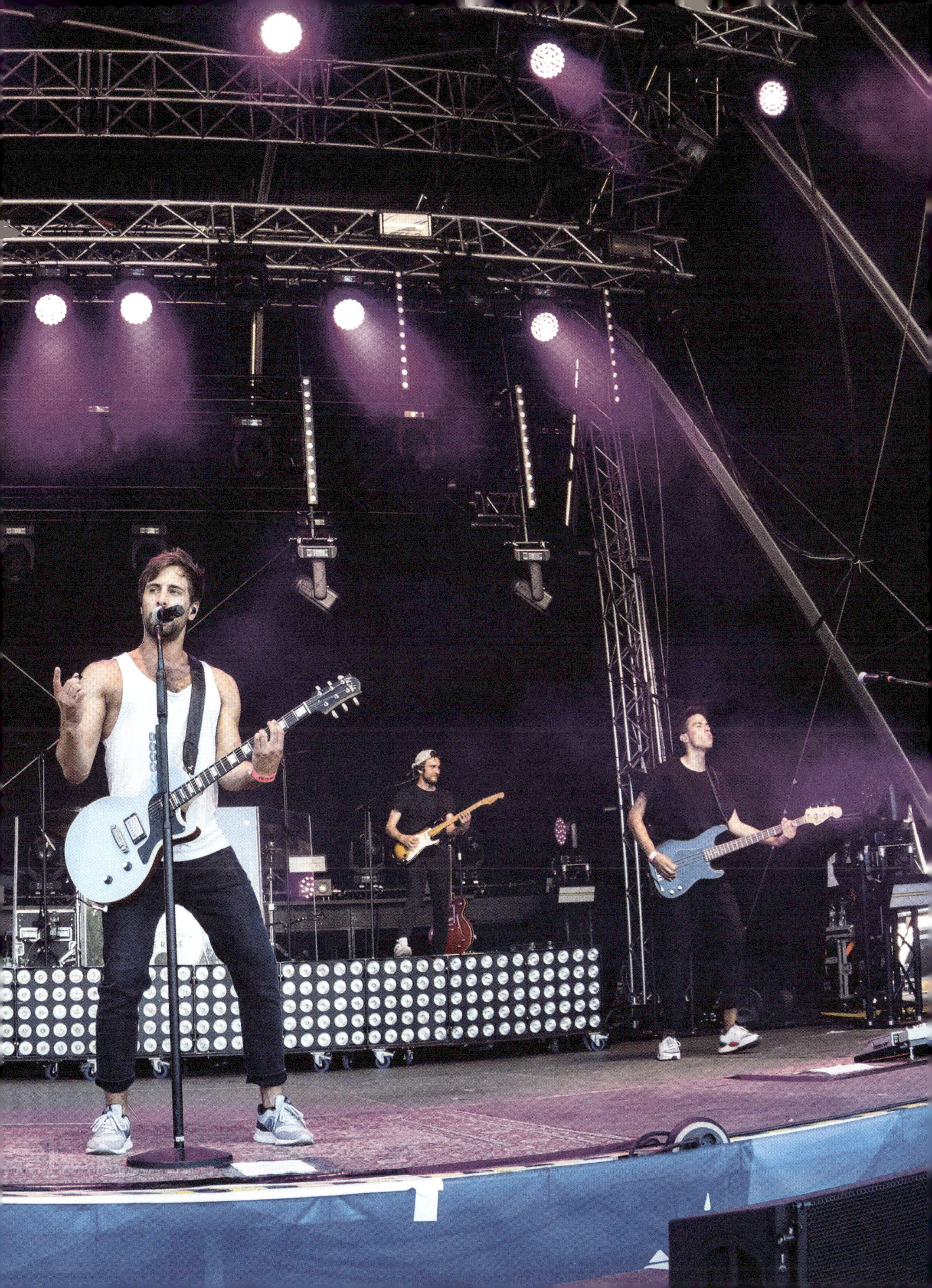

2020

Die Vorbereitungen für die 40. Ausgabe des legendären Festivals am 3. Juli 2020 liefen bereits auf Hochtouren und die Künstler waren bereits verpflichtet. Doch dann machte die Coronapandemie den Machern leider einen Strich durch ihre Pläne. Mitte März musste das **SR Ferien Open Air St. Wendel** 2020 abgesagt werden. Somit fiel das Festival zum ersten Mal in seiner fast 40-jährigen Geschichte zum Bedauern aller Beteiligten aus.

Peter Klär, Bürgermeister der Kreisstadt, erklärte, dass ihm diese Entscheidung besonders schwergefallen sei, da die Veranstaltung für ihn »eine absolute Herzensangelegenheit« sei. Und SR-Intendant Professor Thomas Kleist ergänzte: »Der Saarländische Rundfunk muss derzeit alle Ressourcen bündeln, um seinen öffentlichen Auftrag zu erfüllen, die Saarländerinnen und Saarländer auch in Krisenzeiten über die jeweils aktuellen Entwicklungen schnell und kompetent zu informieren. Dies und die Gesundheit unseres Publikums haben für uns höchste Priorität.«

Wie sich später herausstellte, trafen die Organisatoren mit ihrer recht frühen Absage genau die richtige Entscheidung: Durch das Verbot von Großveranstaltungen in der Coronapandemie mussten unzählige weitere Festivals, Open Airs und Konzerte bis zum Jahresende 2020 abgesagt werden.

Dennoch konnten die saarländischen Schüler am 3. Juli zumindest virtuell zuhause in die großen Ferien feiern. In einem Livestream wurden Höhepunkte der vergangenen Jahre übertragen. Dabei gab es unter anderem ein Wiedersehen mit Max Giesinger, Summer Cem, den Orsons, Lukas Rieger & Co.

2021

Alle Fans, Organisatoren und Künstler hatten lange gehofft, dass pünktlich zum Schulferienbeginn das Festival am 16. Juli wieder würde steigen können. Doch dann kam Ende April die traurige Nachricht, dass aufgrund der Pandemie auch 2021 leider keine Feier möglich sein werde.

»Wir haben mit so viel Herzblut und Energie daran gearbeitet, das **SR Ferien Open Air St. Wendel** erfolgreich zu gestalten und zu etablieren, dass mir die erneute Absage in diesem Jahr besonders schwerfällt, aber die Sicherheit und der Gesundheitsschutz aller haben für uns oberste Priorität«, bedauerte Peter Klär, der Bürgermeister der Kreisstadt, die die Medienpartnerschaft übernommen hatte. SR-Intendant Professor Thomas Kleist ergänzte: »Die Pandemie ist nach wie vor herausfordernd; dabei hat die Gesundheit unseres Publikums für uns höchste Priorität.«

2022 Wegen der unsicheren Prognose zur weiteren Entwicklung der Coronapandemie und der damit verbundenen, unabsehbaren Folgen für die Organisation und das Booking wurde Ende März bekannt gegeben, dass das **SR Ferien Open Air St. Wendel** auch 2022 ausfallen müsse.

»Wir waren zum Zeitpunkt der Absage im vergangenen Jahr zuversichtlich, dass die saarländischen Schülerinnen und Schüler in diesem Jahr den Ferienbeginn unbeschwert und fröhlich in St. Wendel feiern können, aber leider lässt die aktuelle Coronasituation keine professionelle Organisation eines Festivals dieser Größenordnung mit sicheren Rahmenbedingungen zu«, erklärte der Bürgermeister der Kreisstadt, Peter Klär.

Auch der neue SR-Intendant Martin Grasmück bedauerte sehr, dass das Festival 2022 abermals abgesagt werden musste: »Das **SR Ferien Open Air St. Wendel** ist zu groß und zu aufwendig, um es nach dem Prinzip Hoffnung voranzutreiben. Alle Beteiligten benötigen mit langem Vorlauf Planungssicherheit. Die Entscheidung fällt nicht leicht, doch sie ist unter den weiterhin schwierigen Umständen richtig«, sagte er.

Aber: Sowohl St. Wendels Bürgermeister als auch der SR-Intendant unterstrichen Hoffnung, Wunsch und Willen, dass 2023 endlich wieder ein **SR Ferien Open Air St. Wendel** unter gewohnten Bedingungen werde steigen können.

2023 Am Freitag, 21. Juli 2023, war es endlich wieder soweit: Das **SR Ferien Open Air St. Wendel** fand wieder statt, dieses Mal gebucht von Jonas Krewel, der die Nachfolge von Jürgen Bohr angetreten hat. In diesem Jahr gab es sogar gleich mehrfach Grund zum Feiern: Mit der Wiederauflage nach der dreijährigen, pandemiebedingten Pause startete das Kult-Open Air 2023 in seine 40. Ausgabe. Na dann: Happy Birthday! Mit dabei waren neben 15.500 Besucherinnen und Besuchern: Wincent Weiss, Leony, Ray Dalton, twocolors, Kamrad, LOI, Manu Meta und die saarländische Nachwuchsband MusiKings'n'Queens.

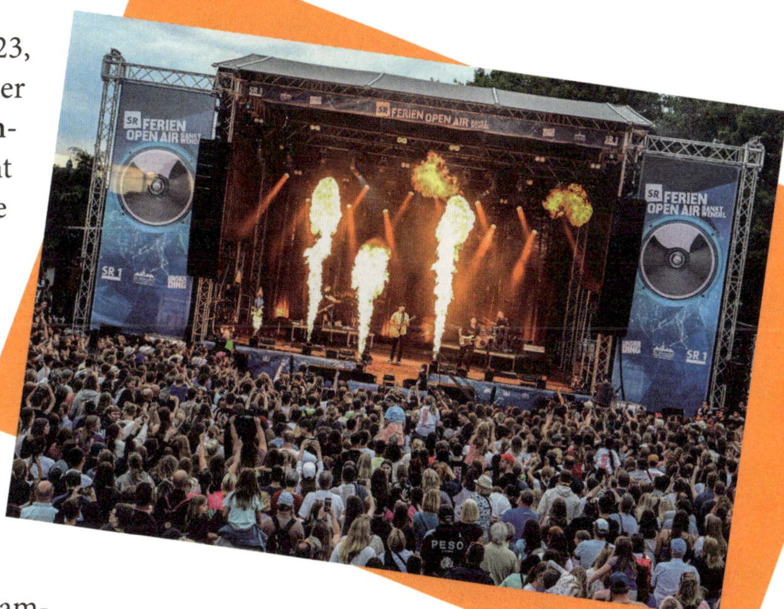

Die Hütte brennt beim SR Ferien Open Air St. Wendel 2023. © SR/Dirk Guldner

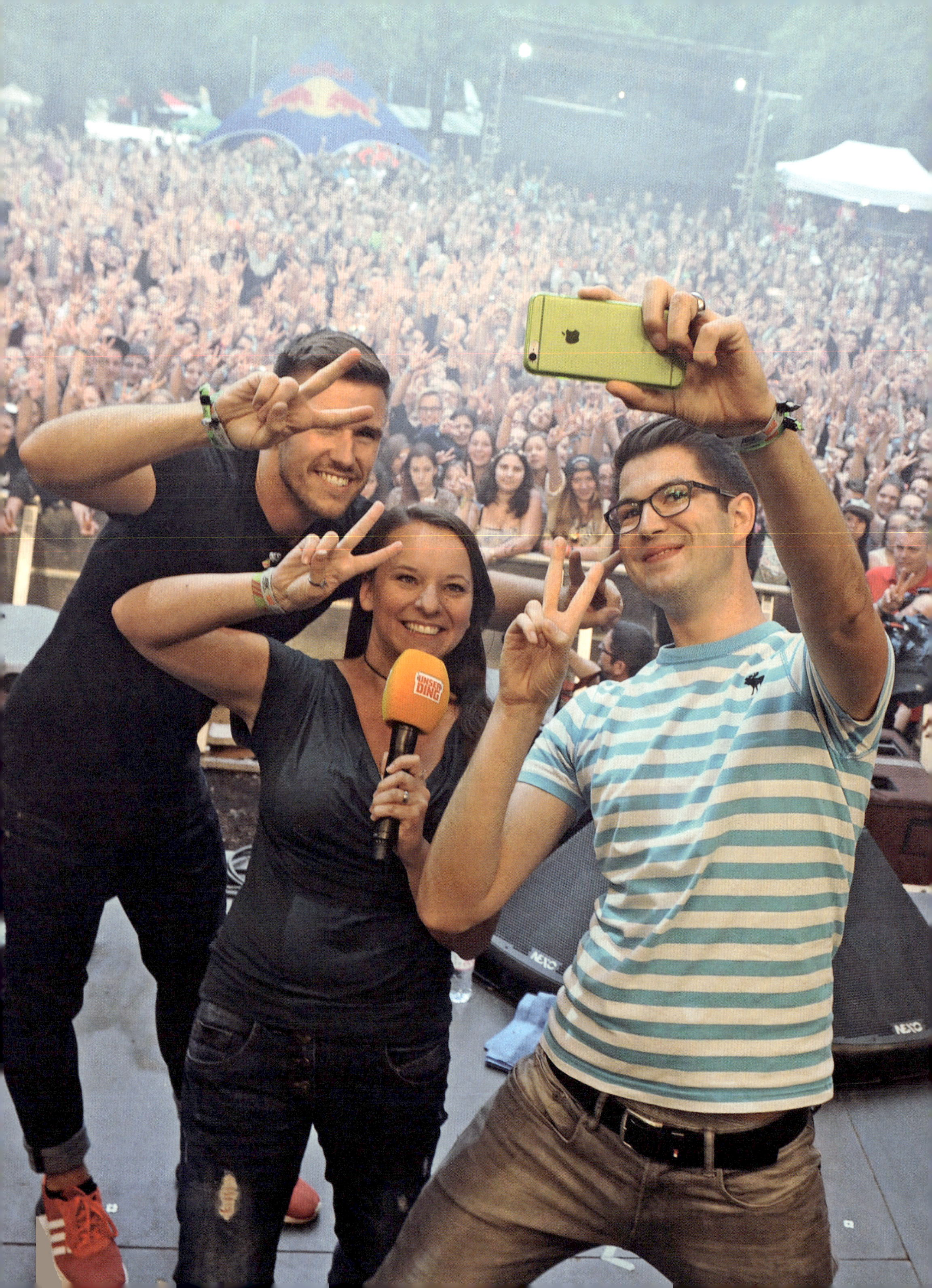
UNSER DING
NEXO
NEXO

Anekdoten, Erinnerungen & Randnotizen

Anekdoten von SRlern

In der langen Geschichte des Festivals standen Hunderte von Künstlern auf der Bühne. Nicht immer lief dabei alles glatt. Hier einige Anekdoten von den SR-Machern Jürgen Bohr, Eberhard Schilling und Harald Klein:

Der ehemalige SR 1-Musikredakteur Jürgen Bohr erinnert sich noch gut an Jermaine Stewart, der in den 1980er Jahren mit »Get Lucky« einen Hit landete: »In England war er bereits ein Star – und so fühlte er sich auch.« Als er leicht verspätet auf dem Halberg eintraf, sei er schon enttäuscht gewesen, dass für ihn nicht der rote Teppich ausgerollt worden war. Bohr: »Auch die Umkleidekabine, ein Bürocontainer, entsprach nicht seinen Vorstellungen. Stewarts Manager habe dem SR-Team daraufhin mitgeteilt, dass er ohne Schminkspiegel, Maske und Hair-Stylist nicht auftrete. Nach kurzer Beratung habe der Saarländische Rundfunk beschlossen, auf den Künstler zu verzichten. »Eine solche Reaktion hatte er wohl nicht erwartet. So ging er zähneknirschend auf die Bühne, machte seine Show und verließ danach grußlos das Gelände.«

UNSERDING-Moderatoren Jonas Degen (rechts), Stefanie »Thurie« Thurow (mitte), Marvin Fischer (links) auf dem Halberg Open Air 2016. © SR/Becker & Bredel

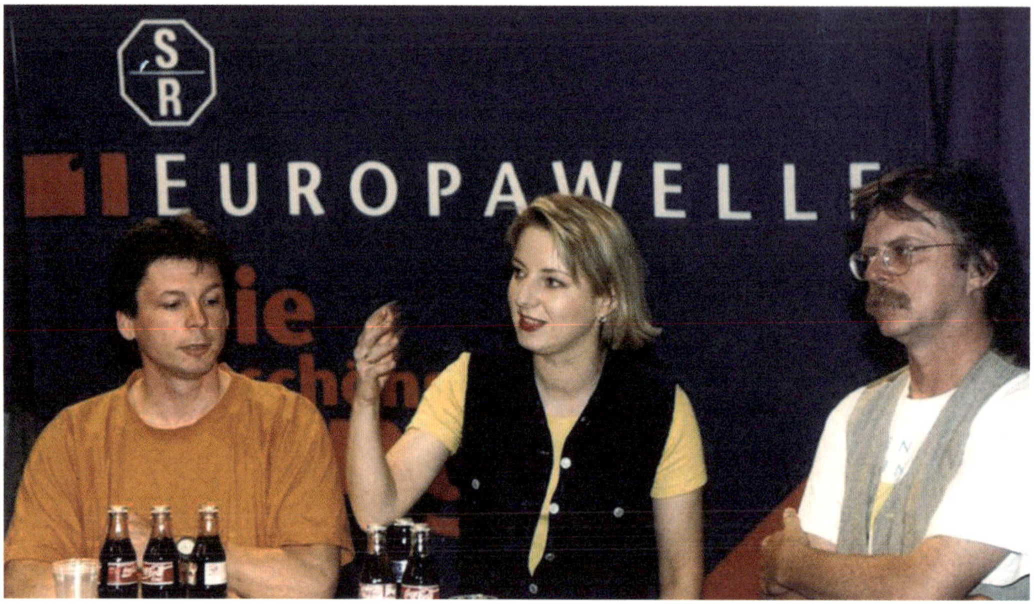

Eberhard Schilling, Heike Greis und Roland Helm auf der Pressekonferenz zum Halberg Open Air 1996. © SR/Reiner Oettinger

Den Harrow (»Don't Break My Heart«), der in den 1980er Jahren als Mädchenschwarm galt, nahm eine Panne der SR-Technik dagegen mit Humor. Ein Moderator tauschte vor seinem Auftritt kurzfristig den Auftritt des italienischen Popstars mit dem eines anderen Künstlers, vergaß aber, der Technik Bescheid zu sagen. Als Den Harrow auf der Bühne stand, wurde das falsche Playback eingespielt. Ein Song, den der Sänger gar nicht kannte. Bohr: »Nach einer Schrecksekunde versuchte Den die Situation zu retten, indem er sich im Rhythmus des Titels bewegte und dabei den Mund öffnete und schloss.« Nach 45 Sekunden wurde er erlöst.

2002 hatten Right Said Fred gerade ihre Single »Stand Up« veröffentlicht, als sie beim **Halberg Open Air** auftreten sollten. »Nun muss man wissen, dass das Festival keine Zugaben kennt. Der Ablauf muss strengstens eingehalten werden, die Reihenfolge der Titel steht vorher fest«, erklärt der ehemalige Musikredakteur. Right Said Fred wussten das jedoch offenbar nicht. Vor ihrem letzten Titel, der neuen Single, verließen sie für alle überraschend die Bühne und warteten Backstage auf die Zugabenrufe. Doch die kamen natürlich nicht. »Erst sprachlos, dann wütend, zogen sie sich in ihren Container zurück, verweigerten Essen und Autogramme und verließen bald danach den Halberg«, erzählt Bohr und ergänzt: »Der eigentliche Grund, warum sie da waren – die neue Single – blieb ungehört.«

Eberhard Schilling hat mit Heike Greis viele Jahre das Festival moderiert, war aber auch schon in den Anfangsjahren als Aufnahmeleiter dabei: »Ich wollte mal Eros Ramazotti aus dem Backstagebereich werfen«, erinnert er sich. Der heutige Italo-Star trat bereits im Jahr 1985 vor seinem großen Durchbruch beim **Schülerferienfest** auf. Damals sei der Künstlerbereich noch nicht so abgeschirmt gewesen wie heute. »Hinter der Bühne waren fast mehr Leute als davor«, sagt Schilling lächelnd. Statt Mitarbeiter eines Sicherheitsdienstes sorgten die SR-Kollegen dort selbst für Ordnung. Damals kannte er Ramazotti schlichtweg noch nicht.

Schilling erinnert sich auch noch gut daran, dass es beim Konzert der Ärzte 1987 in Strömen regnete und wahre Sturzbäche den Halberg heruntergeflossen sind. »Wir sind barfuß durch den Schlamm gelaufen und haben uns mit Sonnenschirmen gegen die Fluten geschützt.«

Dem ehemaligen Festivalleiter Dr. Harald Klein ist eine technische Panne im Gedächtnis geblieben, die beim Auftritt von US-Star Tommy the Clown im Jahre 2007 passiert ist: Mitten in seiner Show sei plötzlich der Stromgenerator, der das Bühnenlicht und die LED-Leinwand versorgte, ausgefallen. »Unsere Gäste schlugen Alarm und landeten mit ihrem Notruf inmitten der Betriebsfeier der Stadtwerke.« Der Generator, der dort stand, ein 30-Tonnen-Ungetüm, sei mit Blaulicht zu der engen Bühnenzufahrt nach Saarbrücken gebracht worden.

Zudem weiß Klein noch gut, als auf dem Halberg plötzlich einmal eine sehr aparte Frau vor ihm stand. Sie gehörte zu einer Gruppe von sehr bunt gekleideten Leuten: »Wir sind die Tänzerinnen und Tänzer von DJ Bobo – Wo sind unsere Umkleidekabinen?«, hauchte sie ihm entgegen. Er habe einen Adrenalinschub gehabt und gedacht: »DJ Bobo steht doch schon an der Bühne und soll gleich auftreten.« Er funkte den Aufnahmeleiter an und dabei stellte sich heraus, dass sämtliche Tänzerinnen und Tänzer des Dance-Stars bereits mit ihm am Aufgang der Bühne standen: »Netter Versuch, in den VIP-Bereich zu gelangen«, sagte Klein und begleitete die falschen Tänzerinnen zum Ausgang.

Als 4 The Cause, die gerade mit dem Remake des Klassikers »Stand by Me« einen Hit gelandet hatten, 1998 beim **Halberg Open Air** dabei waren, regnete es in Strömen. Die 17-jährige Sängerin Shonna rutschte plötzlich aus und landete im Schlamm, erinnert sich der Festivalleiter. Da sie kein zweites Paar Schuhe dabei hatte, sei er mit ihr kurzerhand in die Stadt gefahren, um neue zu kaufen: »Pünktlich zu ihrem Auftritt stand Shonna in Schuhen aus der Saarbrücker Bahnhofstraße auf der Bühne«, sagt Klein.

Hilde Thiesen war über 40 Jahre SR-Chef-Maskenbildnerin. Die Saarbrückerin erlebte unzählige Promis hautnah und ungeschminkt. Und auch beim SR-Ferien-Festival rückte »es Hildche« die Acts ins rechte Licht und kam ihnen dadurch näher,

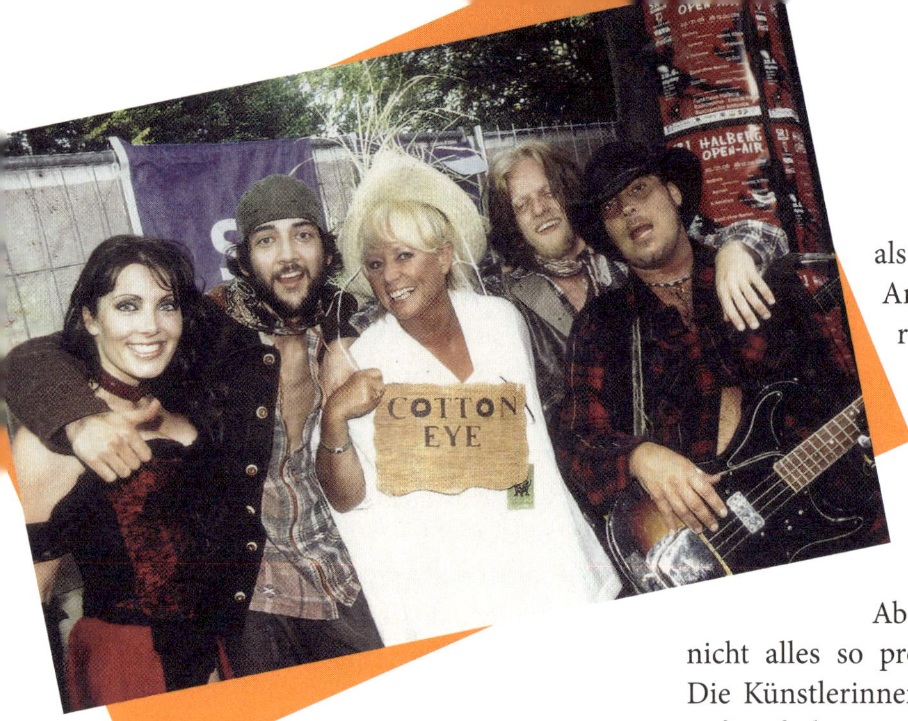

SR-Masken-Chefin Hilde Thiesen mit Rednex auf dem Halberg Open Air 2001. © Privat

als so manch anderer. »Ich war von Anfang an dabei«, blickt sie zurück. Zunächst seien die Künstler noch zu ihr in die »normale SR-Maske« im Funkhaus gekommen. Als das Open Air dann immer größer wurde, schminkte Thiesen sie in einem Zelt auf der Radiowiese. Aber auch hier sei zunächst noch nicht alles so professionell wie später gewesen. Die Künstlerinnen und Künstler saßen zunächst auf einfachen Bürostühlen: »Wenn es vorher geregnet hat, sind sie immer weiter im Matsch versunken«, erinnert sie sich lächelnd. Später wurde das Zelt dann mit einem Holzboden, professionellen Schminkstühlen und Spiegeln ausgestattet. »Ich habe immer unheimlich gerne auf dem Festival gearbeitet, es war immer lustig«, erinnert sich Hilde Thiesen. Dort habe sie viele Künstler getroffen, die sie schon von anderen Produktionen gekannt habe und mit ihnen ihr Wiedersehen gefeiert.

Und die damalige Redaktionsassistentin des Festivals, Sabine Neu, erzählt: »Beim ersten Schülerferienfest im Juni 1981 auf dem St. Johanner Markt gab es noch keinen Backstage-Bereich. Aufenthaltsraum für die Künstlerinnen und Künstler war der Presseclub über dem *Café Langenfeld*. Fans versuchten oftmals, diesen Presseclub zu stürmen – insbesondere dann, wenn Markus & Co. dort waren. Ich war 1982 abends noch mit ihm im *Club Number 1* in Saarbrücken. Als wir den Club verließen, waren alle vier Reifen meines Autos zerstochen – wahrscheinlich von eifersüchtigen Fans. Markus gab mir daraufhin seinen Oldtimer, der am Hotel stand. Und so bin ich dann nach Hause gefahren.«

Erinnerungen von Halberg Open Air-Acts

Die Top Acts haben im Jahr unzählige Auftritte in ihrem Terminkalender stehen. Oftmals ist es schon viele Jahre her, dass sie bei dem Festival auf der Bühne standen. Doch viele erinnern sich bis heute noch gut und gern an ihre Zeit mit dem

SR-Festival zurück. Immer wieder loben sie die angenehme und besondere Atmosphäre des Festivals. Zudem weckt das Open Air bei den Künstlern häufig Erinnerungen an ihre eigene Schulzeit:

Mit »Ich will Spaß« steuerte Markus einen der größten Hits zur Neuen Deutschen Welle bei. Der Sänger stand bereits bei der ersten Ausgabe des Festivals auf der Bühne. Dieser Auftritt ist ihm bis heute noch gut in Erinnerung geblieben: »Es war sehr heiß. Und es war mitten in Saarbrücken auf dem Markt. Fräulein Menke trat ebenfalls dort auf. Es handelte sich dabei um unsere erste Rundfunk-Tour. Moderiert hat der spätere *Tagesschau*-Sprecher Jan Hofer, damals noch einer der SR-Moderatoren. Eine schöne Erinnerung: Viele SR-Mitarbeiter, wie den Techniker und den Produktionsleiter, habe ich später immer wieder getroffen – unter anderem bei den Benefizveranstaltungen für die SOS-Kinderdörfer. Da war Manfred Sexauer federführend – auch als Moderator.«

»An diesen Tag«, so Markus, »erinnere ich mich noch sehr gut, weil dies einer meiner allerersten Auftritte war. Fräulein Menke und ich traten in derselben Sendung bei Désirée Nosbusch auf. Also startete unsere Karriere zeitgleich. Wir begegneten uns daraufhin immer wieder. Ein toller Sommer! Und noch etwas ist mir in Erinnerung geblieben: Es gab ja damals noch keine CDs, Sticks oder irgendwas dergleichen, sondern noch Tonbänder. Diese wurden speziell von der Plattenfirma bereitgestellt. Ein dickes Tonband, auf dem sich dann zwei bis drei Titel befanden. Na ja, und der Betreuer von der Plattenfirma hatte den Song ›Ich will Spaß‹ vergessen – und ich befand mich bereits am Stadtrand von Frankfurt, habe gerade noch einmal die Kurve gekriegt und das Tonband noch schnell abgeholt. Das Publikum war auch schon irgendwie total nett drauf. Allesamt Schülerinnen und Schüler, die an dem Tag Ferien bekamen. Alle waren gut drauf. Und es wurde ein großes Fest. Was sich ja dann noch viele Jahre fortgesetzt hat und bis heute besteht.«

Ein paar Jahre später trat Markus mit seinem Duo TXT dann auf dem Halberg noch mal bei dem Festival auf: »Das muss 1985/86 gewesen sein. Da hatten wir einen großen Hit: ›Girl's Got a Brand New Toy‹. Ich hatte gerade meinen Golf I bekommen – spendiert von meinen Eltern: Zwar ein Gebrauchtwagen, aber trotzdem sehr flott für die damalige Zeit. Er fuhr über 200. Das war schon so ein richtiges Geschoss. Und damit sind wir den Halberg hochgefahren. Dort waren Massen von Schülern. Unglaublich! Wir kamen kaum durch. Irgendwie haben wir uns dann doch durchgekämpft und das Auto im Graben geparkt. So viele Menschen hatte ich noch nicht auf einem Haufen gesehen. Das halbe Saarland muss da oben gewesen sein. Das war auch ein tolles Event.«

Auch Bernward Büker (»Wilde Abenteuer«) gilt als ein Urgestein des Festivals. Er ist in den Anfangsjahren dort mehrfach aufgetreten und bis heute im

Musikgeschäft aktiv. Für ihn steht fest: »Ich erinnere mich noch an fast alles. Und das meine ich auch so. Im Jahr 1982 war ich das erste Mal beim **Schülerferienfest**. Damals ging es noch in der Saarbrücker Innenstadt über die Bühne. Ich war noch sehr jung. Und einmal passierte mir ein ziemlich blödes Missgeschick: Während ich später dort auch live aufgetreten bin, wurde am Anfang noch Playback eingespielt. Und da fiel mir beim Singen plötzlich das Kabel hinaus. Das war sehr peinlich. Daher habe ich später nie Mikrofone mit einem Kabel benutzt. Aber hinterher haben wir alle darüber gelacht. Und die Leute fanden es auch ganz witzig. Es wusste ja ohnehin schon jeder, dass wir nicht live spielten. Damals waren auch noch Arabesque mit Sandra dabei. Und Markus habe ich dort kennengelernt. Zu dieser Zeit war er gerade mit seinem Hit ›Ich will Spaß‹ erfolgreich. Seit dieser Zeit sind wir befreundet«, erzählt Büker. »Auch auf dem Saarbrücker Halberg sind wir irgendwann aufgetreten. Ein schönes Gelände. Daran denke ich gerne zurück. Aber das Beste im Saarland waren immer die Leute. Bis heute erhalte ich stets herzliche Briefe aus dem Saarland. Das ist so ähnlich wie im Ruhrgebiet. Die Leute sind einfach herzlich, nicht affektiert.«

Tokio Hotel sind kurz vor ihrem Durchbruch auf dem **Halberg Open Air** 2005 aufgetreten. Bill Kaulitz sagt dazu: »Ich weiß es noch genau: Wir hatten dort einen Container als Garderobe und haben drei Songs gespielt. Es waren zwar nicht so viele Leute da, wie bei unseren heutigen Konzerten, aber es kam uns damals alles riesig vor. Wir waren sehr nervös. Dort haben wir unsere ersten Autogramme geschrieben und Interviews gegeben.«

Die BossHoss-Frontmänner Sascha und Alec standen zum ersten Mal 2005 auf der Bühne:

Sascha: »Das ist zwar schon lange her. Aber ich erinnere mich an eine witzige Anekdote: Wir haben 2005 hier gespielt – und die *Popstars*-Band Nu Pagadi auch. Und lustiger Weise war da einer von den beiden Jungs Pat. Ihn kenne ich schon gefühlte hundert Jahre aus Berlin, weil er auch immer in der Musikszene als Sänger aktiv war. Ungefähr ein Jahr später, als es Nu Pagadi nicht mehr gab, ist er bei The BossHoss für viele Jahre Backliner geworden. Jetzt lebt er in der Schweiz.«

Alec: »Als er mit uns auf Tour war, hat er in der Schweiz bei einem Gig ein Mädchen kennengelernt. Inzwischen hat er sie auch geheiratet.«

Sascha: »Ach ja, und da wäre noch eine witzige Sache, die erwähnt werden sollte: Beim ersten Mal hat, glaube ich, Jessica Schwarz mitmoderiert. Das finde ich abgefahren. Denn mit ihr habe ich ja so einen kleinen Abstecher in die Schauspielerei gemacht – bei *Hanni und Nanni*. Sie war quasi meine Filmfrau: Wir waren die Eltern von Hanni & Nanni. Wie skurril manchmal die Wege verlaufen. Man trifft sich oft auf phänomenale Weise wieder.«

Silbermond hatten 2004 beim **Halberg Open Air** einen ihrer ersten Liveauftritte außerhalb der Heimat. Sängerin Stefanie Kloß: »Das war eines unserer ersten Konzerte, die wir im Saarland gespielt haben. Die Nacht davor war ziemlich kurz, das Konzert selbst sehr spannend. Schließlich stammen wir aus dem fast entgegengesetzten Zipfel Deutschlands.«

Als Blümchen war Jasmin Wagner in den 1990ern über Jahre hinweg Stammgast beim **Halberg Open Air**. Und daran erinnert sich die Schauspielerin und Sängerin noch gut: »Dort aufzutreten, war immer Klasse. Denn es herrschte so eine Art Barbecue-Atmosphäre, weil alle Künstler draußen waren und meistens auch das Wetter stimmte. Das hat immer viel Spaß gemacht.«

Auch Jeanette Biedermann stand im Laufe der Jahre immer wieder auf der Bühne. Vor einem Auftritt erklärte sie: »Das **Halberg Open Air** ist für mich immer wieder eine tolle Veranstaltung. Es sind immer sehr viele gut gelaunte Leute da.«

Viele Jahre lang gehörten Mr. President zu den Sommerhit-Garanten und waren ein fester Bestandteil des Festivals. »Wir treffen dort immer viele andere Bands, die wir schon Jahre lange kennen. Man sieht sich hier wieder – für uns ist das einfach immer wieder schön«, so Sängerin Danii.

Carolin Niemczyk und Daniel Grunenberg von Glasperlenspiel sind schon seit den Anfängen ihrer Karriere immer wieder gern im Saarland und natürlich auch beim **Halberg Open Air** aufgetreten: »Das waren stets tolle Auftritte. Wir sind große Saarland-Fans und freuen uns jedes Mal, wenn es uns dorthin verschlägt. Und Daniel freut sich am meisten, wenn er im Sommer sein Fleisch auf dem Schwenker grillen kann.«

Als Lotte auf ihren ersten Auftritt im Jahr 2017 bei dem Festival angesprochen wurde, entgegnete sie: »Ich weiß noch gut, dass dies eines meiner ersten Festivals war – und mein erstes Album gerade erschienen war. Es waren tolle Künstler dort, zu denen ich auch heute noch Kontakt habe. Philipp Dittberner habe ich gerade im Studio getroffen. Wir haben gemeinsam Songs für mein neues Album geschrieben. Auch Wincent Weiss war da, Mike Singer und viele, viele Teenies, die viel geschrien haben. Es war mega!«

2008 heizte die finnische Erfolgsband Sunrise Avenue den Besuchern ein. Frontmann Samu Haber verriet: »Ich liebe Festivals. Sie sind im Freien, es ist Sommer. Und es gibt andere Bands, die wir treffen können. Die Stimmung ist sehr entspannt. Auch auf der Bühne müssen wir uns nicht so sehr wie auf der Tour an die Pläne der Produktion halten, sondern können einfach Spaß haben und es genießen, Musik zu machen.«

Auch darüber hinaus war für Samu ihr Saarbrücker Gig etwas Besonderes. Vor dem Auftritt sagte er: »Wir werden auf alle Fälle auch einige Songs von unserem nächsten Album spielen. Das ist auch für uns etwas Neues. Denn ›Fairytale Gone Bad‹ haben wir schon 5.000 Mal gespielt. Da ist es gut, mal was Neues machen zu können.«

Mit »Lemon Tree« landeten Fools Garden einen Welthit. Obwohl die Band bis heute international viele Konzerte spielt, hat Frontmann Peter Freudenthaler ihren Auftritt 2005 nicht vergessen: »Das war ein lustiger Tag und ein sehr schönes Festival«, sagt er. Zumal er dort den befreundeten Kollegen Rea Garvey mit seiner Band Reamonn getroffen habe.

Auch PUR-Gitarrist Rudi Buttas weiß noch gut: »In den 1980ern und 1990ern waren wir unzählige Male auf dem **Schülerferienfest**. Das war schon jedes Mal sehr beeindruckend, bei dem Staraufgebot.« Sein ganz persönliches Highlight hat er dort jedoch 1999 erlebt: »Ich lernte bei dem Open Air Michael Sadler von Saga kennen – einer meiner Helden, der zu der Zeit der Liebe wegen in Saarbrücken lebte.« Die beiden hätten sich vom ersten Augenblick an gut verstanden. Es sei eine konstruktive Zusammenarbeit entstanden. Unter anderem gingen sie gemeinsam auf Tour und veröffentlichten eine CD.

DJ Ötzi betont bis heute in fast jedem Interview, wie gut es ihm damals auf dem Halberg gefallen habe. Der Stimmungsmacher geht sogar noch einen Schritt weiter und sagt in Anspielung auf seine Hits: »Das Saarland ist ein Teil meiner Karriere. Das gehört zu mir wie der ›Anton‹ und der ›Stern‹.«

Während heute bei dem Festival der Schwerpunkt auf jungen Rock-, Pop- und Rap-Künstlern liegt, traten in den Anfangsjahren auch Schlagerstars, wie Wolfgang Petry und Nicole, dort auf: »Ich war übrigens auch gerne zu Gast – nicht nur wegen meines Heimspiels in Saarbrücken«, blickt die **Grand-Prix-de-la-Chanson**-Siegerin zurück.

Ihre saarländische Kollegin Ingrid Peters erinnert sich noch daran, dass sie unter anderem 1986 beim **Schülerferienfest** mit dabei war. Damals hatte sie knapp zwei Monate vorher ebenfalls bei dem Musikwettbewerb mitgemacht und den achten Platz belegt. Insgesamt standen in diesem Jahr rund 250 Auftritte in ihrem Terminkalender. Doch auf dem Halberg, wo sie neben ihrem **Grand-Prix-de-la-Chanson**-Titel »Über die Brücke geh'n« auch ihre Hits »Komm doch mal rüber« und »Afrika« sang, wollte die Musikerin unbedingt auftreten.

Die Kult-Band Die Ärzte hat den Besuchern des Festivals sogar ein Lied gewidmet. »Ich will einmal nach Saarbrücken …« singen sie in ihrem Titel »Madonnas Dickdarm«. Diese Textzeile geht auf ihren Auftritt am 23. Juli 1987 auf dem **Schülerferienfest** zurück. Farin Urlaub kann sich an diesen Gig noch ziemlich genau erinnern: »Wir haben, als wir eigentlich noch gar nicht wirklich bekannt waren, hier mit vielen halb-berühmten Leuten dieser Zeit gespielt. Es hat stark geregnet.

Obwohl das Ganze nur Playback war, haben sich die anderen Musiker unter einem Zeltdach verkrümelt. Uns war das egal. Wir haben uns in den Regen gestellt und waren so viel näher an den Leuten. Das haben sie uns damit quittiert, dass sie komplett durchgedreht sind. Weil Bela nicht schnell genug gerannt ist, haben sie ihm auch auf dem Weg zu unserem Kleinbus die Klamotten vom Leib gerissen. Daraufhin haben wir die Stadt einfach mal in den Text eingebaut.«

Max Giesinger war zum ersten Mal 2016 beim **Halberg Open** Air dabei und spielte 2019 beim **SR Ferien Open Air St. Wendel**. Dabei blickte er zurück: »Seitdem ist einiges passiert. Der große Durchbruch, auf den ich mein ganz Leben lang hingearbeitet habe …«

Zum Saarland hat er eine »sehr besondere Verbindung«: Wegen seines Hohlkreuzes wurde er mit elf Jahren zu einem Physiotherapeuten geschickt, der aus dem Saarland kam. »Ich war bei ihm sieben Jahre in Therapie und fand den Dialekt als kleiner Kerl immer witzig.«

Beim **SR Ferien Open Air St Wendel** wurde Max Giesinger plötzlich klar, dass er schon mal privat in der Stadt unterwegs gewesen war. Die dort geborene Musikerin Lena Sicks und er waren 2012 Teilnehmer der ersten Staffel von *The Voice of Germany*. Danach blieben sie in Kontakt. Er besuchte sie auch mal zuhause: »Deshalb ist mir der Name St. Wendel so bekannt vorgekommen.«

An den letzten Schultag vor den Sommerferien, an dem ja die Zeugnisse verteilt werden, hatte Max Giesinger dagegen weniger gute Erinnerungen: »Das war für mich immer ein sehr harter Tag. Ich denke nicht gerne daran zurück. Ich hätte dieses Zeugnis am liebsten fünf Wochen vor meiner Mutter versteckt. Ich war ein schlechter Schüler. Die zehnte Klasse habe ich wiederholt. Ich bin sogar mal wegen Musik hängen geblieben, weil ich in Mathe auch furchtbar schlecht war. Aber dann habe ich mich neben die richtigen Leute gesetzt. Und es ging wieder bergauf …«

Joris erinnert sich dagegen gern an seine letzten Schultage. Das sei immer aufregend gewesen. »Man hat dem Tag entgegengefiebert, um endlich sechs Wochen frei zu haben. Und dann waren diese auch wieder schnell vorbei.«

Heute kennen Ben viele als Moderator des Fernsehkanals KiKa von ARD und ZDF. Anfang der 2000er Jahre landete er Hits wie »Engel« – und durfte deshalb natürlich beim Festival nicht fehlen: »Die Leute sind so abgegangen. Das war einfach Wahnsinn.« Als er auf seine eigene Schulzeit angesprochen wird, verrät er: »Ich Dummkopf habe in der zehnten Klasse die Schule abgebrochen. Nach einem Jahr habe ich aber gemerkt, dass ich vor etwas wegrenne. Deshalb bin ich zurück zur Schule gegangen und habe dort noch fleißig zwei weitere Jahre verbracht. Für mich ist es immer wichtig zu wissen, wo ich hin will. Dafür muss man leider einige Sachen in Kauf nehmen. Und dazu gehört nun mal auch die Schule.«

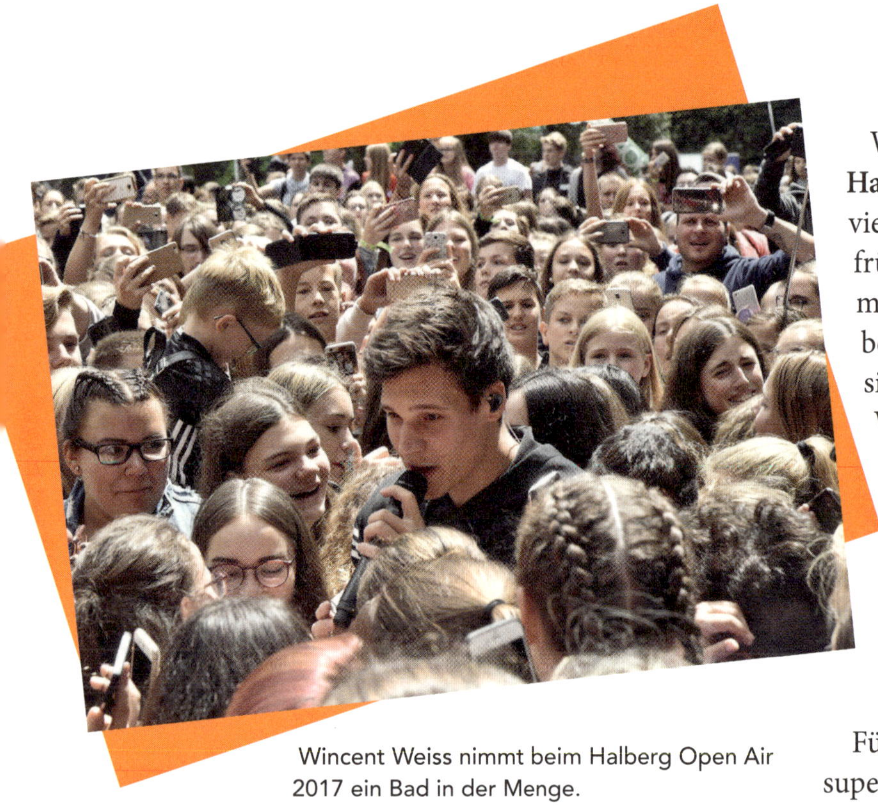

Wincent Weiss nimmt beim Halberg Open Air 2017 ein Bad in der Menge.
© SR/Becker & Bredel

Wincent Weiss war beim letzten **Halberg Open Air** dabei. Im Interview blickt er darauf zurück, was er früher in seinen Sommerferien gemacht hatte: »Das waren immer die besten Ferien. Darauf konnte man sich freuen. Das war immer super. Wir sind oft in den Ferien weggefahren. Dazu sind ja die Ferien unter anderem auch da – dass man sich Zeit nimmt mit der Familie. Aber manchmal unternimmt man natürlich auch etwas mit Freunden. Ich war am letzten Schultag immer sehr faul.«

Für ihn steht heute fest: »Schule war super … wenn ich mal dort war (lacht). Nein, ehrlich gesagt war es meine bisher beste Zeit. Man meckert zwar immer darüber, wenn man noch zur Schule geht, aber meine Schulzeit war toll.«

Bereits damals hat Wincent Musik gemacht und es auch bei *DSDS* in den Recall in der Karibik geschafft. Trotzdem war für ihn von Anfang an klar: »Das Abi wollte ich immer durchziehen. Ich war ja vorher auf der Realschule und habe dann das Abi nachgemacht. Gut, irgendwann in der Realschule dachte ich mal: Ach nee, Abi muss nicht sein. Aber eigentlich war immer klar, dass ich mein Abi machen will.«

Im Gegensatz zum **Halberg Open Air** hat Christina Stürmer an ihre Schulzeit weniger gute Erinnerungen: »Schule, was ist das?«, sagt sie lachend und ergänzt: » Nein, gerade mit 16 war ich ziemlich faul und nicht sehr oft dort. Dann habe ich die Schule abgebrochen und eine Lehre zur Buchhändlerin begonnen. Das ist alles so super gelaufen, dass ich jetzt wieder alles genau so machen würde. 2003 war allerdings klar, dass ich eine Entscheidung treffen musste. Nun ja, ich setzte auf volles Risiko und entschied mich für die Musik als Lebensinhalt. Musik war und ist meine Berufung. Und dieser Berufung wollte ich fortan nachgehen.«

Anfang der 2000er Jahre gehörte die Boyband Natural zu den umjubelten Stars des Festivals. Ihr Mitglied Marc Terenzi war später mit Sarah Connor verheiratet. »Früher war ich kein großer Fan von der Schule. Erst, als ich schon lange die Schule verlassen hatte, wurde mir bewusst, was ich an ihr hatte. Heute wünschte ich mir, ich hätte bei einigen Dingen etwas besser aufgepasst.«

Sein Band-Kollege Michael ergänzte lächelnd: »Als ich noch in der Schule war, konnte ich im Gegensatz zu heute wenigstens ausschlafen. Denn wegen unserer vielen Termine komme ich nun kaum noch dazu.« Inzwischen sind Natural längst Pop-Geschichte.

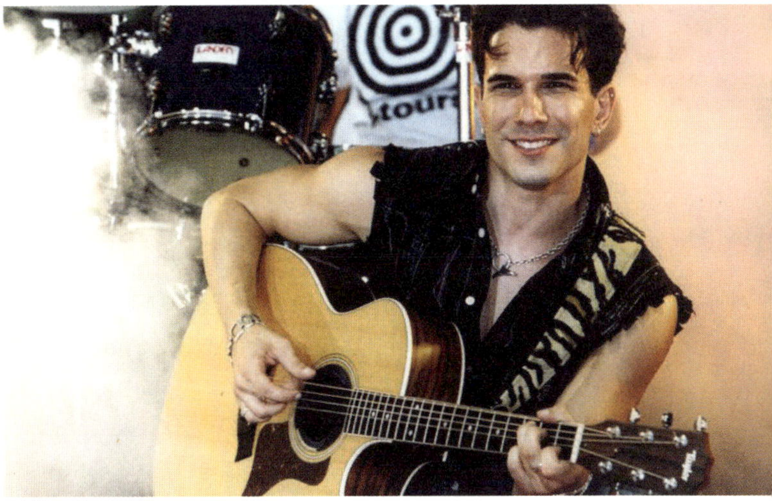

Marc Terenzi von Natural, Halberg Open Air 2002. © SR/Becker & Bredel

Mit ihrem Sommerhit »Maria« heizte die Boygroup US 5 im Jahr 2006 ihren Fans auf dem Halberg ein. Während es der Song auf Platz Eins der deutschen Charts schaffte, sah Bandmitglied Michael diese Zahl in der Schule nur selten unter seinen Arbeiten: »Ich habe die Schule immer gehasst. Mathe war mein schwächstes Fach«, blickt der Mainzer zurück. Dennoch gab es für ihn einen Ansporn – seine Klassenkameradinnen: »Ich war vor allem in der Schule, um die Mädchen zu beeindrucken.«

Sein Bandkollege Izzy ergänzt grinsend: »Wenn ich da war, hatte ich oft viel Spaß in der Schule. Aber die meiste Zeit war ich das nicht – und dann hatte ich noch mehr Spaß.«

Laith Al-Deen war 2005 beim **LegendAir**-Festival dabei. Auf die Frage, ob er in seiner Schulzeit auch hin und wieder den Lehrern Streiche gespielt hat, entgegnet er: »Ich habe das Gefühl, dass Streiche entweder nur in Fernsehfilmen aus den 1970er Jahren stattgefunden haben oder zumindest nicht bei uns auf dem spießigen humanistischen Gymnasium in Mannheim. Aber immerhin haben wir unser Abitur groß gefeiert und einen Tag Schulausfall durchgesetzt, indem wir einen ganzen Zirkus gebucht haben, der 50 Löcher in den Betonschulhof gemeißelt hat, um das Zelt aufzustellen.«

Bei ihrem ersten Auftritt 2009 auf dem **Halberg Open Air** galt die Band Luxuslärm noch als Geheimtipp. Das Festival blieb Frontfrau Janine »Jini« Meyer noch in bester Erinnerung: »Ich erinnere mich noch gut daran, dass das Publikum unheimlich laut war. Das war extrem geil.«

Und was hat sie früher am letzten Schultag gemacht? »Die Schulsachen in die hinterste Ecke meines Zimmers geworfen und mich darüber gefreut, dass ich sie die nächsten Wochen nicht wieder brauche«, verriet sie grinsend und ergänzt: »Ich war nicht immer die einfachste Schülerin, habe aber später verstanden, worum es geht und ein gutes Abi abgeliefert.«

Erinnerungen von Fans

Charlotte Britz, ehemalige Saarbrücker Oberbürgermeisterin: Saarbrücken und das **Halberg Open Air**, das war mit Sicherheit eine Erfolgsgeschichte für den SR. Saarbrücken ist der Sitz des Senders, besitzt die meisten Schulen in unmittelbarer Nähe zum Sender, ist gut erreichbar mit dem ÖPNV und hat den wunderschönen St. Johanner Markt, auf dem das Schülerferienfest – wie es damals genannt wurde – seinen Ursprung hatte. Das Fest war wichtig für die saarländische Kulturszene: Hier konnten viele saarländische Bands vor großem Publikum auftreten, aber natürlich kamen auch international bekannte Stars auf den Halberg. Nach zwei Jahren St. Johanner Markt wurde das Fest – wegen Anwohner-Beschwerden – auf den Halberg verlegt. 2017 nahm der damalige Intendant des SR, Thomas Kleist, Kontakt zu mir als damaliger Oberbürgermeisterin von Saarbrücken auf – mit dem Wunsch, bei der zukünftigen Durchführung des **Halberg Open Air** zu kooperieren. Denn der SR konnte das Fest alleine nicht mehr stemmen. Es gab dann alle möglichen Überlegungen: Das Fest sollte wieder in die Innenstadt von Saarbrücken verlegt werden, es sollte in Verbindung mit dem Altstadtfest durchgeführt werden, um Synergien zu nutzen. Aber im Endeffekt ist die Kooperation an den Kosten für die mittlerweile hohen Sicherheitsauflagen und die befürchteten Beschwerden von Anwohnern wegen der zusätzlichen Lärmbelastung gescheitert. Aber das Fest hat ja dann eine Heimat in St. Wendel gefunden.

Annegret Kramp-Karrenbauer, ehemalige saarländische Ministerpräsidentin: Das Ferien-Festival war immer ein besonderes Datum. In erster Linie für die Schülerinnen und Schüler im Saarland, weil damit (endlich) die Ferienzeit begann. Und als Mutter habe ich natürlich alle damit verbundenen Diskussionen erlebt. Darf ich dorthin gehen? Bin ich alt genug? Alle meine Freunde/Freundinnen dürfen das doch! Wie lange darf ich bleiben? Kannst du uns abholen? Als Landespolitikerin war es für mich immer ein besonders Event, weil es dem Nachwuchs im Saarland auf eine tolle Art und Weise den Wahlspruch des Senders »Mein Land. Mein Sender« nahegebracht hat und damit eine Verbundenheit an die nächste Generation weitergeben hat, die im und für das Saarland wichtig ist. In diesem Sinne: Keep on rocking!

Michaela Peege, Elversberg: An das Ferienfest habe ich viele schöne Erinnerungen. Meine Jahre waren so um die Jahrtausendwende. Los ging es für uns immer direkt nach der dritten Stunde. Nachdem wir die Zeugnisse und die Ranzen im Auto geparkt hatten, wurden wir immer von einer unserer Mamas von Neunkirchen aus bis zum Saarbrücker Römerkastell gefahren. Und dann ging's mit dem Shuttle hoch aufs Gelände.

Dank eines ganz lieben Menschen, der während dieser Zeit beim SR arbeitete, durfte ich zwei Jahre VIP-Tickets ergattern und den Stars ganz nah sein. Im Backstagebereich habe ich einmal mit Juliette Schoppmann zu Mittag gegessen. Naja, viel essen konnte ich nicht – ich war zu aufgeregt.

Dank des Festivals und der tollen VIP-Pässe habe ich auch Stars wie Scooter, Jeanette Biedermann, Sarah Conner, Right Said Fred, Melanie Thornton, Rednex, Hermes House Band, Ben und viele mehr treffen können. Eine tolle Jugend auf dem Halberg.

Barbara Reichert, Saarbrücken: Die Festivals 1988/89 waren für mich persönlich die beiden aufregendsten und somit schönsten. Damals war ich 16 beziehungsweise 17 Jahre alt. Mein damaliger Freund, der für die Bühnentechnik zuständig war, gab mir seinen Festival-Ausweis, mit dem ich und meine Begleiterin immerhin bis zur Kantine des Saarländischen Rundfunks durchdringen konnten. Dort nahmen auch die Stars des Festivals ihre Mahlzeiten und Getränke ein.

Wir waren natürlich sehr aufgeregt. Als wir zum ersten Mal die Kantine betraten, fielen uns gleich ein paar bekannte und prominente Gesichter auf, so etwa die Band Ace Cats mit neuer Besetzung. Ihr Sänger Ted Shansky (1988-1989) fiel mir sofort ins Auge. Meine Freundin und ich steuerten zielsicher den Tisch von Ted und seiner Band an und wurden sofort mit einem freudigen Lächeln empfangen. Eigentlich wollten wir nur ein Autogramm, aber Ted verwickelte uns gleich in ein amüsantes Gespräch. So kam es, dass wir gut eine halbe Stunde mit Ted, Tina und Co. plaudern konnten.

Danach ging es für die Ace Cats ab auf die Bühne. Meine Freundin und ich kämpften uns durch die Menschenmenge in die allererste Reihe durch, um bei ihrem Auftritt ganz nah dabei sein zu können. Als Ted zu singen anfing, fühlte ich mich wie in einem Traum. Mein Herz pochte ganz laut, und als er sich dann noch zum Bühnenrand, immer näher zu mir hin bewegte, mir superlieb zuzwinkerte und mit seinem Zeigefinger auf mich wies. Wow, da war es um mich geschehen.

Als der Auftritt vorbei war, lauschten wir gespannt weiteren Bands und trafen uns schließlich mit meinem Freund, der uns nach Hause fahren sollte. Zum selben Zeitpunkt und am selben Ort war auch Ted unterwegs. Er blieb bei uns stehen und sagte zu meinem Freund: »Pass gut auf sie auf!« Dabei huschte ihm ein süßes Lächeln über die Lippen.

Ein Jahr später traf ich die Ace Cats erneut in der SR-Kantine. Ted beteuerte, sich noch an mich und meine Freundin zu erinnern. Tina sagte: »Ja, unser Ted hat ein gutes Gedächtnis, was Frauen betrifft.« Egal, ob er sich wirklich noch an uns erinnerte oder ob er einfach nur höflich sein wollte: Für mich waren es kostbare Momente, die ich nie wieder missen möchte.

Sicherlich gab es für mich auch weitere Highlights in all den Jahren, in denen ich das Festival auf dem Halberg besuchte. Zum Beispiel sprühte ich meine Haare mit roter Farbe ein, um von der Band Fux eine CD zu ergattern. Wie gesagt, die **Schülerferienfestivals** auf dem Halberg waren alle und ohne Ausnahme einfach mega!

Übrigens habe ich vor zwei Jahren Ted von den Ace Cats bei einem Radiosender wiedergefunden. Es gab ein großes Hallo. Ich habe ihm die Fotos von damals gemailt. Und er erwähnte, ja grüßte mich dafür in seiner Donnerstags-Sendung und spielte meinen Lieblingshit. Ein kleines, aber feines Déjà-vu-Erlebnis. Ist das nicht klasse?

Carolin Cleve, Saarbrücken: Wenn ich an das **Halberg Open Air** denke, fällt mir vor allem ein, wie viele Sternchen dort aufgetreten sind. Das war in den 80ern nicht anders als in den 90ern und 2000ern. Ich war 1986 das erste Mal beim Open Air, kann mich kaum noch daran erinnern, wer damals anwesend war. Aber einer ist mir besonders im Gedächtnis geblieben: Den Harrow! Damals konnte man seinem Lieblingsstar doch sehr nahe kommen – und ich erinnere mich daran, dass zahlreiche junge Mädchen ihm sein weißes Shirt zerrissen haben.

Zwei Jahre später hatte ich dann das Glück, einmal hinter die Kulissen blicken zu können, was sehr interessant war. Ich habe kurz mit Bruce & Bongo gequatscht. Kann sich eigentlich noch irgendjemand an diese Künstler erinnern? Und mit den Jungs von Camouflage. Ich mochte ihren Song »The Great Commandment« und hatte mir die Single gekauft. Ich erhielt von den Herren daraufhin Autogramme. Die Stars kamen auch gerne aus ihrem Backstagebereich heraus, um am Würstchenstand etwas zu essen. Dort traf ich die drei Jungs von Camouflage wieder. Als sie ein Jahr später noch mal aufgetreten sind, erinnerte sich Oli witzigerweise noch an mich.

Ich habe bei den **Halberg Open Airs** auch viele Autogramme gesammelt. Saarländische Bands waren natürlich auch vertreten: Lancelot, Witch Burning – und vor allem Indian Summer, drei Schulfreunde, die sich im Jahr 1984 kennen gelernt hatten und seitdem Musik machten. 1990 waren sie nur noch zu zweit und benannten sich aufgrund eines Plattenvertrags bei einem großen Label in Planet Claire um.

Heute machen Arno Kammermeier und Walter Merziger unter dem Namen Booka Shade Housemusik.

Bei den Künstlern aus den 90ern, die das Open Air gerockt haben, fallen mir vor allem Masterboy, Sash!, Worlds Apart, Ice Mc, BG The Prince of Rap, OMD und Twenty 4 Seven ein. Bei ihnen erinnere ich mich daran, dass wir am Zaun standen und die Sängerin Nancy in der Nähe war. Sie kam zu uns, als wir schrien, und bekam von einem Mädchen neben mir als Fan-Geschenk ein Lederarmband. Das Gesicht von Nancy, als das Mädchen sagte, es sei ein Geschenk, werde ich nie vergessen. (…)

In den 2000ern war ich zwar kaum noch auf dem Festival. Aber es gab Jahre, in denen ich die Musik laut gehört habe, wenn ich bei meinen Eltern war. Denn diese haben bis 2005 auf dem Eschberg gewohnt.

Martin Staab, Saarbrücken-Bischmisheim: Ich war beim Festival, als die Band The Cross aufgetreten ist. Und ich habe erst in der Nachrecherche erfahren, dass der Sänger von The Cross, Roger Taylor, der Drummer von The Queen war. Das fand ich krass. Da war ich stolz, dass ich diese Band live miterleben durfte. Seitdem war/bin ich The-Cross-Fan.

Dirk Becker: Ich war damals für den Offenen Kanal tätig. Wir hatten da eine kleine Radiosendung und konnten dadurch einen Backstagepass bekommen.

Thomas Weise, Großrosseln: »Es war damals noch schwieriger als heute, mit Bus und Bahn nach Saarbrücken zu kommen. Schulbusse waren für uns noch kostenlos – sodass niemand eine Wochen- oder Monatskarte brauchte. Einige von uns erhielten auch nicht viel Taschengeld.«

Deshalb hätten er und seine Kumpels in den Anfangszeiten des Festivals in Karlsbrunn eigens eine Open Air-Party mit Übertragung des Festivals veranstaltet. »Wir haben circa 150 Meter Kabel verlegt und auf dem Grundstück hinter der ehemaligen Turnhalle in Karlsbrunn ein Zeltlager aufgebaut«, erinnert sich Thomas Weise. Den alten Simca 1100, in dem die Stereoanlage stand, mit der sie sich die Übertragung des SR-Festivals anhörten, hätten sie allerdings nicht gebraucht, zumal das Wetter nach seinen Worten bestens war und viele bis morgens durchhielten. Thomas Weise: »Wenn ich heute einige Leute treffe, die damals dabei waren, dann wird auch immer von dieser Open Air-Party gesprochen.«

Petra Scheller, Scheidt: Als ich hörte, dass Tommi Ohrner beim ersten **Schülerferienfest** auftreten sollte, war ich ganz aus dem Häuschen. Leidenschaftlich gern wäre ich dorthin gegangen. Mein Problem war, dass meine Schulzeit schon längere Zeit zurücklag. Mein Vorgesetzter vertrat die Meinung, dass es sich für eine Bankangestellte nicht gezieme, eine derartige Veranstaltung zu besuchen.

Wenn ich Timm Thaler gewesen wäre, hätte ich einfach wetten können, irgendwie dorthin zu gelangen. Aber der Teenieschwarm musste ja als Popstar auf der Bühne stehen. Ich kannte ihn nur als Darsteller und fand ihn für einen Jungen etwas zu hübsch. Dabei gehörte ich bei der Erstausstrahlung schon nicht mehr zur Zielgruppe für Kinder- oder Jugendserien.

Ich hatte auch keine jüngeren Geschwister oder eigene Kinder, denen zuliebe ich mitgeguckt hätte. So habe ich eher zufällig reingeschaltet. Als ich Ansichten von Lanzarote entdeckte, die ich aus meiner Lieblingsserie *Die geheimnisvolle Insel* kannte, blieb ich bei der Stange. Die Geschichte fing sogar an, mich in ihren Bann zu ziehen.

Nun würde der Junge, der sein Lachen verkaufte, also nach Saarbrücken kommen. Irgendwie schaffte ich es, einen trefflichen Grund zu finden, um zur fraglichen Zeit außer Haus und am St. Johanner Markt zu sein. So stand ich als Zaungast am Rande des großen Geschehens, nahm alles in mir auf und stenographierte mit, was so passierte.

Die Mühe hätte ich mir schenken können. Meine Dokumentation war nicht nur für Außenstehende unverständlich, ich selbst konnte das Gekritzel hinterher auch nicht entziffern. Das Fazit war, dass ich mit dem gut aussehenden Bengel als Popstar gar nix anfangen konnte. Dafür war ich wirklich zu alt. Jahre später habe ich Thomas Ohrner dann auf dem Bildschirm als Darsteller in der Abenteuerserie *Jenseits der Morgenröte* wieder gesehen. Da gefiel er mir wesentlich besser.

Wenn es irgendwann eine Reunion-Party mit ehemaligen Ferienfest-Stars für Immer-noch-Fans geben würde und Thomas Ohrner mit von der Partie wäre, würde ich mich riesig freuen: Mein Wunsch ans Universum oder – naheliegender – an den SR.

Henry Hoffmann, Saarbrücken: Am Freitag, 28. Juni 2019, durfte ich das allererste Mal das Festival besuchen. Ich war neun Jahre alt und hatte gerade das dritte Schuljahr beendet. Mit dabei waren meine Mama, meine Schwester Hannah und deren Freundin, mein Freund Max und dessen Mama.

Schon auf der Hinfahrt von Saarbrücken nach St. Wendel war ich sehr aufgeregt. Ich freute mich besonders auf die Auftritte von Max Giesinger und Bosse.

Bei der Ankunft war ich total überrascht von dem großen Gelände und den vielen Attraktionen. Dann war es endlich soweit, und Max Giesinger hatte seinen Auftritt. Ich stand mit meinem Freund in der ersten Reihe vor der Bühne.

Nach ein paar Liedern fragte Max Giesinger, wer mal zu ihm auf die Bühne kommen möchte, um zusammen mit ihm das Lied »80 Millionen« zu singen. Natürlich meldeten sich ganz viele – auch ich und mein Freund. Und dann zeigte Max Giesinger tatsächlich auf mich. Ein Security-Mann hob mich auf die Bühne.

Dort stand ich dann noch mit zwei Mädchen bei Max Giesinger. Und wir stellten uns vor. Ich war unendlich aufgeregt, aber auch überglücklich. Nach einem kurzen Soundcheck und einer Textprobe sangen wir dann zusammen mit Max Giesinger das Lied. Alle jubelten uns zu und die Menschenmasse sang mit.

Es war ein gigantisches Erlebnis, das ich in meinem Leben nicht vergessen werde. Ich konnte das alles gar nicht fassen. Nach meinem Auftritt genoss ich noch den weiteren Song von Max Giesinger und sang natürlich auch kräftig bei allen Liedern von Bosse mit.

So wird mir mein allererster Besuch beim Festival in ewiger Erinnerung bleiben. Leider hat in den Jahren 2020 und 2021 wegen der Coronapandemie kein Festival stattgefunden. Aber vielleicht ist es ja 2023 wieder möglich. Dann bin ich auf jeden Fall wieder dabei. 😊😊😊

Facebook-Antworten auf die Frage: »Was ist eure schönste Erinnerung?«

Judith Lehnert: Ich habe alle **Schülerferienfeste** auf dem St. Johanner Markt und Festivals auf dem Halberg miterlebt. Toll war, dass in den frühen Jahren alles viel entspannter war und die Stars nicht nur backstage anzutreffen waren. Ich habe viele Künstler kennengelernt und habe heute noch Kontakt zu einigen. Das Jahr mit den Ärzten ist mir besonders in Erinnerung geblieben, da die Wiese damals nur Matsch war, weil es so geregnet hat.

Susanne Rupp: Ich habe dort Den Harrow live gesehen. Das war mein Highlight. Und ich habe sogar ein Stück von seinem Hemd ergattert. Boah, waren wir stolz darauf.

Nicole Silke: Ich war damals auf dem ersten **Schülerferienfest**, meine Schwester hatte mich damit überrascht. Ich war ein absoluter Markus-Fan

Thomas Schmitt: 1992 war mein Auftritt mit meiner Band The Tailfins aus dem Saarland (deutscher Rockabilly) und die Vorstellung unserer CD im Newcomer-Programm (…)

Simone Weinrank: Das Schülerferienfest, DJ Bobo, Fun Factory, Charley Lownoise, Mental Theo – die typischen 1990er

Sarah Meyer: Ich erinnere mich, dass wir oft am Zaun gestanden haben und auf die Stars gewartet haben, um ein Autogramm zu ergattern. Habe noch ganz viele

Sandra Melchior: Damals war einfach die beste Zeit. Man hat sich immer darauf gefreut: Scooter, Blümchen, Mr. President, DJ Ötzi. Es war stets emotional, wenn alle klatschten. Und das Wetter war perfekt.

Susanne Dengel Klespe: Ich hatte Backstage-Pässe gewonnen. Wir hatten zwei tolle Tage, unter anderem mit der 3. Generation. Das war schon cool damals.

Julia Priester: Als ich noch in Bischmisheim gewohnt habe, konnte ich immer die Musik bis nach Hause hören

Christiane Dittgen: Ich erinnere mich noch gut an Charly Lownoise & Mental Theo. Damals war ich noch Schülerin in der Mittelstufe

Susanne Schöfisch: Habe Die Ärzte damals dort gesehen, CC Catch, Bruce & Bongo, Den Harrow. War einfach super. Haben auch am Zaun gestanden und konnten mit den Stars reden, erhielten Autogramme

Nina Kreutz: Ich erinnere mich an Mr. Ed Jumps the Gun, Lucilectric, übervolle Shuttlebusse, blaue Flecken beim Nach-Vorne-Kämpfen oder »In-den-Backstagebereich-Klettern« Ach, schee war das so vor circa 25 Jahren. Also quasi gestern.

Sandra Weber: Lancelot, Den Harrow, Markus in den 80ern. Bis zu den Knien im Batsch gestanden, herrlich. Beim letzten Mal in St. Wendel zu Bosse getanzt Für gute Musik ist man nie zu alt.

Pia Zell: Das waren meine ersten richtigen Festivalerfahrungen…

Daniela Blaß: Das waren noch Zeiten – und immer so toll!

Miriam Burk: Auf dem ersten **Schülerferienfest** ein Küsschen von Frl. Menke

Sarah Theobald: Das **Schülerferienfest** beziehungsweise **Halberg Open Air** war immer toll. In einem Jahr sogar recht aufregend: Es hat den SR beinahe eine neue Glasscheibe in der Kantine gekostet. Und mir 'ne gebrochene Nase beschert!

Cordula Gaudeck: Hatte bei »Mambo No. 5« meine 15-jährige Tochter auf der Schulter.

Melanie Forster: Nur schöne Erinnerungen, The Boyz damals Ach, die guten 90er.

Nadine Tumanako: Ich hatte früher ein Buch mit ganz vielen Unterschriften von ganz vielen Stars der 90er. Leider wurde es mir mal geklaut das **Schülerferienfest** war immer toll

Lisa Schubert: 2018 – An meinem 18. Geburtstag durfte ich Kayef privat im Backstagebereich treffen.

Monika Lacour: Das waren schöne Zeiten, war auch immer dort.

Janine Rebmann: Ich durfte nie hin Und jetzt bin ich zu alt

Sascha Müller: Scooter auf dem Halberg war schon gut – vor allem, als die Bühne bei »Fire« fast in Flammen stand.

Tanja Pulkotycki: Da trank ich mit Bürger Lars Dietrich ein Bier.

Tamara Jost: Ich habe mal Backstage-Pässe gewonnen und habe mit meiner jüngeren Schwester unsere damalige Lieblingsboyband dort getroffen. Damals war die Welt noch in Ordnung.

Samara Amanda Bat: … oder als HP (der Frontmann von Scooter – Anmerkung der Redaktion) aus dem Aufzug kam und ich erschrocken bin, weil ich fast in ihn rein gerannt bin Oder der Typ da, der dieses »Summerjam« gesungen hat und mir aus Versehen Wodka übergekippt hat

Silvana Nicolina Diedrich (zu den ersten Schüferferienfesten in der City)**:** Habe ich damals live erlebt, da ich in der Kaffeerösterei am Markt arbeitete.

Alexandra Dufour: Ein Autogramm plus Gummibärchen von Lämmermann

Selina Fuchs: 2010 oder 2011, als es so stark geregnet hat, dass nicht mal mehr Busse vom Halberg runtergefahren sind. Es war wirklich krass.

Sandra Schneider: Mein schönstes Erlebnis war 2019. Da war ich mit meinen Töchtern dort. Das war für uns alle drei das erste Mal. Ich musste erst eigene Kinder bekommen, um es dorthin zu schaffen.

Sabine Bernardy: Arm in Arm mit Eros Ramazotti.

Alexandra Bauer: Ende der 1980er als Teenie auf dem **Schülerferienfest** und Anfang 2000er dann mit der Tochter auf dem **Halberg Open Air**.

Sascha M Lacher: Ich war als 13- oder 14-Jähriger dort mit meiner Freundin. Man hat sich wie ein »großer Mann« gefühlt.

Eleen Schnatz: Bin schon circa 32 Jahre mit dabei, aber meine schönste Erfahrung war im Jahr 2000 mit meiner kleinen Tochter Kinderwagen und doch etwas Party

Andreas Nenno: Ich bin immer mit dem SSTT (Saarland Sommer Touren Ticket) alleine von Saarlouis nach Saarbrücken und vom Bahnhof aus mit den Shuttlebussen auf den Halberg gefahren. Das war damals schon aufregend

Karsten Lambert, Administrator der Facebookseite »Halberg Funkhaus Memories«: Ich wollte damals gemeinsam mit meinem Kumpel, der bereits ein eigenes Auto hatte, zum **Schülerferienfest** auf den Halberg fahren. Im besten Falle direkt vor die Festivalwiese, weil wir zu faul waren, den Weg dorthin zu laufen. Als wir am Fuße des Halbergs angekommen waren, mussten wir aber feststellen, dass dort Kontrollen stattfanden und wir mit dem PKW nicht so einfach durchkamen. Da ich noch von einem früheren Besuch beim ZDF in Mainz zufälligerweise zwei ZDF-Tagesausweise dabei hatte, beschlossen wir spontan, diese bei den Kontrollen einfach mit der Behauptung vorzuzeigen: »Wir sind vom Licht und müssen da hoch.« Gesagt, getan! Erste Kontrolle hatte es geglaubt, wir kamen erst mal durch, große Freude kam auf! Die Freude währte aber nur kurz, weil wir bei einer weiteren Kontrolle, die uns schallend lachend und kopfschüttelnd wieder zurückwies, dann doch aufflogen. So war das damals.

Armin Schwambach, Saarbrücken-Bübingen: Als 1968 Geborener bin ich mit dem SR aufgewachsen, morgens mit Martin Arnold aufgestanden, habe mittags mit Ilona Kleitz zur »Halbzeit« gespielt und ging abends mit Wolfgang Hellmann oder Wilfried Eckel per Radio und Knopf im Ohr ins Bett. 1982 kam ich eher per Zufall am St. Johanner Markt in eine große Menschenmenge, hörte zwar laute Musik, sah ansonsten aber nix und realisierte nicht, um was es sich da genau handelte, und lief weiter.

Irgendwann Anfang 1983 war es wohl, da tauchte SR-Moderator Bernd Duszynski bei uns in der Realschule in Heusweiler auf und suchte Nachwuchskünstler für das **Schülerferienfest** – quasi mein erster wirklicher Kontakt zu dem Event. Im gleichen Jahr machte ich mich dann auch erstmals selbst mit dem Bus von Heusweiler auf den Weg zur Radiowiese. Mein Favorit damals war die Gruppe Lancelot, von der ich bis heute noch alle Schallplatten im Regal habe.

Die folgenden Jahre war ich regelmäßig Besucher des **Schülerferienfests** – auch wenn es, aufgrund der mittlerweile angefangenen Lehrstelle, immer schwieriger wurde, Zeit dafür zu finden. So war ich froh, dass es ab 1985 auch im Radio übertragen wurde und ich jeden Mittag die Eltern veranlasste, doch bitte die Übertragung auf Kassette aufzunehmen. Auch diese Tapes sind heute noch in meiner Sammlung.

1985 war für mich selbst eines der schönsten **Schülerferienfeste** überhaupt. Als privater DJ kam ich damals schon über Umwege an die eine oder andere Promoplatte. So hielt ich im Winter 84/85 eine Single von Modern Talking in den Händen, »You're My Heart You're My Soul« .... Wow, das wird ein Hammer, war ich mir sicher und spielte es immer und immer wieder. Im Frühjahr 1985 ging das Ding durch die Decke und der Rest ist Popgeschichte.

Als durchsickerte, dass Modern Talking zum Halberg kommt, setzte ich alle Hebel in Bewegung, um mit dabei sein zu können. Aufgrund der Lehre war das jedoch schwerer als gedacht – und so musste ich einen Tag Urlaub nehmen, um die Gruppe live erleben zu können. Dass dann beim Auftritt lediglich Thomas Anders auf der Bühne stand, interessierte kaum jemand. Ich hatte mein Bild mit der »Ritsch Ratsch Klick Pocket Kamera« im Kasten und war glücklich.

1986 bekam ich keinen Urlaub, konnte aber wenigstens per Kassetten-Konserve am Abend nachhören, was ich verpasst hatte. 1987 aber war ich früh genug dran. Und während des **Schülerferienfestes** hatte ich Urlaub. Es kam Bernward Büker, dessen Lied »Vergiss mich nicht« schon seit einigen Jahren gerne auf Partys aufgelegt worden war. Bernward war ein toller Typ. Als er seinen umjubelten Auftritt auf der Radiowiese hatte, war ich dicht dran. Auch, als Büker das hohe Gerüst der Bühne erklomm. Die Security – und sicher auch manch einer der SR-Verantwortlichen – hatte da die Hosen voll.

Die Jahre vergingen, die Musik und der Musikgeschmack änderten sich. Der Beruf und ab 1992 auch meine Frau Anja hatten mich mittlerweile fest im Griff. Und so dauerte es bis 2012, bis ich wieder den Halberg für das **Schülerferienfest**, welches mittlerweile **Halberg Open Air** hieß, bestieg. Grund waren meine 2003 geborene Tochter Charlotte und meine Frau, die seinerzeit große Culcha-Candela-Fans waren, vor allem vom Titel »Wildes Ding«. Genau 30 Jahre nach meinem ersten Besuch stand ich also wieder in den Massen – dieses Mal ganz bewusst – und für mich schloss sich so der Kreis des **Schülerferienfests/Halberg Open Air**.

Sibylle Bärdges, Riegelsberg: Es ereignete sich ungefähr im Jahr 1985 oder 1986, als Den Harrow zu Gast auf dem **Schülerferienfest** war. Zu dieser Zeit waren meine Freundin Willy (Rufname für Wiltrud) und ich schon vier Jahre aus dem Schulbetrieb draußen, wollten aber unbedingt hingehen, da es uns in den früheren Jahren immer so gut gefallen hatte. Wir verabredeten uns also am Karstadt an der Haltestelle, da von dort der kostenlose Bus direkt zum Fest fuhr.

Wegen der Tatsache, dass wir schon für dieses Fest etwas zu alt waren und meine Freundin Bedenken hatte, man könnte dies vielleicht bemerken, hatte sie sich entsprechend jugendlich angezogen, ging jedoch wahrscheinlich davon aus, wie WIR als junge 11- bis 13-Jährige rumgelaufen waren. Meinen ersten Lachanfall hatte ich somit, als ich sie an der Haltestelle stehen sah und fast nicht erkannte.

Sie hatte sich die Haare zu Zöpfen gebunden, was schon lustig aussah, da sie nur kinnlanges Haar hatte und die Zöpfe somit seitlich abstanden. Sie trug eine abgeschnittene Jeans, Ringelsöckchen, Turnschuhe, ein T-Shirt mit Mickey Mouse und auf dem Rücken einen karierten Rucksack.

Als wir dann in den Bus einstiegen, sah sie, dass die Jugendlichen aktuell doch etwas anders gekleidet waren. Voll gestylt, Haare schön in Form, ausgeschnittene Shirts und Blusen und vor allem hochhackige Schuhe – lauter kleine Damen.

Auf dem Halberg angekommen, schmuggelten wir uns also, so gut es ging, zwischen die Jugend, die überwiegend einen Kopf kleiner war als wir. Als eine Band angekündigt wurde, drängten wir uns zwischen die jungen Damen, die nicht erfreut waren, da wir ihnen die Sicht versperrten. Plötzlich kamen immer mehr und mehr Kids und stürmten aufgeregt nach vorne.

Willy und ich sahen uns an und fragten uns, was denn nun los war und wer wohl die nächste Musikgruppe sein würde. Wir fragten also die Mädchen, die neben uns standen: »Wer kommt denn jetzt?« Diese schauten uns völlig fassungslos an und meinten: »Na, Den Harrow!!!« Wir: »Wer kommt?« Die Girls: »Den Harrow!!!«

In diesem Moment betrat er auch schon die Bühne. Und ein wildes Schreien setzte ein. Ein kleiner, hübscher, blonder, junger, sonnengebräunter Knabe, vielleicht 16 oder 17 Jahre – so sah er zumindest aus – wirbelte auf die Bühne, riss sich sein Shirt vom Leib und fing an zu singen und zu tanzen. Die Menge rastete aus. Und es wurde immer enger und enger vor der Bühne. Wir konnten gerade noch mit Mühe der Meute entkommen.

Wir sahen uns an und hielten uns die Bäuche vor Lachen. Bis heute ist uns dieses Erlebnis noch immer ein Lachen wert! Den Harrow – wir hatten keine Ahnung, wer das war, da wir ja mehr in der Rock-Richtung unterwegs waren und diese jungen Nachwuchskünstler gar nicht mehr auf dem Schirm hatten. Ich glaube, das war dann auch der letzte Versuch unsererseits, unerkannt auf ein **Schülerferienfest** zu gehen. Wir waren dann wohl doch schon zu alt für solch ein Fest.

Später habe ich gelesen, dass Den Harrow eigentlich in unserem Alter war, also zu dieser Zeit auch schon 25 Jahre, und dass er eigentlich Model war und gar nicht selbst gesungen hat, zumindest zu Beginn seiner Karriere. Wirklich erstaunlich, welche Wirkung er auf die Schülerinnen ausübte.

Jonas Tyb'l, Wemmetsweiler, von der Band Pure Zillion: Unsere Band wurde im Jahr 2018 als Schulprojekt des Illtal-Gymnasiums in Illingen/Saar gegründet. Wir hatten uns mit vier Jungs zusammengetan und relativ schnell zu einer Schulband zusammengefunden. Da wir danach auf mehreren Schulveranstaltungen gespielt hatten und die Zuschauer begeistert gewesen waren, hatte unsere damalige Musiklehrerin Frau Zeyer die Idee, uns beim **Rock On Schülerbandwettbewerb 2019** anzumelden.

Wir hatten uns aber als neue Band damals natürlich keine Chancen bei diesem Wettbewerb ausgerechnet. Umso überraschter waren wir, als die Jury uns zum finalen Bandkonzert in die Stummsche Reithalle in Neunkirchen einlud. Und noch überraschter waren wir, als uns mitgeteilt wurde, dass wir zu den Preisträgern gehörten.

Aber der Preis hat uns total umgehauen: Wir sollten als Preisträger das **SR Ferien**

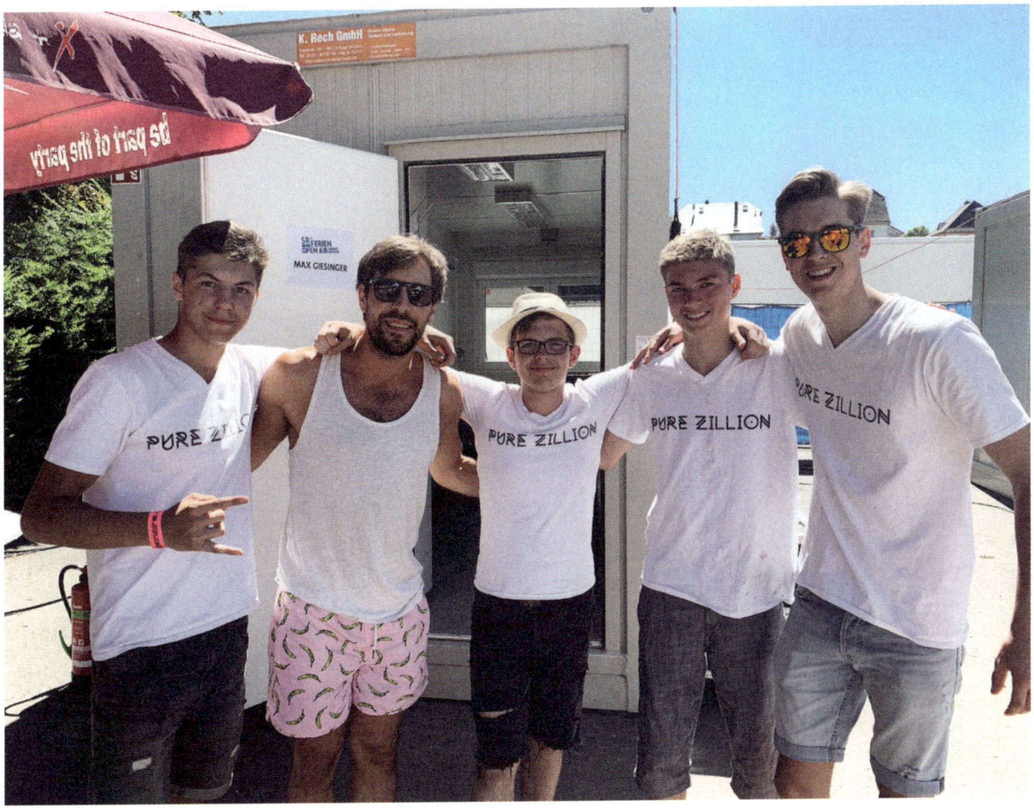

Pure Zillion mit Max Giesinger, SR Ferien Open Air St. Wendel 2018. © Privat

Open Air St. Wendel eröffnen und auf dieser riesigen Bühne zwei Songs spielen, was uns natürlich ganz nervös gemacht hat.

Am Tag des Auftrittes durften wir dann in den Backstagebereich und waren mitten unter den Stars, die auch noch auftreten würden, was uns irgendwie noch nervöser gemacht hat. Aber die bekannten Künstler waren alle total nett. Summer Cem hat auf unseren T-Shirts unterschrieben, mit Max Giesinger haben wir Fußball gespielt. Und Bosse hat uns noch kurz vor dem Auftritt Mut gemacht: »Jungs, ihr seid die Opener. Geht da raus und haut alle weg. Ihr schafft das.«

Und der Auftritt war wirklich ein unglaubliches Erlebnis. Die große Bühne, der tolle Sound – und so viele Zuschauer. Das war richtig cool. Uns hat das so viel Spaß gemacht, dass wir damals beschlossen haben, auch außerhalb der Schule Musik zu machen. Wir sind dadurch als Band noch enger zusammengewachsen.

Seit dieser Zeit haben wir bisher drei Singles veröffentlicht und arbeiten momentan an unserem ersten Album. Vielleicht können wir ja eines Tages wieder auf dem Festival spielen. Das würde uns sehr freuen.

Erinnerungen vom Autor

Die persönliche Ferien-Festival-Geschichte von Marko Völke

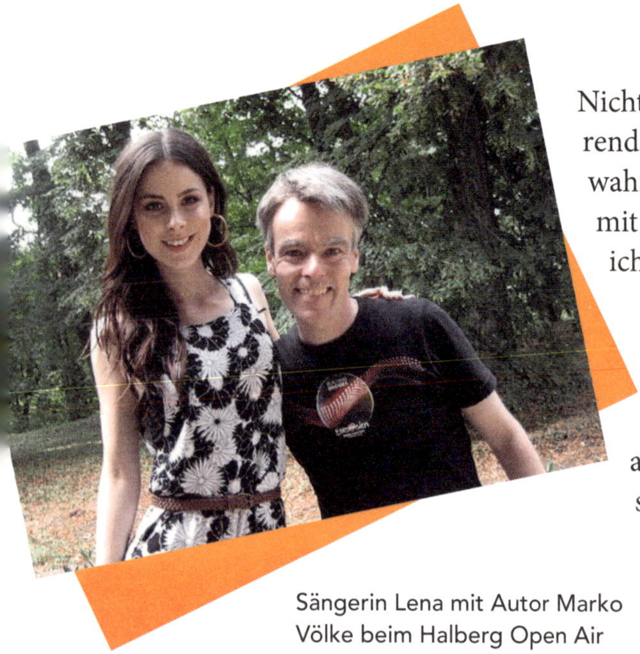

Sängerin Lena mit Autor Marko Völke beim Halberg Open Air 2015. © Christina Korb-Völke

Nicht nur das Festival ist in seiner vier Jahrzehnte währenden Geschichte rapide expandiert – auch ich habe im wahrsten Sinne des Wortes dabei klein angefangen und bin mit dem Event groß geworden. Schon als junger Bub stand ich als Besucher im Publikum.

1985 durfte ich dann meine ersten Backstage-Erfahrungen sammeln – dem ehemaligen SR-Intendanten Professor Dr. Hubert Rohde sei Dank. Ich hatte ihn vorher schon bei diversen anderen SR-Veranstaltungen kennengelernt. Nach seiner Ansprache schenkte er mir kurzerhand seinen Backstage-Ausweis: einen einfachen Pin. Dieser war damals übrigens noch übertragbar und im Gegensatz zu heute nicht fälschungssicher. Sogar in den folgenden Jahren blieb er unverändert gültig. Heute wäre so etwas undenkbar …

Im Teenageralter schrieb ich bereits 1989 als Jugend-Reporter der Saarbrücker Zeitung meinen ersten Artikel über das **Schülerferienfest** – und das danach ausnahmslos in allen Folgejahren bis zum letzten **Halberg Open Air** 2017. Dabei führte ich unzählige Interviews mit den Künstlern – von den Top Acts bis zu Newcomern. So traf ich 1999 den zu diesem Zeitpunkt noch völlig unbekannten Lou Bega zufällig bei dem ehemaligen Musiksender Viva in Köln und plauderte spontan mit ihm für einen Artikel. Als er dann einige Wochen später in Saarbrücken auf der Bühne stand, war sein Hit »Mambo No. 5« weltweit auf Platz Eins der Charts geklettert. Erst vor ein paar Jahren traf ich ihn bei einer 1990er Party wieder. Anlass war ein Interview. Er erinnerte sich immer noch gut und gern an diesen Auftritt.

Nachdem ich als Reporter zehn Jahre hinter den Kulissen des Festivals unterwegs gewesen war, durfte ich 1999 auch mal ein bisschen Bühnenluft schnuppern. Inspiriert durch die schnelllebige Eurodance-Ära, in der quasi (fast) jeder mal einen

Hit landen konnte, hatten ein Kumpel und eine Freundin die Idee: »Das können wir auch.« Also nahmen wir den Song »Forever in Your Dreams« auf. Ein paar Wochen vor dem Open Air spielten wir das Demotape SR-Musikredakteur Jürgen Bohr vor – einfach, um ihn nach seiner Meinung zu fragen. Er fragte uns spontan, ob wir damit nicht auftreten wollten. In Windeseile produzierten wir den Song fertig und suchten Tänzer, die dazu eine Choreografie einstudierten. So stand ich plötzlich auch auf der Bühne am Keyboard im Rampenlicht und sammelte – quasi mit Weltstar DJ Bobo als Vorband – eine ganz neue Erfahrung auf dem Halberg.

Auch in den nächsten beiden Jahren war ich in dieser Doppelmission unterwegs. 2001 musste ich direkt nach unserem Auftritt ein Interview mit Sarah Connor führen, die gerade aus der *Harald-Schmidt-Show* angereist war und mit »Let's Get Back to Bed – Boy« ihren Durchbruch geschafft hatte. Ich entschuldigte mich bei ihr, dass ich normalerweise nicht geschminkt herumlaufe und hinterließ damit bei der Soul-Sängerin wohl einen bleibenden Eindruck. Jedes Mal, wenn wir uns wieder trafen, fragte sie mich schmunzelnd: »Heute nicht geschminkt?«

Als SR-Intendant Professor Thomas Kleist 2017 schweren Herzens verkünden musste, dass das Festival am 30. Juni zum letzten Mal steigen werde, war das auch für mich als langjährigen Begleiter ein Schock. Eigentlich wollte ich in diesem Jahr zum ersten Mal seit 1989 als Berichterstatter ausnahmsweise aussetzen, weil ich zu einer Schiffstaufe nach Mallorca eingeladen worden war. Doch nach der Hiobsbotschaft änderte ich sofort meine Pläne.

Bei Philipp Dittberner, dem letzten Act in der langen Geschichte des Open Airs, stand ich dann mit einigen der SR-Verantwortlichen vor der Bühne. Es war ein wirklich sehr emotionaler Moment. Alle waren sehr betrübt. Nach dem offiziellen Programmende saßen wir – wie so viele Jahre zuvor – noch lange im Restaurant Schloss Halberg, dem Backstagebereich, zusammen. Mit viel Wehmut redeten wir über die guten alten Zeiten.

Zwar hatte der Sender schon vor der letzten Ausgabe angekündigt, eine Alternative für das Traditions-Festival zu suchen. Doch entschieden war noch nichts. Zudem konnte ich mir – wie so viele – damals nicht vorstellen, dass die Traditionsfete zum Schulferienbeginn zukünftig an einem anderen Ort fortgesetzt werden könnte.

Doch dann kam am 22. Juni 2018 der Tag des ersten **SR Ferien Open Air St. Wendel**. Auf der Hinfahrt in die Stadt erinnerte ich mich daran, dass ich Größen, wie PUR & Co., bereits live im Bosenbachstadion erlebt hatte.

Der Wechsel nach St. Wendel brachte auch für mich eine Veränderung mit sich: Seit 2018 bin ich nun offiziell Teil des **SR Ferien Open Air**-Teams und für SR1.de im Einsatz. Auch wenn das Festival wieder mal nicht nur einen neuen Namen, sondern auch einen anderen Veranstaltungsort erhalten hat und das Konzept überarbeitet wurde – mit Erfolg!

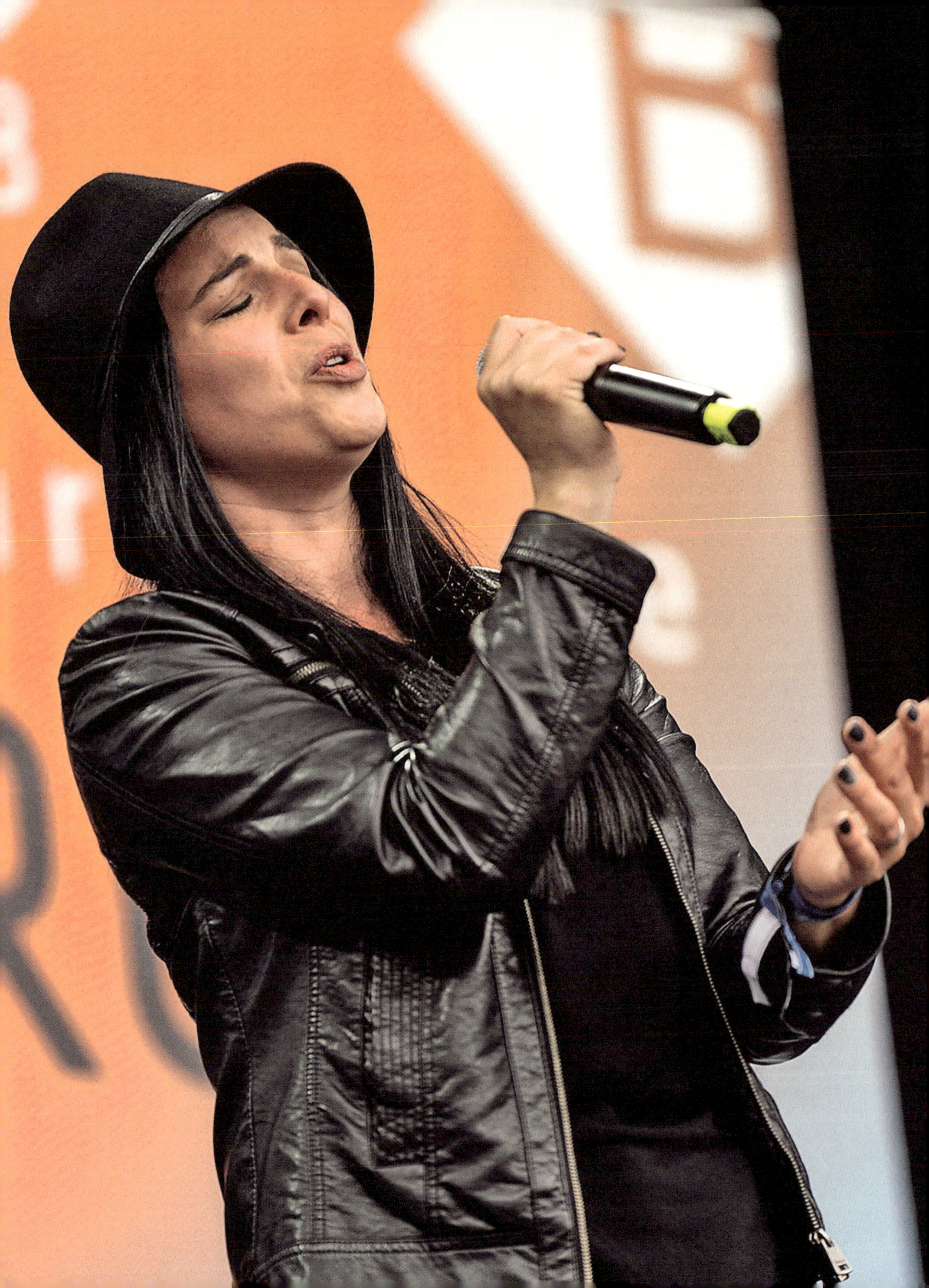

Bühne für den Saar-Pop

Regionale Künstler mischen von Anfang an mit

Nicht nur die nationalen und internationalen Größen gaben sich bei dem Festival das Mikro in die Hand. Regelmäßig konnten auch Künstlerinnen und Künstler aus der Region mitmischen. In den Anfangsjahren war so die Neunkircher Band Lancelot (»But I Just Can't Stay Behind«) über Jahre hinweg Stammgast. Die Musiker traten sogar im Vorprogramm von Queen auf, zogen 1986 in die USA und versuchten, eine internationale Karriere zu starten.

Auch Vanden Plas aus Kaiserslautern standen nach ihrer Gründung 1986 mehrfach auf der Festivalbühne. Die Progressive-Metal-Formation veröffentlichte ihre Tonträger auch in Japan und Frankreich und tourte international. Sänger Andy Kuntz startete zudem Anfang der 1990er Jahre erfolgreich eine Karriere als Musicaldarsteller.

Die saarländische Schlagerszene war in den Anfangsjahren ebenfalls auf dem Festival vertreten. Unter anderem sang Wolfgang de Benki 1984 seine inoffizielle Saarland-Hymne »Do druff bin ich e bissje stolz«. Und die Saarbrücker Sängerin Ingrid Peters hatte 1996 nach ihrer **Grand-Prix-de-la-Chanson**-Teilnahme ein Heimspiel. Mit ihrem Hit »Über die Brücke geh'n« belegte sie bei dem Musik-Wettbewerb den achten Platz.

Caro B beim SR Ferien Open Air St. Wendel 2018. © SR/Dirk Guldner

1987 war die Geburtsstunde der Newcomer-Show, die SR 1-Moderator Bernd Duszynski über Jahre hinweg immer am Morgen des zweiten Festivaltages moderierte. Bevor die Stars die Bühne enterten, hatten regionale Künstler ihren großen Auftritt.

Zunächst unter dem Namen Indian Summer, dann als Planet Claire, war seit Anfang der 90er Jahre auch eine Pop-Gruppe aus Bexbach mit von der Partie. Mit ihrer Single »Heaven in Your Hands« landeten die Musiker einen Charterfolg. Auf Electrola erschienen zwei Alben und sieben Singles der erfolgreichen Band.

Bis heute sind die Gründungsmitglieder Walter Merziger und Arno Kammermeier sowie ihr Produzent Peter Hayo unter dem Namen »Perky Park« erfolgreich im Musikgeschäft tätig. Unter anderem haben sie Werbespots, Filme und Kampagnen für zahlreiche renommierte Unternehmen produziert, für Chartstürmer wie die No Angels, Culture Beat & Co. gearbeitet und mit dem Projekt Booka Shade selbst weitere Erfolge gefeiert.

1992 traten neben Planet Claire auch die Pirmasenser Band Rockmen, die in den Folgejahren unter dem Namen Scarlett spielte, sowie Marx Rootschilt Tillermann auf dem Halberg auf. Die Saarländer wurden 1991 als beste Nachwuchsband mit dem ehemaligen SR-Showpreis **Goldene Europa** ausgezeichnet. Ab dem Jahre 1993 heizte die saarländische Metal-/ Hard-Rock-Band Witch Burning mehrfach den Besuchern ein.

Die Show-Formation Magic Artists gehörte ebenfalls viele Jahre lang zu den Local Heroes. Durch ihre viel umjubelte Premiere 1996 auf dem Halberg angespornt, nahmen die Saarländer ihre erste Single »Movin' through the Night« auf und stellten diese im Folgejahr vor. 2005 landeten die Ex-Turner unter dem Namen Virus Incorporation mit ihrer Coverversion des Klassikers »Heaven Is a Place on Earth« von Belinda Carlisle sogar einen Charthit. Auftritte in großen TV-Shows wie *The Dome* und mehrere Tourneen mit DJ Bobo folgten.

Auf die weit verbreitete Dancewelle sprangen Ende der 1990er Jahre auch saarländische Formationen wie Dee Age (»Cover Me«) und M. T. Groove (»Forever in Your Dreams«) auf. Boys Alive wurden Anfang der 2000er als saarländische Vertreter der Teeniestar-Ära gefeiert. Auch das Zwillingsschwestern-Duo Emilie & Charlotte trat auf.

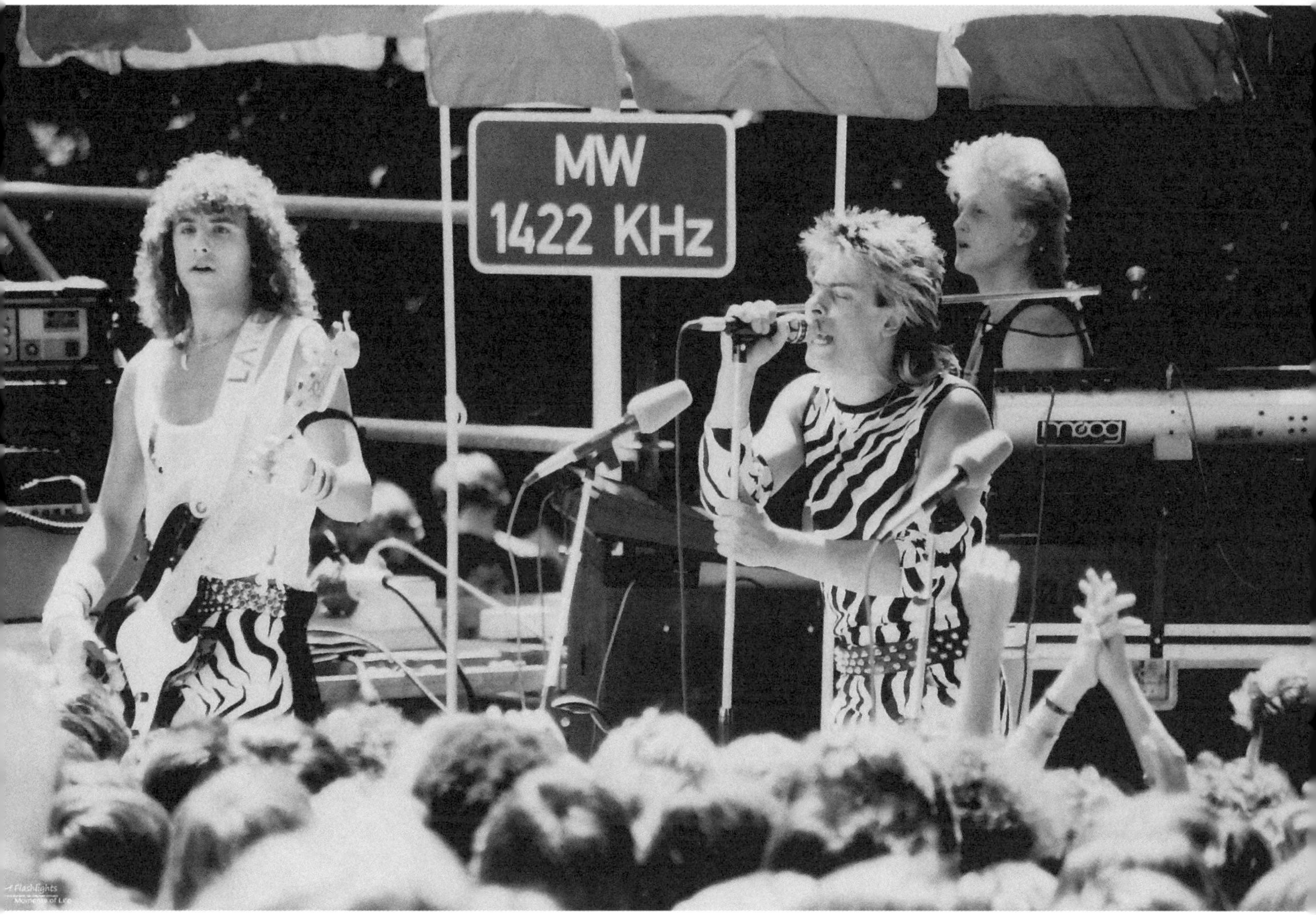

Die Neunkircher Band Lancelot, Schülerferienfest 1982.
© SR/Franz Mees

Die junge SR-Welle UNSERDING übernahm 1999 das Festival nicht nur als Präsenter von SR 1 und stellte deshalb fortan die Moderatorinnen und Moderatoren. Die Nachwuchs-Radiomacher steuerten auch eigene Musik Acts zum Programm bei. Dazu gehörten beispielsweise 5 vor 12 (1999) und All Area (2003).

Andere Musiktalente aus der Region schlugen ernste Töne gegen die Verbreitung des Rechtsextremismus in Deutschland an: So hatte 2001 das Schulchorprojekt des Hochwald-Gymnasiums Wadern Kids gegen Rechts beim **Halberg Open Air** seinen

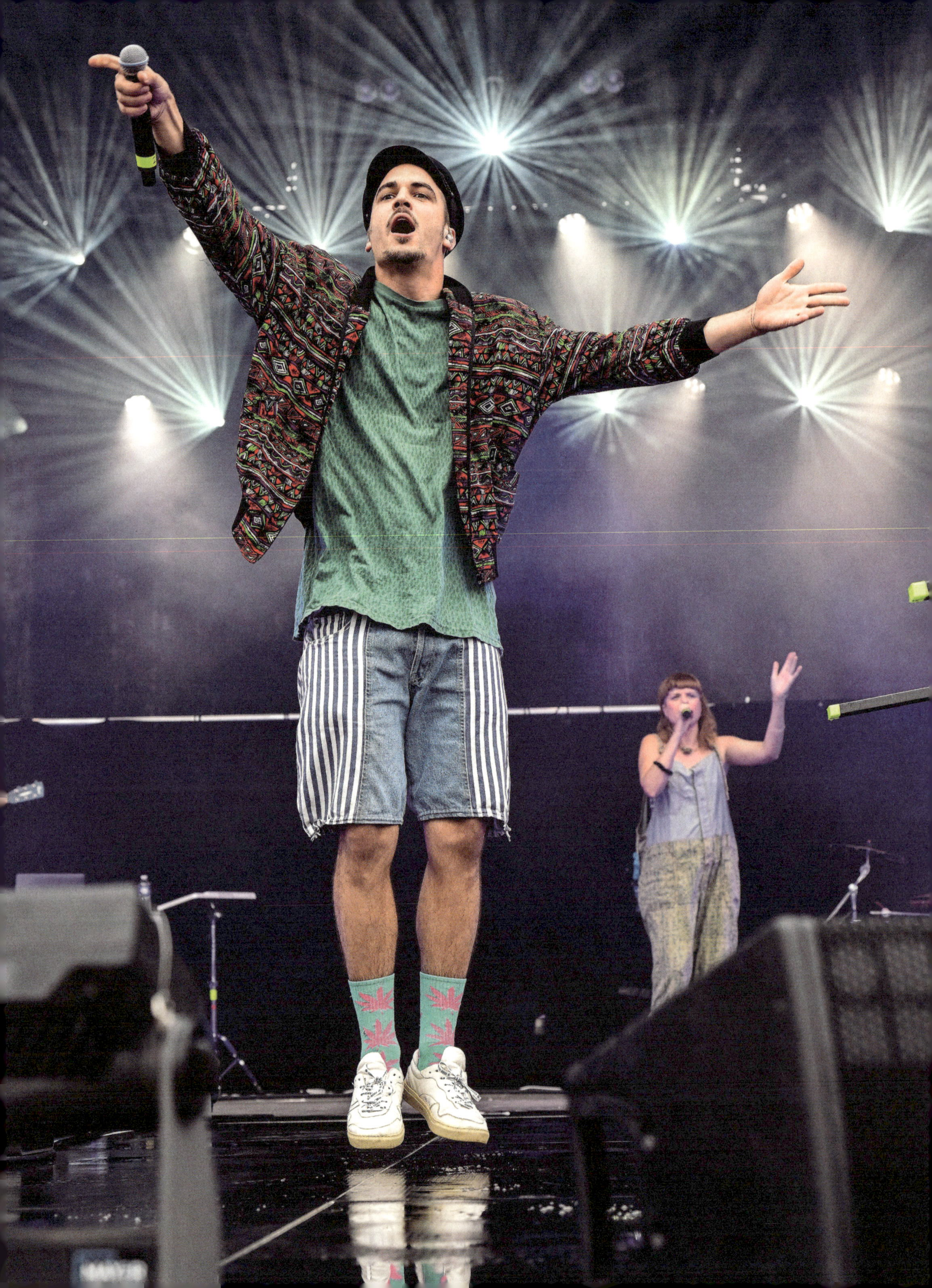

großen Auftritt. 2011 war das überregional viel gelobte Anti-Rassismus-Projekt Farbenblind bei dem Festival dabei.

Schon 2002 spielte die Kaiserslauterner Band Snailshouse zum ersten Mal auf dem Halberg. Ihr Frontmann Timo Holstein ist heute Manager von Glasperlenspiel und hat auch mit dem Hit-Duo mehrmals am Festival teilgenommen.

Zu den weiteren regionalen Vertretern der 2000er Jahre zählten unter anderem die Bands Fade Away (2004), Reminder und Small State (2007). Die saarländischen Punkrocker wurden auf dem Halberg übrigens permanent von einem Filmteam begleitet. Die Jungs spielten die Hauptrolle in einem Dokumentarfilm der Hochschule für Film und Fernsehen Potsdam über das Festival.

2008 waren unter anderem Die Krempels um Sängerin Lisa Marie Neumann dabei. Die gebürtige St. Ingberterin ist inzwischen als Louka mit Deutschpop-Songs erfolgreich. 2008 feierte auch der Saarlouiser Markus Trennheuser als Rapper Drehmoment seine **Halberg Open Air**-Premiere. Und 2009 folgte die Gruppe The Satellite Year.

In den 2010er Jahren wurde die Tradition der »Music-made-in-Saarland«-Künstlerinnen und -Künstler unter anderem mit Stormy Weather Connection und Vamfam (2010), From Fall to Spring und 41 Grad (2012) und An Assfull of Love (2013) fortgesetzt.

Ab 2012 wurde zudem der Newcomer-Contest **Saarlands beste Schulband** ausgetragen. Die Gewinner der UNSERDING-Aktion hatten beim Festival ihren großen Auftritt. Eine Fachjury hatte zuvor unter den Bewerbern die besten Teilnehmer ausgewählt, die anlässlich einer Schultour bei Pausenkonzerten in saarländischen Schulen ihr Können unter Beweis stellten. 2012 machten die Punk-Musiker aus Neunkirchen From Fall to Spring schließlich das Rennen.

2014 traten das Saarbrücker Rap-Duo Genetikk (»Wünsch dir was«) aus Saarbrücken und der Rapper DCVDNS (»Eigentlich wollte Nate Dogg die Hook singen«) aus St. Ingbert im Hauptprogramm des Festivals auf – zwei bundesweit erfolgreiche saarländische Hip-Hop-Vertreter. Mit Axel Weber & Co., One Way Ticket und Oh Captain! My Captain! waren zudem wieder drei Bands aus der Region dabei.

2016 gab es neben dem Saarlouiser Sänger- und Songschreiber Alex Senzig wieder Saarbrücker Erfolgs-Rap auf die Ohren: EstA alias Eike Staab, der mit seinem Debütalbum auf Platz Elf der deutschen Charts landete, und das Rap-Crossover-Duo Tiavo heizten der Menge ein. Neben seinem Blieskasteler Kollegen Manuel Nicklaus alias *Manu Meta trat* EstA 2017 beim letzten **Halberg Open Air** erneut auf.

Manu Meta auf dem SR Ferien Open Air St. Wendel 2023. © SR/Dirk Guldner

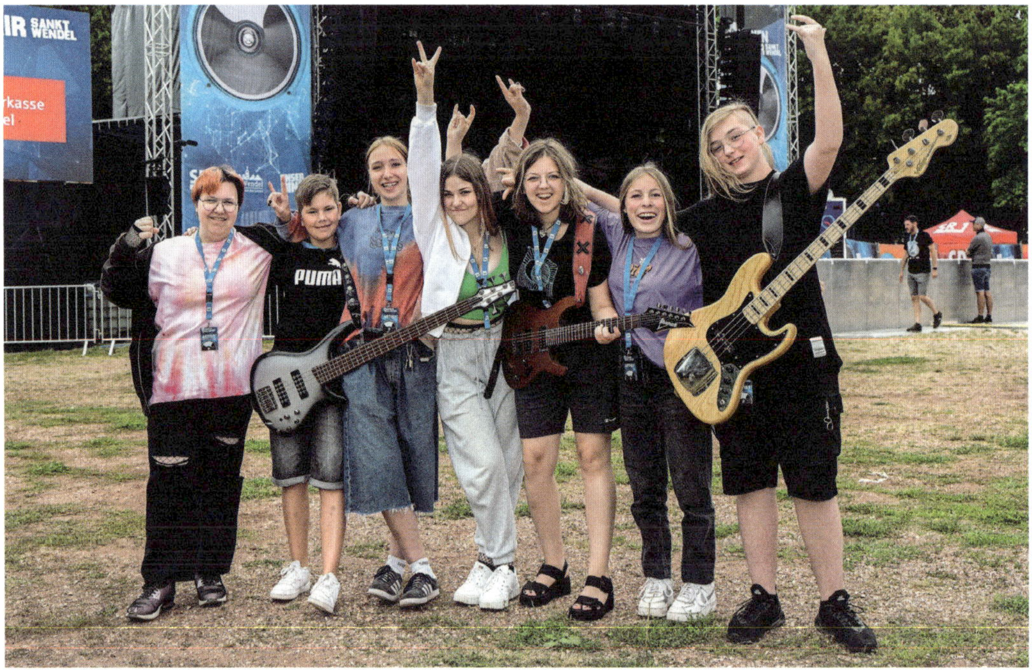

MusiKings'n'Queens vor ihrem Auftritt, SR Ferien Open Air St. Wendel 2023.
© SR/Dirk Guldner

Beim neuen **SR Ferien Open Air St. Wendel** wurde die Tradition beibehalten, Acts aus der Region in das Programm zu integrieren. So waren bei der Premiere 2018 Genetikk sogar Top Act. Neben den Wiederholungstätern von Tiavo spielte auch die Saarbrücker Sängerin- und Songschreiberin Caro B mit ihrer Band gleichen Namens im alten Bosenbachstadion.

2019 feierten neben EstA die Schwestern Kathrin und Lena Sicks aus St. Wendel bei dem Festival ein Heimspiel. Lena hatte es 2012 unter die 24 besten Talente der TV-Casting-Serie *The Voice Of Germany* in die Live-Shows geschafft – übrigens zusammen mit Max Giesinger. Ihre ältere Schwester Kathrin hatte 2008 den TV-Gesangswettbewerb *Beste Stimme* des Kinderkanals KIKA gewonnen. Zusammen mit Jennifer Haben, die ebenfalls aus St. Wendel stammt und mit der Metal-Formation Beyond the Black internationale Erfolge feiert, gehörte sie zudem zu der 2010 von dem Fernsehsender zusammengestellten Band Saphir. Ihr gleichnamiges Debütalbum platzierte sich in den Top 50 der Verkaufscharts. Neben den Sicks-Schwestern trat 2019 der aus Kusel stammende Sänger und Songschreiber Moritz Garth beim **SR Ferien Open Air St. Wendel** auf. Er gilt als Star der YouTube-Szene.

Und zur 40. Ausgabe im Jahr 2023 vertraten Manu Meta und MusiKings'n'Queens die saarländischen Farben

Megastars, Publikumslieblinge, One-Hit-Wonders

In der langen Geschichte des Festivals haben Hunderte von Bands und Acts auf der Bühne gestanden. Viele waren schon Stars, als sie bei dem Festival aufgetreten sind, andere befanden sich noch vor ihrem großen Durchbruch.

Brutkasten für Stars

Das Festival galt immer als ein Brutkasten für Stars. So war die heutige Italo-Größe Eros Ramazotti 1985 mit seiner Single »Adesso tu« zu Gast, damals noch ohne feste Auftrittszeit. Er wartete geduldig und durfte erst dann auf die Bühne, als gerade etwas Luft im Programm war.

Auch bis heute erfolgreiche, deutsche Größen spielten zu Beginn ihrer Karriere auf dem Festival. Neben den Ärzten und den Toten Hosen sind hier PUR zu nennen. Die Bietigheimer Band gehörte über Jahre hinweg zu den Stammgästen des Festivals. Inzwischen sind die Musiker seit Jahrzehnten ein Topvertreter der nationalen Chartszene: Mit fast zehn Millionen Platten und CDs zählen sie zu den Interpreten mit den meisten verkauften Tonträgern in Deutschland.

1988 hatten Milli Vanilli einen ihrer ersten großen Auftritte auf dem Halberg. »Dank dem seit über 30 Jahre bestehenden Kontakt zu Hitproduzent Frank Farian«, so SR-Redakteur Gerd Arend über seinen Draht zu dem Elversberger

Boney M.-Macher. Kurze Zeit später eroberten Milli Vanilli mit dem Hit »Girl You Know It's True« die internationalen Charts. Dass Milli Vanilli 1990 für einen der größten Skandale der Popmusik sorgten, weil sie ihre Lieder nicht selbst eingesungen haben, ahnte damals noch niemand.

Auch Verona Feldbusch, heute Pooth, ist 1990 auf dem Festival aufgetreten. Mit ihrer Band Chocolate und deren »Ritmo de la Noche« war sie damals in den Charts.

Als die Macher Lou Bega gleich für zwei Tage des **Halberg Open Air** 1999 verpflichteten, konnte keiner wissen, welchen Megahit er mit »Mambo No. 5« landen würde. Pünktlich zum Festival führte der Ohrwurm weltweit die Charts an. Und seine Gage schoss in die Höhe. Erst habe sich Bega geärgert, hier für einen Spottpreis auftreten zu müssen. Doch er hielt seinen Vertrag ein und war von der Atmosphäre des Festivals begeistert, erinnert sich der Ex-SR-1-Musikredakteur Jürgen Bohr.

Auch Silbermond verdienten sich 2004 bei dem Festival 2004 ihre Sporen. Die Band hatte in Saarbrücken einen ihrer ersten großen Live-Auftritte außerhalb ihrer Heimat. Bohr war damals vom Talent der Newcomer so begeistert, dass er auf die Schnelle eine halbe Stunde Platz in dem eigentlich schon vollen Programm schaffte. Und das zahlte sich aus: Bis heute arbeiten Silbermond und der SR gut zusammen. Die Band spielte schon bei der Konzertreihe **SR 1 Unplugged.** Die Welle präsentiert regelmäßig ihre Gastspiele in der Region.

Bei Tokio Hotel hatte Bohr 2005 erneut einen guten Riecher. Bevor die Band auf der Bühne stand, konnten sich die Jungs noch unerkannt unters Publikum mischen. Ein paar Wochen später fegte ihr Hit »Durch den Monsun« durch die Charts – und ihre weltweite Karriere begann.

Weniger bekannte, aber beliebte Dauergäste

In den Anfängen der Festival-Geschichte gab es nicht nur die bekannten Größen, die oft sogar über Jahre hinweg immer wieder aufgetreten sind. Zu den Dauergästen gehörten Künstler, wie Fux (»Überdosis Glück«), Bernward Büker (»Wilde Abenteuer«), Möller (»Zärtliche Gefühle«), Two of Us (»Blue Night Shadow«) und später Charly Lownoise & Mental Theo (»Wonderful Days«), die eigentlich nur wenige Hits hatten, aber stets ein Garant für tolle Stimmung waren. »Damals brauchten wir noch keine Mega Acts, um den Halberg zum Beben zu bringen«, sagt Ex-Musikredakteur Jürgen Bohr. Beliebt war auch der Italo-Dance-Vertreter Mike Mareen (»Love Spy«), der bei seinen Auftritten immer wieder Dutzende von Maxi-Singles in die Menge feuerte.

One-Hit-Wonders

Von den Ärzten über PUR bis Rea Garvey – viele Künstler, die bereits vor vielen Jahren bei dem Festival auf der Bühne standen, sind bis heute erfolgreich. Zwischendurch gab es aber auch mal einige Acts, die schon bald als One-Hit-Wonder abgestempelt wurden und schon längst wieder aus dem schnelllebigen Musikbiz verschwunden sind. 1989 gehörten dazu zum Beispiel Brother Beyond, von denen man heute vielleicht höchstens noch den Hit »The Harder I Try« kennt. In diesem Jahr wurde auch Daniel John Ohm (»Rescue Me«) als Teenieschwarm von den weiblichen Fans gefeiert. PM Sampson sagte man 1990 sogar eine »Milli Vanilli«-ähnliche, weltweite Karriere voraus. Doch seine erste Single »We Love to Love« blieb sein größter Erfolg.

Auch einige Schauspieler und TV-Stars versuchten sich zwischendurch bei dem Festival als Sänger, so wie Fabian Harloff im Jahre 1991, der durch die Fernehserie *TKKG* bekannt wurde. Andreas Elsholz galt von 1992 bis 1996 als einer der ersten großen Stars der TV-Soap *GZSZ*. Sein Versuch, als Sänger mit dem Titel »Immer noch verrückt nach dir«, den er 1993 auf dem Halberg vorstellte, zu reüssieren, war dagegen eher bescheiden. Die eigens für die Serie gecastete Band Just Friends konnte da schon mehrere Single-Hits verbuchen. Und *Momo*-Darstellerin Radost Bokel versuchte 2004 vergeblich, auf dem Halberg musikalisch Fuß zu fassen.

In der Teeniestar-Ära Ende der 1990er und Anfang der 2000er Jahre gab es gleich mehrere Sunny Boys, die bei ihren Auftritten laute Kreischattacken und Ohnmachtsanfälle bei ihren weiblichen Fans auslösten. Von Marcel Romanoff und Christian Wunderlich (beide 1999) über Bosson (2001) bis zu Marc Sway (2003) reicht die Liste.

2004 gelang es den Festival-Machern, Jamelia für das Party-Spektakel zu gewinnen. Ihr erster großer Hit hier in Deutschland hieß »Superstar« – und das war die R&B-Röhre in Großbritannien längst: Bereits mit 18 eroberte sie dort zum ersten Mal die

Top fünf der Charts und heimste einen der begehrten Brit Awards als beste Newcomerin ein. Doch zum dauerhaften Superstar reichte es hier für Jamelia nicht.

Auch ein Musikmanager aus dem Raum Mannheim steuerte viele Jahre lang immer wieder seine »jungen Produkte« zum Programm bei. Neben Straight Up zählte dazu die deutsche Boyband Gute Zeiten. Während die Jungs im Vorjahr noch zu den Favoriten der Besucherinnen gehört hatten, warteten ihre Anhänger 1998 vergebens auf sie. Denn die Gruppe hatte sich kurz vor dem Festival schon wieder aufgelöst.

Aus der Schwemme der Casting-Shows Anfang der 2000er Jahre konnten ebenfalls nur wenige Teilnehmerinnen und Teilnehmer im Musikgeschäft längerfristig Fuß fassen. So war unter anderem nach ihrem gefeierten Auftritten bei dem Festival für *DSDS*-Aussteiger Daniel Lopes (2003), die *Popstars*-Bands Overground (2004), Preluders (2004) und Nu Pagadi (2005) schon bald wieder Schluss. Und auch Poptitan Dieter Bohlen schaffte es nicht, sein junges Talent Isabelle, das 2002 auf der **Halberg Open Air**-Bühne stand, zu etablieren.

2008 wurden Aloha from Hell von der damals noch sehr angesagten Teenie-Zeitschrift *Bravo* zum »Newcomer des Jahres« gekürt und durften natürlich auch auf dem Festival nicht fehlen. Inzwischen gibt es die Band längst nicht mehr. Auch die Auflage der *Bravo* ist stark gesunken.

Während Lou Bega nach seinem »Mambo No. 5« zumindest noch ein paar kleinere Erfolge landen konnte, erwiesen sich andere Sommerhit-Lieferanten als Eintagsfliegen. So tanzte zum Beispiel 2005 der Halberg zu der Debütsingle »Dubi Dam Dam« von Banaroo. Doch schon bald interessierte sich kaum noch jemand für die Pop-Gruppe. 2006 wurden Nu Flava als Anwärter für den Sommerhit gehandelt, doch ihr Song zündete nicht.

Bei einer Band irrten sich sogar die Profis und viele ihrer Musikerkollegen: Echt sagten viele eine dauerhafte Karriere voraus. Doch nach einigen Hits wie »Du trägst keine Liebe in dir« Ende der 1990er Jahre sowie erfolgreichen Tourneen und Auftritten – natürlich auch beim **Halberg Open Air** – löste sich die Gruppe auf. Inzwischen ist die Band wieder zusammen, kann aber bisher noch nicht mit neuen Hits an alte Erfolge anknüpfen.

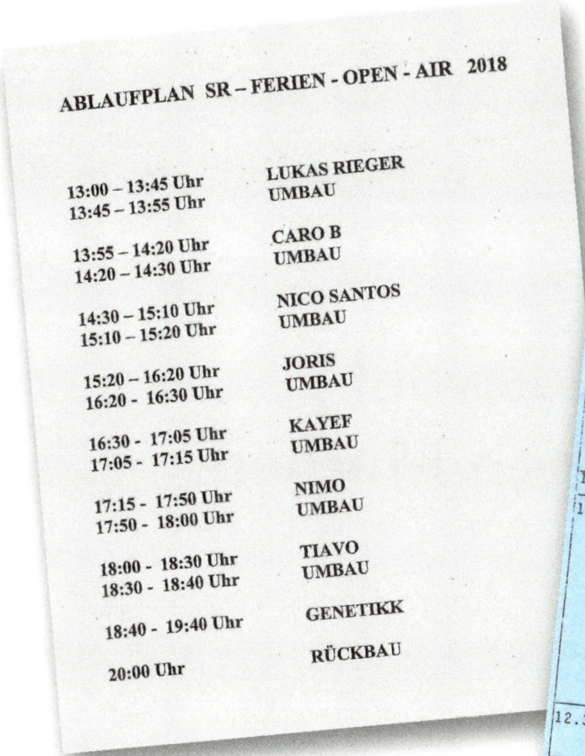

ABLAUFPLAN SR – FERIEN - OPEN - AIR 2018

13:00 – 13:45 Uhr	LUKAS RIEGER
13:45 – 13:55 Uhr	UMBAU
13:55 – 14:20 Uhr	CARO B
14:20 – 14:30 Uhr	UMBAU
14:30 – 15:10 Uhr	NICO SANTOS
15:10 – 15:20 Uhr	UMBAU
15:20 – 16:20 Uhr	JORIS
16:20 - 16:30 Uhr	UMBAU
16:30 - 17:05 Uhr	KAYEF
17:05 - 17:15 Uhr	UMBAU
17:15 - 17:50 Uhr	NIMO
17:50 - 18:00 Uhr	UMBAU
18:00 - 18:30 Uhr	TIAVO
18:30 - 18:40 Uhr	UMBAU
18:40 - 19:40 Uhr	GENETIKK
20:00 Uhr	RÜCKBAU

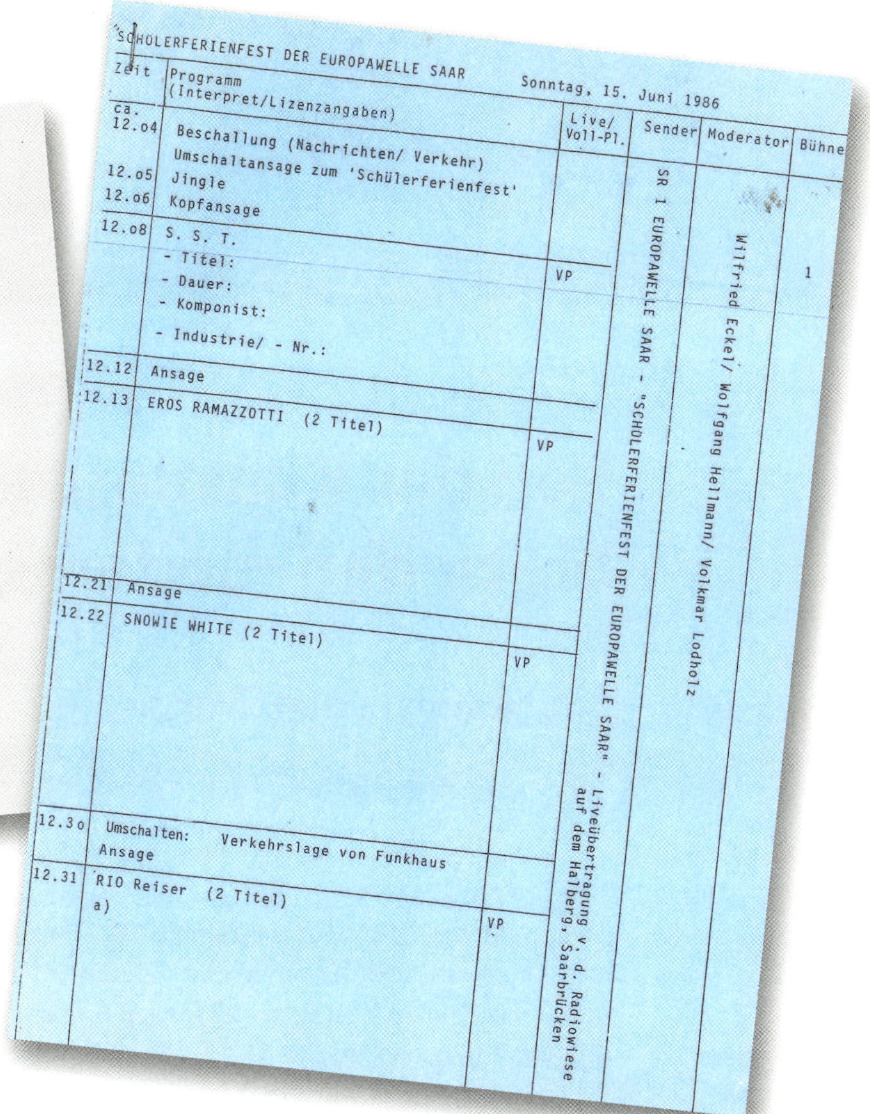

"SCHÜLERFERIENFEST DER EUROPAWELLE SAAR Sonntag, 15. Juni 1986

Zeit	Programm (Interpret/Lizenzangaben)	Live/ Voll-Pl.	Sender	Moderator	Bühne
ca. 12.04	Beschallung (Nachrichten/ Verkehr) Umschaltansage zum 'Schülerferienfest'		SR 1 EUROPAWELLE SAAR - "SCHÜLERFERIENFEST DER EUROPAWELLE SAAR" - Liveübertragung v. d. Radiowiese auf dem Halberg, Saarbrücken	Wilfried Eckel/ Wolfgang Hellmann/ Volkmar Lodholz	
12.05	Jingle				
12.06	Kopfansage				
12.08	S. S. T. - Titel: - Dauer: - Komponist: - Industrie/ - Nr.:	VP			1
12.12	Ansage				
12.13	EROS RAMAZZOTTI (2 Titel)	VP			
12.21	Ansage				
12.22	SNOWIE WHITE (2 Titel)	VP			
12.3o	Umschalten: Verkehrslage von Funkhaus Ansage				
12.31	RIO Reiser (2 Titel) a)	VP			

Ablaufpläne von 2018 und 1986.

Kuriose Acts

Sogar Hollywood-Stars, wie Al Corley aus dem *Denver Clan* und Lucy aus *Dallas*, standen bei dem Festival auf der Bühne und versuchten, eine zweite Karriere im Musikbiz zu starten. Auch Jermaine Stewart, der in den 1980er Jahren mit »Get Lucky« einen Hit landete, blieb den Machern in Erinnerung – allerdings nicht im positiven Sinn. (siehe Kapitel »Moderatoren & Macher – Erinnerungen und Interviews«)

Als Moderatorin Heike Greis 1997 den nächsten Künstler beim **Halberg Open Air** ansagte, ging ein Raunen durch das Publikum. Ein Mann mit schwarzer Hose und roter Jacke betrat die Bühne: »Oh, Mann, ich werd' verrückt, das ist doch Michael Jackson!«, schrie eine Besucherin. Ein professioneller Imitator des »King of Pop« tanzte so täuschend echt zu den Klängen des Jacko-Hits »Bad«, dass noch Stunden später einige Zuschauer glaubten, der US-Star sei persönlich im Saarland gewesen.

Von ihren Fans bejubelt wurden Tic Tac Toe. Das freche Girl-Trio hatte seinerzeit den Hit »Ich find' dich scheiße«. Die Pressevertreter fanden es dagegen sch... limm, dass sie ihnen keine Interviews gaben.

Von der Künstlerauswahl bis zu den modernen Medien

Ein Festival setzt Trends

Auch wenn das Festival schon seinen 40. Geburtstag feiert und bereits mehrere Generationen von Schülerinnen und Schülern dort in ihre Sommerferien gestartet sind – das Open Air ist in seiner langen Geschichte bis heute jung, trendy und am Puls der Zeit geblieben.

Das fängt bereits mit der Künstlerauswahl an, die sich stets an den aktuellen Charts und den Lieblingen der jungen Musikfans orientiert hat. In den Anfangsjahren tummelten sich von Markus bis zur Münchener Freiheit viele Acts der gerade hoch schwappenden Neuen Deutschen Welle auf der Bühne. Auch die damals sehr erfolgreichen Italo-Disco-Vertreter wie Den Harrow und Fancy durften nicht fehlen.

In den 1990er Jahren waren von Mr. President bis Scooter quasi alle Topacts der Eurodance-Ära auf dem Halberg präsent. Zeitweise ist fast die komplette Top 20 der Charts mit dabei gewesen. Die angesagtesten Casting-Show-Stars, wie Bro'Sis & Co., sowie Topboybands, wie Worlds Apart und US 5, heizten den Fans ebenfalls ein.

Nach den in den 1990ern weit verbreiteten Playback-Künstlern gelang dem Festival in den 2000er Jahren frühzeitig der musikalische Wandel von Musik aus der Konserve hin zu echten Liveauftritten der Bands. Internationale Größen, wie Sunrise Avenue, und nationale Abräumer, wie Revolverheld, begeisterten die Besucher mit handgemachter Musik. In den vergangenen Jahren konnten die Macher Hip-Hop- und Rap-Vertreter, wie Sido und Genetikk, sowie Stars aus dem Netz, wie Die Lochis und Mike Singer, verpflichten.

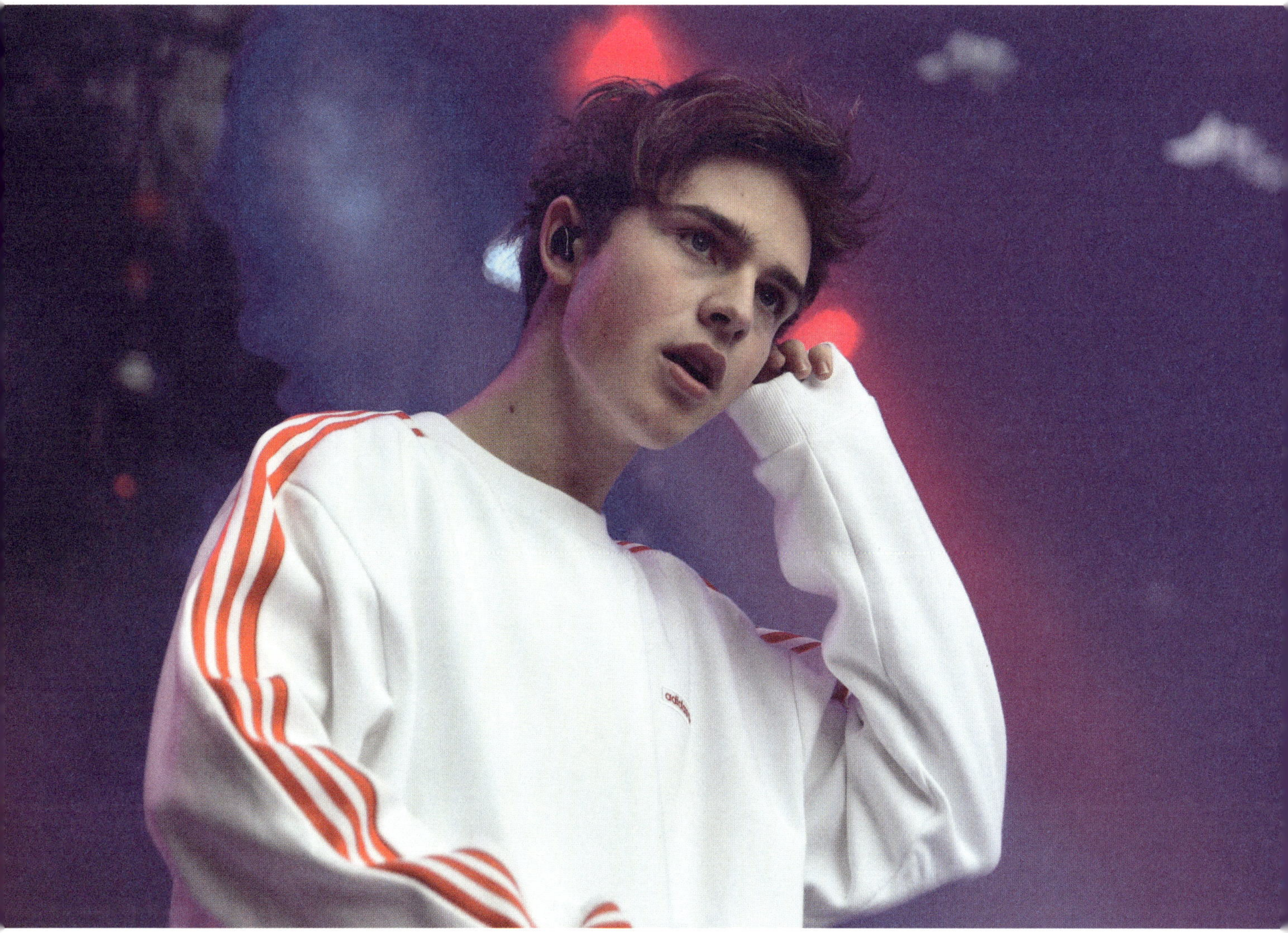

Mike Singer beim Halberg Open Air 2017. © SR/Becker & Bredel

Bei der Künstlersuche habe er traditionell auf die Tipps der Plattenindustrie, aber ebenso auf moderne Internet-Plattformen wie YouTube und die einschlägigen Casting-Shows gesetzt, erklärt der ehemalige SR 1-Musikredakteur Jürgen Bohr. Auch über die Musik hinaus orientierten sich die Verantwortlichen immer an den aktuellen Trends. So holten sie in den 1990ern zum Beispiel den TV-Musik-Sender Viva mit ins Boot, der lange als Inbegriff der Jugendkultur galt. Schon frühzeitig setzte man auf den immer stärker werdenden Internet-Boom. Die Kids konnten virtuell

Fragen an ihre Lieblingsstars stellen. Natürlich durften bei den jüngsten Ausgaben des Festivals Live-Streams ins heimische Wohnzimmer nicht fehlen.

Die Besucherstruktur veränderte sich ebenfalls in den vier Jahrzehnten. In den Anfangsjahren pilgerten oft nur Schülerinnen und Schüler zum Festival, ein Trend der sich in den 90ern vor allem durch das Auftauchen von Teenies in Gruppenstärke noch verschärfte. Mit dem Beginn der Live-Act-Ära zog die Freiluftfete dann zusätzlich auch wieder etwas ältere Musikfans an und bediente damit die ganze Familie, die bereit war, nach Feierabend handgemachte Musik zu genießen.

In den letzten Jahren des **Halberg Open Air** bemerkten die Macher dagegen, dass das Publikum wieder jünger wurde. Auch diese Veränderungen haben die Verantwortlichen frühzeitig erkannt und bei der Programmgestaltung berücksichtigt.

Seit der Premiere des **SR Ferien Open Air St. Wendel** ist umgekehrt erkennbar, dass das Festival – wie zu Beginn seiner langen Geschichte – wieder verstärkt von Familien besucht wird.

Auch in der Zukunft wollen sich die Macher stets an den Trends der Zeit orientieren und dafür sorgen, dass die Kult-Veranstaltung nach dem Motto des Alphaville-Hits für immer jung bleibt.

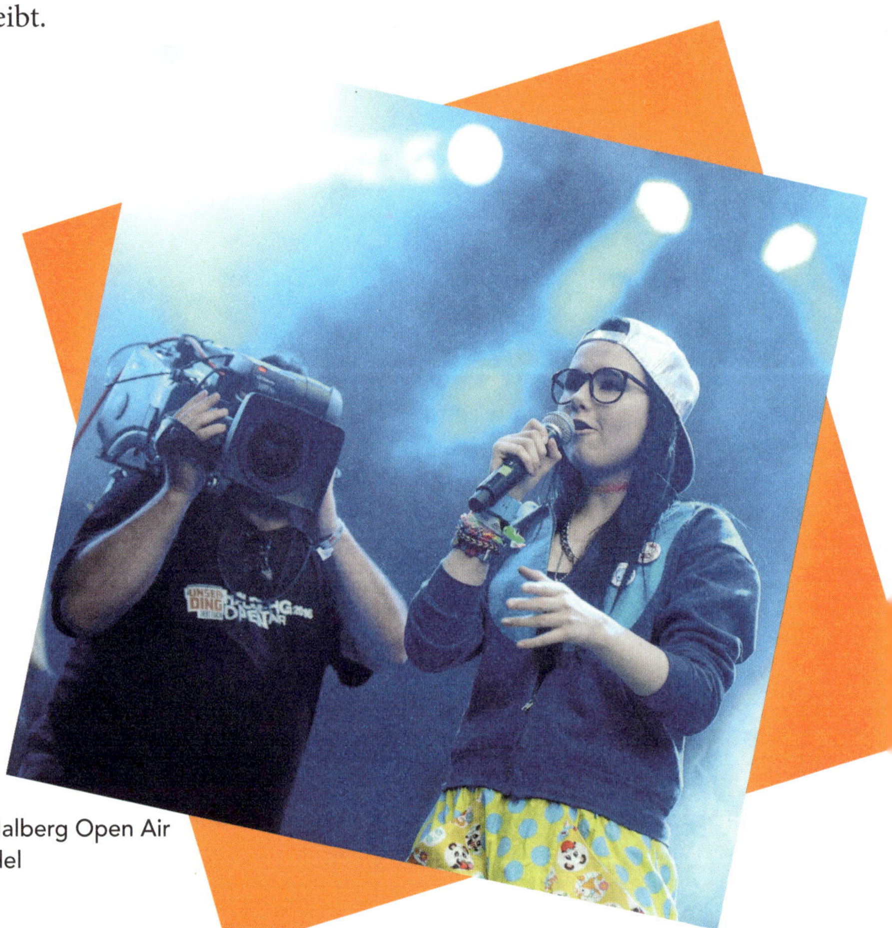

Sängerin Jamie Lee beim Halberg Open Air 2016. © SR/Becker & Bredel

Moderatoren und Macher

Erinnerungen und Interviews

Gerd Arend

Gerd Arend war bis zu seiner Pensionierung über 30 Jahre beim SR für die Organisation, künstlerische Besetzung und Durchführung der öffentlichen Veranstaltungen zuständig. Der ehemalige Redakteur gilt als einer der Gründungsväter des Festivals.

Stellen Sie sich bitte zunächst kurz vor.
Ich war von 1967 bis 2006 beim SR. Nach meiner Zeit als freier Mitarbeiter war ich als erster Redakteur und Produktionsleiter beschäftigt. In dieser Funktion war ich für alle öffentlichen Veranstaltungen zuständig. Das war damals unter anderem die »Disco Top Ten« mit Manfred Sexauer, die wir im Jahr 52 Mal produzierten. Die Sendung fand in Diskotheken in ganz Deutschland statt. Es wurde viel Geld für die SOS-Kinderdörfer gesammelt. In 30 Jahren über zehn Millionen DM. Unterwegs waren wir auch mit der Sendung »Superbox« und mit dem Radio Mobil bei vielen Sonderveranstaltungen, auch außerhalb unseres Sendegebietes, zum Beispiel auf den Weihnachtsmärkten in Zweibrücken und Pirmasens. Auch der »Premabüba« und viele andere Veranstaltungen gehörten zu meinen Aufgabengebieten.

Wie sind Sie zu dem Festival gekommen?
Am ersten Ferientag 1980 saßen wir, also Herrmann Stümpert, Jürgen Köster und ich, in der Kantine zusammen und dachten darüber nach, ob wir etwas für Kinder

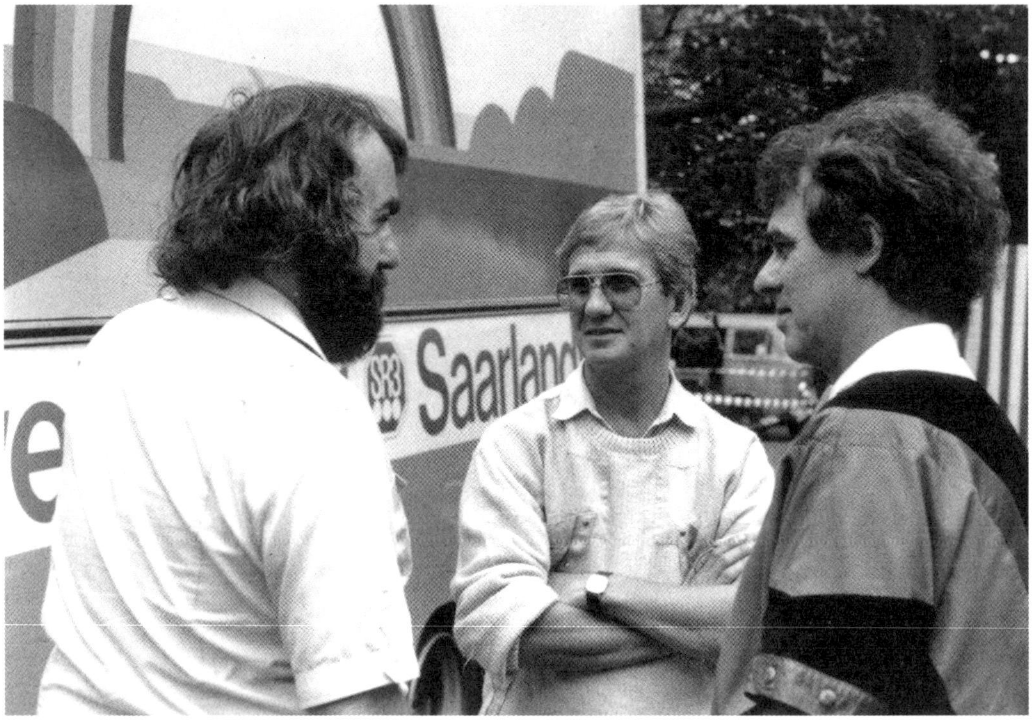

Herrmann Stümpert, Gerd Arend und Bernd Duszynski (v.l.), Schülerferienfest 1985.

tun könnten, die nicht in Urlaub fahren können. So entstand das »Schülerferienfest«, um das ich mich redaktionell kümmern sollte.

Welche Aufgaben haben Sie übernommen?
Meine Aufgabe war es damals, mich um Standort, Technik und Künstler ohne größere Kosten zu kümmern. So fand das erste »Schülerferienfest« auf dem St. Johanner Markt statt. Das war damals ein lockeres Showprogramm von 10.00 Uhr bis 18.00 Uhr. Wir wollten ein Unterhaltungsprogramm ohne Eintritt mit Ted Herold, »Hot Shot« Tommy Ohrner und anderen anbieten. Natürlich wollten wir mit dieser Veranstaltung auch neue Hörerinnen und Hörer gewinnen und unseren Sender näher vorstellen.

Wegen der Lautstärke waren wir auf dem St. Johanner Markt nicht allzu sehr willkommen. Daher zogen wir uns auf die Radiowiese auf dem Halberg zurück. Dort wurde das »Schülerferienfest« immer beliebter und zog auch immer mehr Kids an. Am Anfang war es mehr ein Familienfest, das von Eltern mit ihren Kindern besucht wurde. Es gab Essen und Getränke.

Wie hat sich das Festival im Laufe der Zeit verändert?
Als das Fernsehen dazukam, wurde das Schülerferienfest immer größer, professioneller und damit auch teurer. Dazu kam dann noch unser Jugendsender UNSERDING. Und aus dem »Schülerferienfest« wurde das »Halberg Open Air«. Das Team wurde erweitert. Jürgen Purkarthofer kümmerte sich um die Infrastruktur, Jürgen Bohr um die Künstler – und ich um die restlichen redaktionellen Tätigkeiten.

Welche Künstler sind Ihnen besonders in Erinnerung geblieben?
Viele Interpreten waren alte Bekannte aus der »Disco Top Ten«, wie zum Beispiel Pur, Wolfgang Petry und andere. Außerdem hatte ich gute Beziehungen zu Frank Farian, der mir Milli Vanilli, damals Top-Interpreten aus den USA, schickte.

Haben Sie eine Lieblings-Anekdote?
Mit der Verpflichtung von Gil kam mein alter Freund Abi Ofarim, der Vater von Gil, auf den Halberg. Der machte mir damals den Vorschlag, einmalig Vater und Sohn die »Goldene Europa« zu verleihen, was ich lächelnd zur Kenntnis nahm.

Was wünschen Sie dem Festival für die Zukunft?
Ich wünsche dem Festival, dass es wieder dorthin zurückkommt, wo es hingehört: auf den Halberg – mit einer besseren Kostenverteilung zwischen *SR* und der Stadt. Das betrifft vor allem die Feuerwehr, die Saarbahn und das Deutsche Rote Kreuz. Denn das »Halberg Open Air« ist eine Werbung für das Saarland.

Jürgen Bohr

Er holte Chart-Stars, wie Sunrise Avenue, Lena und The Boss Hoss nach Saarbrücken, entdeckte bereits vor ihrem großen Durchbruch Bands, wie Tokio Hotel und Silbermond, und versüßte damit den saarländischen Kids den Start in die Sommerferien: Der ehemalige SR 1-Musik-Redakteur Jürgen Bohr verpflichtete bis zu seiner Pensionierung die Künstler, die beim traditionsreichen Festival auf der Bühne gestanden hatten.

Stellen Sie sich bitte zunächst kurz vor.
Ich war bis zum Renteneintritt im April 2020 beim *SR* beschäftigt. Ich habe als Student bei SR 1 in der Redaktion »Musik und Unterhaltung« angefangen und wurde 1991 als Musikredakteur fest angestellt.

Mitte der 90er-Jahre wurde ich mit meinem Kollegen Wolfgang Hellmann zum Musikchef von SR 1 berufen. Nach dem plötzlichen Tod von Wolfgang 2001 war ich noch einige Jahre alleine in dieser Position tätig und kümmerte mich ab Mitte der 2000er dann gezielt um alle Außenveranstaltungen von SR 1, unter anderem auch um das »Halberg Open Air«.

Wie sind Sie zu dem Festival gekommen?
Ich wurde von dem damaligen Unterhaltungschef Hermann Stümpert 1983 gefragt, ob ich Lust hätte, beim Ferienfest mitzuarbeiten. Habe gerne zugesagt, fand das spannend.

Welche Aufgaben haben Sie übernommen?
Ich wurde als Bühnenmanager eingesetzt und war für die Künstler auf der Bühne zuständig.

Welche Ziele hatten Sie?
Ich hatte Lehramt studiert und wollte mir ursprünglich nur etwas Geld hinzuverdienen. Nach Beendigung meines Studiums entschied ich mich dann doch dafür, beim SR zu bleiben, fand die Arbeit in der Musikredaktion spannend und sehr abwechslungsreich.

Was assoziieren/verbinden Sie mit dem Festival?
Glückliche Schüler und Schülerinnen, tolle Stimmung, interessante Künstler, ein sicheres Festival, das größtes Schülerfestival im Südwesten und ein fester Termin im Kalender der Schüler und Schülerinnen.

Wie hat sich das Festival im Laufe der Zeit verändert?
Die Erwartungshaltung des Publikums hat mich selbst verändert. Zuerst war es fast egal, wer auf der Bühne stand. Die Schülerinnen und Schüler wollten den Beginn der Sommerferien feiern, waren gut drauf und feierten sowohl die bekannteren als auch die weniger bekannten Künstler.

Das änderte sich in den 1990er Jahren: Plötzlich wollte man mehr Chartstürmer sehen, die einzelnen Musikrichtungen mussten mit abgebildet werden. Während zu Beginn sehr viele Künstler mit Playback und Halbplayback auftraten, kamen später auch Live-Künstler zum Zuge. Mit dem Programmchef Christian Langhorst wurde das »Schülerferienfest« zu einem reinen Live-Festival.

Während früher bis zu 30 Bands und Künstler an zwei Tagen auf den Bühnen standen, waren es bei den Live-Auftritten täglich nur noch maximal acht Bands.

Zudem wurde das Festival immer größer und professioneller.

Erinnern Sie sich noch an besondere Gegebenheiten?
Da gibt es im Laufe der Jahre natürlich sehr viele Besonderheiten. Während wir in den vielen Jahren des »Halberg Open Airs« ganz viel Glück mit dem Wetter hatten – meist hatten wir sonniges Wetter – gab es eines, bei dem Sintflut ähnliche Regenfälle für eine längere Unterbrechung sorgten. Lange sah es so aus, als könnten wir nicht weiter machen. Das Dach der Bühne war durch die Wassermassen beschädigt und hing durch das Gewicht ziemlich durch. Einige Verstrebungen hatten sich durch das Gewicht der Wassermassen verbogen.

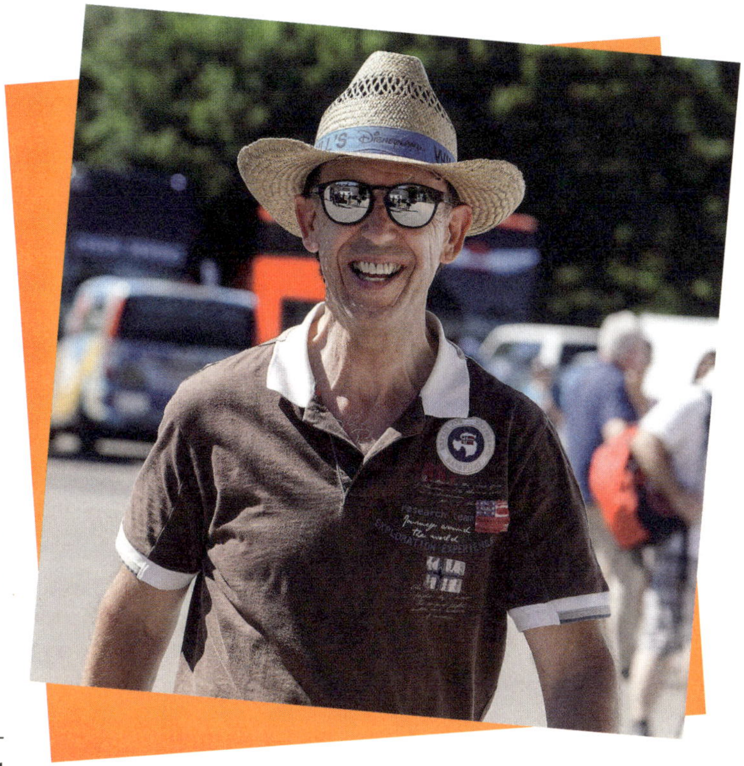

Jürgen Bohr auf dem SR Ferien Open Air St. Wendel 2019. © SR/Dirk Guldner

Mithilfe der Feuerwehr gelang es nach einigen Stunden, das Dach vom Wasser zu befreien. Und da es nach zwei Stunden aufhörte zu regnen und zu stürmen, konnten wir mit einer Pause von etwa drei Stunden mit dem Festival fortfahren. Das Open Air wurde um zwei Stunden verlängert. Die Bands verkürzten ihren Auftritt um zehn Minuten.

Haben Sie eine Lieblings-Anekdote?
Ich habe schon viele Anekdoten erzählt, möchte mich nicht wiederholen. Und mir fällt auch noch eine neue ein: Wir hatten die beiden Jungs von Right Said Fred aus England verpflichtet. Diese Künstler hatten gerade einen weiteren Hit in den Charts, der auch in Deutschland nach oben schoss. Als sie auf der Bühne standen, wunderte ich mich, dass dieser neue Song einfach nicht kam.

Nach ihren älteren Hits verließen sie nach einer Dreiviertelstunde die Bühne, ohne ihren neuen Song gespielt zu haben. Sie blieben hinter der Bühne angespannt stehen und stapften nach einigen Minuten verärgert von der Bühne.

Was war passiert? Sie wollten ihren neuen Hit als Zugabe spielen, aber die Schüler kannten dieses Ritual nicht und riefen daher auch nicht nach einer Zugabe. So blieb der neue Hit ungesungen – und Right Said Fred verließen dann sehr schnell und verärgert das Festival-Gelände.

Welche Künstler sind Ihnen besonders in Erinnerung geblieben?
Natürlich die besonders bekannten Künstler, die den Erfolg der Party erst ermöglicht haben. Es war toll, dass wir die Ärzte und die Toten Hosen auf dem Halberg hatten. Culcha Candela hatten es mit ihrem Auftritt geschafft, den Halberg so zu füllen, dass man aus Sicherheitsgründen das Gelände sperren musste und nicht mehr alle Schüler hochlassen konnte.

DJ Ötzi hat mit dem »Anton aus Tirol« und weiteren Hits die Stimmung zum Kochen und das Publikum dazu gebracht, ihre Schuhe auszuziehen und in die Luft zu werfen. Anschließend suchten viele ihre Schuhe…

Silbermond, Tokio Hotel, Revolverheld, BossHoss, Johannes Oerding, Wincent Weiss oder Max Giesinger sind alles Künstler, die dem jungen Publikum viel Freude bereitet haben. Auch die angesagten Rapper haben einen super Job gemacht – Sido, Marteria, RAF Camorra, um zumindest drei Acts zu nennen.

Was wünschen Sie dem Festival für die Zukunft?
Ich wünsche diesem traditionellen Festival und den saarländischen Schülern und Schülerinnen, dass es auch in Zukunft aus den Terminkalendern zu den Sommerferien nicht verschwindet, sondern weiterhin eine gute Rolle im Festivalsommer spielt!

Dr. Harald Klein

Von den Anfragen nach den heiß begehrten Backstage-Ausweisen über die Wünsche der Künstler bis hin zu Sicherheitsfragen: Bis er 2014 in seinen Ruhestand ging, war Dr. Harald Klein 20 Jahre lang Festivalleiter des Open Airs.

Stellen Sie sich bitte zunächst kurz vor.
Im Jahr 1994 wurde ich von Intendant Dr. Manfred Buchwald als Koordinator des Projekts »SR-Jugendradio« zum SR berufen. In Zusammenarbeit mit Andreas Weber habe ich drei Jahre lang das Projekt begleitet. Als ich damals zum ersten Mal die unglaublich aufwendigen Aufbauarbeiten und die Umsetzung des Schülerferienfests miterleben durfte, wurde mir klar, dass diese Veranstaltung ein entscheidendes Marketing-Instrument ist, um als Sender Kontakt mit Jugendlichen aufzunehmen.

Nach meiner Festanstellung als Leiter der SR-Unternehmensplanung, -Medienforschung und -Online habe ich diese Aktivitäten intensiviert, bis mich Intendant Fritz Raff zum Festivalleiter berief. Von dieser Zeit an war die Organisation des

»Halberg Open Air« eine meiner Hauptaufgaben im Bereich des Event-Managements.

Wie sind Sie zu dem Festival gekommen?

Aufgrund des drohenden Wegfalls des ARD-Finanzausgleichs stand das »Schülerferienfest« Anfang der 90er Jahre beim SR auf der Liste der zu streichenden Positionen. In der wöchentlichen SR-Direktoren-Konferenz durfte ich meine Bedenken für den Wegfall des Festivals vorbringen und erläuterte zeitgleich meine neuen Ideen zur Fortführung des einmaligen Festivals. Dieses sollte als Marketinginstrument für die künftige Ansprache des SR-Jugendsenders stehen und eröffnete die Möglichkeit einer direkten Ansprache junger Publikumsströme.

Folgendes wurde beschlossen:

1) Eine neue Bühne mit Überdachung und besserer Sound-Anlage. Bis zu diesem Zeitpunkt wurde mit einer unbedachten Bühne des Tochterunternehm*ens* Telefilm gearbeitet, die den modernen Anforderungen nicht mehr entsprach.

2) Die Einführung eines Backstage-Bereiches, um zum einen den Künstlern vor ihren Auftritten einen abgesicherten Aufenthaltsraum zu gewähren, andererseits aber auch die Möglichkeiten für »Meet & Greets«, exklusive Fan-Treffen mit Künstlerinnen und Künstlern, zu eröffnen. Dabei gab es eine Einbindung von Sponsoren.

3) Der Aufbau eines Sponsorings, um die steigenden Kosten des Festivals abzufedern.

4) Die intensive Bewerbung des Festivals in allen Medien – auch mit neuen Medienpartnern. Zu diesen gehörten neben der *SZ* auch der TV-Musiksender VIVA aus Köln – sowie die Jugendzeitschrift Mädchen.

5) Ein Backstage-Chat: Das Projekt »SR-Jugendradio«, das sich zunächst »Pipeline« nannte, stellte mit seinen Schülerzeitungs-Redakteurinnen und -Redakteuren die Crew des Projekts. Die Telekom stellte einen Truck zur Verfügung, der mit Internetanschlüssen versehen war. In einem Bürocontainer im Künstler-Backstage-Bereich wurde das Gegenstück installiert. Besucher des Festivals konnten über die direkte Leitung vom Außengelände mit den Künstlern im Backstage-Bereich chatten – ein absolutes Novum in jener Zeit!

6) Die Gestaltung eines Fun-Parks, einer Action-Zone mit Besucher-Catering und zahlreichen Attraktionen, die zum Teil jährlich wechselten wie Inlineskaten, Climbing, Fahrsimulatoren, der »Mädchen-Bus« mit Styling-Tipps für Mädchen, aber auch Präventions-Maßnahmen gegen Rauchen, Alkohol und Drogen. Auf dem Außengelände durften keine Zigaretten und Alkohol verkauft werden.

Welche Aufgaben haben Sie übernommen?

Zunächst habe ich als SR-Marketingbeauftragter die Organisation von Marketing und Werbung für das Festival übernommen. Da es anfänglich den Jugendsender noch nicht gab, mussten sämtliche sendetechnischen Angelegenheiten im Radio über SR 1 beziehungsweise im TV über das SR Fernsehen abgewickelt werden. SR 1 stellte normalerweise auch die Moderatoren. Anfang der 1990er waren das noch Heike Greis und Eberhard Schilling. Mit der Aufnahme der Sendetätigkeit von UNSERDING liefen sämtliche Sendungen über den neuen Jugendsender, der von nun auch die Moderatorinnen und Moderatoren stellte.

Welche Ziele hatten Sie?
Unsere Absicht war es, die jugendliche Zielgruppe, die der SR verloren hatte, wieder stärker an den Sender zu binden – praktisch für Nachschub im Segment Radio zu sorgen. Mit UNSERDING und dem jährlichen Festival sowie im Verbund mit zahlreichen Außen-Events, wie zum Beispiel einer Inlineskater-Tour in größeren Städten oder der »Arschbomben«-Tour durch die Freibäder des Saarlandes, gelang die direkte Ansprache der Jugendlichen. Zudem wollten wir das Festival überregional bekannter machen.

Was assoziieren/verbinden Sie mit dem Festival?
Ich persönlich verbinde mit dem Festival besonders schöne Erinnerungen. Ich verdanke ihm unvergessliche Momente und unzählige Begegnungen mit Künstlerinnen und Künstlern.

Wie hat sich das Festival im Laufe der Zeit verändert?
Es ist gelungen, aus einem regionalen »Schülerferienfest« ein viel beachtetes »Halberg Open Air« zu machen, das über die Grenzen des Saarlandes, vor allem aber auch in Künstlerkreisen, einen beachtlichen Stellenwert eingenommen hat.

Erinnern Sie sich noch an besondere Gegebenheiten?
Unvergesslich: Die schlotternden Knie von Bill beim Auftritt von Tokio Hotel, der noch nie zuvor vor so vielen Menschen aufgetreten war. Immer noch lebhaft in Erinnerung geblieben ist mir der Ausrutscher von Shona Edwards, der damals blutjungen Sängerin der Band 4 the Cause, die im strömenden Regen zur Generalprobe über ausgelegte Bretter im völlig zugeschlammten Backstage zur Bühne balancieren musste. Dabei verlor sie das Gleichgewicht und fiel mitsamt ihrer Bühnengarderobe in den Schlamm. In Windeseile brachten wir sie in die City, um sie neu einzukleiden. Pünktlich zum Auftritt erschien sie mit strahlendem Lächeln. Und der Supergau für jedes Festival: Stromausfall des stärksten Generators. Mitten in der Show gingen sprichwörtlich sämtliche Lichter aus. Hilfe kam sofort und

vollkommen unbürokratisch: Der technische Geschäftsführer der Stadtwerke Saarlouis, Dr. Ralf Levacher, war zufälligerweise vor Ort und alarmierte seine Notfallkollegen. Mit Blaulicht wurde auf einem riesigen LKW ein Ersatzaggregat aus Dillingen herbeigeschafft und mit einer wahren Meisterleistung an Schnelligkeit in Betrieb genommen. Nach einer Stunde konnte der volle Betrieb wieder aufgenommen werden.

Haben Sie eine Lieblings-Anekdote?
Mein Freund Jürgen Bohr, seinerzeit Chef der SR 1-Musikredaktion und für das Festival über Jahrzehnte der Verantwortliche für die Buchung von Künstlern, überraschte mich im Januar 1999 mit einem Anruf: »Komm rüber zu mir ins Büro und höre dir ein Lied an. Das könnte ein Sommerhit werden.« Schnell waren wir uns einig: Das Ding hat das Potential zu einem Sommerhit. Was kostet der Interpret, wenn wir ihn jetzt buchen? Nach einem kurzen Telefonat stand fest, dass wir ihn fest für beide Festivaltage gebucht haben – und das zu sehr günstigen Konditionen, denn den Kerl kannte noch niemand. Wie heißt er noch? Lou Bega. Und der Titel? »Mambo Nr. 5«.

Im Mai 1999 stieg der Titel in die deutschen Charts ein – aber nicht nur in Deutschland. In der ganzen Welt war der Gute-Laune-Song die Nummer Eins, als das Festival im Sommer stattfinden sollte. Wir jubelten: Wir haben die Nummer Eins der Welt für zwei Tage auf dem Festival!

Zehn Tage vor seinem Auftritt signalisierte uns das Management, dass Lou Bega nicht kommen werde. Wir pokerten: »Wenn er nicht kommt, sorgen wir dafür, dass alle ARD-Radiostationen das Lied aus dem Programm nehmen.« Kompromissvorschlag des Managements: »Besorgt uns weitere Auftritte in der Umgebung«. Trier, Stuttgart und Mannheim waren sofort bereit, Lou Bega zu verpflichten – Und wir hatten an beiden Festivaltagen den Welthit live auf der Bühne.

An eine ganz andere Anekdote erinnere ich mit Schmunzeln: Auf dem Höhepunkt des »Boygroup-Fiebers« kamen die Kollegen der SZ auf die verrückte Idee, zu testen, was passiert, wenn man ein paar gut aussehende Jungs auf der Straße aufliest, sie von einem Styling-Team äußerlich in »Stars« verwandelt und mit einer Luxuslimousine zum »Halberg Open Air« chauffiert. Bei der Ankunft der vier Nobodies stürmten vor allem die weiblichen Besucher schreiend den Wagen. Umringt von kreischenden »Fans« verteilten die Jungs Autogrammkarten der Band »Fake«, ließen sich mit den Mädchen fotografieren – Heute würde man Selfie dazu sagen – und verschwanden nach kurzer Zeit ohne Bühnenauftritt wieder von der Bildfläche.

Welche Künstler sind Ihnen besonders in Erinnerung geblieben?
Das niederländische Duo Charly Lownoise & Mental Theo war Anfang der 1990er der Motor, der die Festivalstimmung regelrecht zum Kochen brachte. Ihre Show war derart »impulsgeladen«, dass die jungen Besucher und Besucherinnen in Ekstase gerieten. Das Deutsche Rote Kreuz und unsere Helfer hatten alle Hände voll zu tun, die hyperventilierenden Fans ärztlich zu versorgen. Wenn ich während des Auftritts hinter der Bühne stand und die brodelnden Menschenmassen beobachtete, konnte ich das Gefühl, die Spannung zwischen Publikum und Künstlern spüren. Gänsehautfeeling noch heute – fast 30 Jahre später!

Was wünschen Sie dem Festival für die Zukunft?
Das »Halberg Open Air« und ehemalige Schülerferienfest ist seit mehreren Jahren Vergangenheit. In St. Wendel findet die Nachfolgeveranstaltung auf einem Sportplatz statt, der eine komplett andere Atmosphäre ausstrahlt. Es bleibt zu hoffen, dass die Verantwortlichen dem Nachfolge-Event weiter eine Chance geben. Denn es ist und war das einzige Festival in unserer Region, das Jugendliche – meist Schülerinnen und Schülern – ohne Eintritt einen Tag Spaß, Freude und vor allem Musik zum Beginn der saarländischen Sommerferien bietet.

Bernd Laible

Die Aufgabe von Bernd Laible ist es, das Festival, das die Kollegen in den Redaktionen geplant und vorbereitet haben, im wahrsten Sinne des Wortes gut über die Bühne zu bringen. Seit rund 25 Jahren ist er als Aufnahme- und Veranstaltungsleiter im Einsatz.

Stellen Sie sich bitte zunächst kurz vor.
1995 begann mein »SR-Leben« als Hospitant, Praktikant und redaktionelle Hilfskraft, nachdem ich bereits andere »Leben« als Lehrling, Zeitsoldat, Waldarbeiter, LKW- und Busfahrer, Reiseleiter, DJ und ein wenig als Globetrotter gelebt hatte. Somit war ich also doch nicht mehr ganz jung und auch damals schon nicht mit den idealen Voraussetzungen für einen Job beim SR ausgestattet. Heute ist es wahrscheinlich noch sehr viel schwieriger als bereits damals, als Quereinsteiger Fuß fassen zu dürfen. Aber ich bekam meine Chance und durfte in der Abteilung »Unterhaltung/Musik« bei SR 1 mitarbeiten, meine Leidenschaft für Musik einbringen – und ich

hoffe doch, dem in mich gesetzten Vertrauen der vielen mich unterstützenden Kollegen damals bis heute, gerecht geworden zu sein.

Nach vielen Stationen von Redaktion bis Regie, einen kurzen Ausflug in die Moderation und immer wieder Aufnahmeleitungen bin ich heute festes Mitglied der »ARD-Trailer-Redaktion« und für den SR als einer der Veranstaltungsleiter tätig, betreue unter anderem die »SR1-Unplugged«- und UNSERDING-Radiokonzerte, sonstige Veranstaltungen und Festivals, wie natürlich auch das »Halberg Open Air« beziehungsweise jetzt »SR Ferien Open Air St. Wendel«. Corona hat uns nun gerade etwas ausgebremst, aber ich hoffe und freue mich jetzt schon auf die nächsten Konzerte – und natürlich auch ganz besonders auf die Jubiläumsausgabe des »Schülerferienfestes«.

Wie sind Sie zu dem Festival gekommen?
Ich glaube, gleich 1995 oder 1996 durfte ich als Helfer für den damaligen Aufnahmeleiter Hörfunk arbeiten. Das war mein erstes großes Festival aus der Backstage-Perspektive. Ich flitzte zwischen den Künstler-Garderoben beziehungsweise dem Backstage-Bereich und der Bühne hin und her, um die Musiker pünktlich zur Bühne zu bringen. Außerdem half ich der Feuerwehr im Bühnengraben, erschöpfte Fans aus der Menge zu ziehen und sie den Sanitätern zu übergeben. Es war damals ein sehr heißer Tag. Boygroups waren gerade schwer angesagt. Und die Fans kreischten sich wortwörtlich bis zur Ohnmacht. Ich stand ja direkt vor den Boxen an der Bühne und weiß heute noch, dass das Kreischen vor mir und um mich lauter war als die Musik hinter mir.

Zwei irre Tage, aber es war absolut mein Ding! Anscheinend sahen das andere auch so. Denn schon im nächsten Jahr war ich es, der die Künstler an der Bühne in Empfang nahm.

Welche Aufgaben haben Sie übernommen?
Als Aufnahmeleiter Hörfunk bestand die Aufgabe darin, mit dem Kollegen vom SR Fernsehen den Ablauf abzustimmen. Da schwenkte der Riesenkran vor der Bühne, etliche Kamera-Leute mussten positioniert werden. Und erst wenn dann Ton und Licht und Kameras bereit waren, konnte ich nach Absprache mit dem Stage-Manager, der für den technischen Bereich zuständig war, die Bühne für Moderatoren und Künstler freigeben. Das hat manchmal schon eine Weile gedauert, bis es im Programm weiterging.

Heute haben wir bei den Veranstaltungen zwar nicht mehr so viel mit Fernsehen zu tun, aber dafür gibt es genug andere Dinge, auf die geachtet werden muss: Was früher die Zeit für TV-Einstellungen kostete, sind heute die Bühnenumbauten.

Damals liefen da Dutzende von Acts über die Bühne. Meist Halb- oder Vollplayback, da gab es kaum Umbau. Das hat sich doch sehr geändert.

Heute spielen die Bands ausschließlich live und haben manchmal LKW-Ladungen an Material aufzubauen. Das kann dann auch mal spannend werden, wenn aus irgendwelchen Gründen vielleicht ein Künstler zu spät kommt und wir schnell umdisponieren müssen: Können wir da einen anderen vorziehen? Ist das bühnentechnisch gesehen möglich? Wäre überhaupt schon ein anderer bereit? Muss ich dann womöglich den Auftritt etwas kürzen, weil mir die Zeit wegläuft? Und welchen Titel lassen wir weg? Was sagen Künstler und Manager dazu?

Aus dem Aufnahmeleiter oder der Ablauf-Regie ist mittlerweile zwar der Veranstaltungsleiter geworden, aber im Prinzip ist meine Aufgabe nach wie vor, die Veranstaltung, die die Kollegen in den Redaktionen geplant und vorbereitet haben, gut über die Bühne zu bringen. Im wahrsten Sinne des Wortes.

Welche Ziele hatten Sie?
Eigentlich die, die ich immer noch habe: Meine Aufgabe sehe ich darin, die besten Voraussetzungen zu schaffen, damit sich sowohl die Künstlerinnen und Künstler als auch die Kolleginnen und Kollegen bei uns wohlfühlen. Wer sich gut fühlt, der arbeitet auch gerne und gut. Und wenn das Publikum das auch spürt und honoriert, ist das doch das Beste. Davon profitieren wir alle!

Was assoziieren/verbinden Sie mit dem Festival?
Sommer, Ferien, glückliche Kids! Und immer wieder überraschend tolle Musiker, die man selbst vielleicht bis dahin noch gar nicht so auf dem Schirm hatte.

Wie hat sich das Festival im Laufe der Zeit verändert?
Früher hatten wir in zwei Tagen quasi die Top 40 der aktuellen Charts auf der Bühne. Meist nur ein Song, dann runter und Platz für den nächsten Act. Viele Playback-Shows.

Heute haben wir viel weniger Künstler und nur noch einen Festival-Tag. Aber inzwischen müssen die Bands live spielen. Das hat nicht nur für uns als Veranstalter einiges verändert, sondern auch die Anforderungen an die Künstler. Auch die Gewohnheiten des Publikums haben sich geändert. Ich würde den Wandel als gelungen bezeichnen, was natürlich zum großen Teil dem ausgewogenen Musikprogramm unseres damaligen Musik-Chefs Jürgen Bohr und dessen Händchen dafür, welche Bands im Sommer angesagt sein könnten, zu tun hatte.

Verändert hat sich natürlich auch vieles im Umfeld der Veranstaltungen. Wenn ich an mein erstes »Halberg Open Air« denke – mit den kreischenden und kollabierenden Teenagern. Undenkbar in dieser Form in Post-»Love-Parade«-Zeiten! Heute sind die Sicherheitsvorgaben viel strenger geworden. Das Festival hat irgendwie mit den Jahren seine Unschuld verloren.

Erinnern Sie sich noch an besondere Gegebenheiten?
Gerade jetzt in der Rückschau fallen mir so viele kleine und große Geschichten ein: 2011 war wohl das für mich auch unheimlichste Festival. Obwohl wir meistens mit dem Wetter Glück hatten – da hat es uns richtig erwischt: In kürzester Zeit brach ein dermaßen starker Wolkenbruch über uns herein, dass sich im Dach der Bühne eine große Wassertasche bildete und wir sofort die Bühne sperren und das Publikum um Abstand bitten mussten. Dazu die Sturmböen. Das war wirklich nicht harmlos! Die Feuerwehr musste anrücken und das Wasser absaugen. Zeitweise stand das Festival kurz vor dem Abbruch.

Toll war aber auch, dass nach einer mehrstündigen Zwangspause fast alle Bands einen oder sogar mehrere Titel ihrer Setlist strichen, damit alle noch in der nun doch sehr begrenzten Zeit auftreten konnten. Nur ein damals gerade durchstartender Rapper meinte, er müsse nicht nur nichts abgeben, sondern auch noch länger auftreten, als vorab generell vereinbart.

Das fand ich damals wie heute unfair gegenüber seinen Kollegen und hat mich bis heute nicht zu seinem Fan werden lassen – egal, wie sympathisch er normalerweise auch sein mag. Das ist irgendwie richtig hängen geblieben.

Haben Sie eine Lieblings-Anekdote?
DJ Ötzi! Er war ja sogar zwei Mal auf dem »Halberg Open Air«. Schon beim ersten Mal hatte er den Berg gerockt und nun ein Jahr später, 2002, sollte er den krönenden Abschluss des Tages bilden. Praktisch den »Headliner« – auch wenn wir ja immer nur Headliner hatten.

Nun verspätete sich aber der Künstler, der vor ihm auftreten sollte, wegen einer Flugzeug-Verspätung, oder was auch immer – und ich hatte das Problem, dass mir die Zeit weglief. Denn auf dem Halberg gab es immer eine Zeit, zu der das Festival beendet sein sollte – und kein Open End.

Ich ließ also anfragen, ob Gerry seinen Auftritt vorziehen könnte – und bekam eine glatte Absage! Eine absolute Weigerung: Er mache den Schluss, niemand nach ihm – und basta!

Ich hatte damals mit ihm schon mehrere Konzerte organisiert. Wir verstanden uns recht gut. Ich ging also zu seinem Künstler-Container und habe mit Engelszungen auf ihn eingeredet, während auf der Bühne das Programm weiterlief – und mit ihm meine Zeit.

Ich versicherte ihm, dass nach ihm ja niemand mehr abliefern könne, dass der nachfolgende Künstler keine Chance hätte. Was soll ich sagen? Er meinte irgendwann, dass er mir ja ohnehin nichts abschlagen könne, ging auf die Bühne und legte einen Auftritt hin, bei dem das Publikum ausrastete. Dem Zu-Spät-Gekommenen, dessen Name mir leider nicht mehr präsent ist, blieb trotz guter Show wirklich nur noch der Kehraus.

Immer, wenn ich heute DJ Ötzi im TV oder in der Zeitung sehe, fällt mir diese kleine Episode ein. Gerry sagte mir damals auch, dass sein Erfolg höchstwahrscheinlich nur zwei Jahre dauern würde. Und diese müsse er nutzen. Ich freue mich, dass er sich damals geirrt hat – und ich recht behalten habe!

Welche Künstler sind Ihnen besonders in Erinnerung geblieben?
So viele! Die Künstlerin, die fast zu spät kam, weil sie nicht vom richtigen Fahrzeugmodell vom Flughafen abgeholt wurde und sich weigerte, in etwas anderem zu fahren. Weltstars, die so sympathisch und unkompliziert sind, wie andere nach einer einzigen Single unausstehlich und anmaßend sind. Bands, die unbedingt auf eine Zugabe spekulieren – und dann wegen mangelnder Resonanz ihre aktuelle Single nicht darbieten konnten.

Und immer wieder überrascht es mich, wenn man daran erinnert wird – durch einen Bericht, ihre Musik, oder sonst irgendwie – mit wem man schon alles gearbeitet hat. In diesen mittlerweile schon 25 Jahren ist man ja einigen begegnet. Viele tauchen auf und verschwinden wieder im Nirgendwo. Mit einigen versteht man sich besser, mit anderen weniger. Aus wenigen, die man als Anfänger kennenlernt, werden Megastars – manche bleiben ein One-Hit-Wonder.

Am Allerschönsten ist es jedoch für mich, wenn ich Künstlerinnen und Künstler nach Jahren wiedertreffe, er oder sie immer noch – oder auch wieder – erfolgreich ist – und sich im besten Falle sogar positiv an ein gemeinsames Konzert erinnert. Dann, scheint mir, haben wir wohl alles richtig gemacht!

Was wünschen Sie dem Festival für die Zukunft?
Dieselbe Leidenschaft und Hingabe wie bisher – und weitere zehn Jahre – für den Anfang!

Christian Chang-Langhorst

Christian Chang-Langhorst war von 2007 bis 2015 Programmchef von SR 1 und UNSERDING und sorgte für eine Neuausrichtung des Festivals.

Stellen Sie sich bitte zunächst kurz vor.
Ich bin Qualitätsmanager auf dem Halberg und verliebt in Musik.

Wie sind Sie zu dem Festival gekommen?
Als Programmchef von UNSERDING war ich seinerzeit automatisch Teil der Festivalleitung.

Welche Aufgaben haben Sie übernommen?
Überwiegend gehörte es zu meinen Aufgaben, mitzudenken und zu lenken, was die Ausrichtung des Festivals betrifft. Das passierte im ständigen Austausch mit dem musikalischen Leiter des Festivals, Jürgen Bohr, der Jahr für Jahr einen unfassbar guten Job gemacht hat.

Welche Ziele hatten Sie?
Das Festival sollte – wie das Programm von UNSERDING – ehrlich und authentisch sein. Also haben wir recht früh beschlossen, alle Bands nur noch live spielen zu lassen. Wir wollten keine Playback-Shows.

Was assoziieren/verbinden Sie mit dem Festival?
Teamspirit. Menschen aus so vielen verschiedenen Abteilungen des Saarländischen Rundfunks, daneben auch Polizistinnen und Polizisten, Menschen von der Feuerwehr, vom DRK und Sicherheitsleute und und und... Großer Einsatz vieler Berufssparten

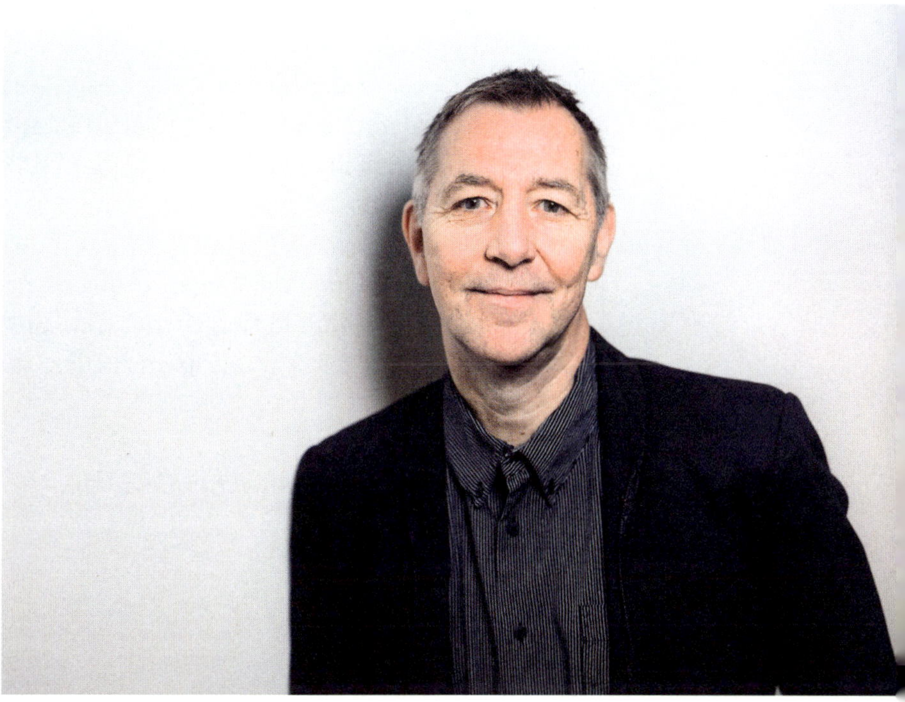
Christian Chang-Langhorst © Besim Mazhiqi

für ein einzigartiges Happening. Und unser damaliger Intendant Fritz Raff als zugänglicher Gastgeber immer wertschätzend mittendrin im Getümmel. Nur nicht auf der Bühne.

Wie hat sich das Festival im Laufe der Zeit verändert?
Wir sind interaktiver geworden, haben saarländischen Nachwuchsbands eine Bühne gegeben. Die SR-Werbung und das Personalmanagement haben großartige Angebote im Fun Park organisiert. Das Festival erlernte den Austausch mit der Jugend. Man hörte ihr zu.

Erinnern Sie sich noch an besondere Gegebenheiten?
Besondere Gegebenheiten hat es für das Festival-Team insbesondere gegeben, als nur noch Live-Bands auf der Bühne stehen sollten. Gleichzeitig sollten keine langen Pausen zwischen den Acts entstehen. Der Begriff »Herausforderung« klang da fast schon niedlich. Ich habe noch nie einen so raffinierten Stage Manager kennengelernt wie Holger Stedem. Nur durch seine ausgeklügelte Logistik auf und hinter der Bühne war es möglich, den Ablauf des Festivals jedes Jahr so reibungslos zu sichern.

Haben Sie eine Lieblings-Anekdote?
Eigentlich nicht. 2011 ist mir in Erinnerung geblieben. Die sintflutartigen Regenfälle. Der Krisenstab, der über Abbruch oder Weitermachen beriet. Marteria, Bosse und Milow. Niemand wollte die Schülerinnen und Schüler im wörtlichen Sinne im Regen stehen lassen. 20.000 Stoßgebete gen Himmel und ein sagenhaftes Technikteam. Das zusammen hat das Festival seinerzeit gerettet.

Welche Künstler sind Ihnen besonders in Erinnerung geblieben?
Maxim: Kreativ, zugewandt, tiefgehend. Eine Entdeckung unseres Musikchefs Matthias Fuchs. Jahre später kehrte Maxim zurück und brachte uns eine Goldene Schallplatte als Geschenk.

Was wünschen Sie dem Festival für die Zukunft?
Den Halberg.

Monika Maile

Monika Maile ist Verkaufsleiterin bei der SR-Tochter Werbefunk Saar. Sie ist für die Sponsoren sowie den Funpark des Festivals zuständig.

Stellen Sie sich bitte zunächst kurz vor.
Ich bin seit 30 Jahren bei der SR-Tochter Werbefunk Saar, war dort im Verkauf, dann verantwortlich für den Bereich »Sponsoring/Kooperationen«. Seit 2015 bin ich Verkaufsleiterin.

Wie sind Sie zu dem Festival gekommen?
Die Sponsorenakquise für SR-Events ist seit vielen Jahren die Aufgabe der Werbefunk Saar – und mir wurde damals die Leitung dieses Bereichs angeboten.

Welche Aufgaben haben Sie übernommen?
Das ging von der Sponsoren-Findung, der Vergabe der Standplätze, Organisation der Aktionen im Funpark bis hin zu »Meet & Greet«-Aktionen im Backstage-Bereich für die Sponsoren.

Welche Ziele hatten Sie?
Der Fokus lag stets darauf, dass solch ein großes Festival nur über eine breite Basis an Sponsoren zumindest teilfinanziert werden kann. So gesehen war es in jedem Jahr das Ziel, diese Sponsoren bei der Stange zu halten und auch neue Sponsoren zu gewinnen.

Was assoziieren/verbinden Sie mit dem Festival?
Ich selbst habe ja bei vielen »Halberg Open Air« mitgewirkt, aber für mich war von jeher die lange Geschichte dieses Festivals beeindruckend. Viele der Künstler in diesen Jahren sind später Weltstars geworden. Der SR, das heißt: insbesondere die für die Künstlerakquise zuständigen Mitarbeiterinnen und Mitarbeiter, haben dabei immer wieder ein ganz besonderes Gespür und Geschick an den Tag gelegt, um mit einem relativ kleinen Etat ein herausragendes Bühnenprogramm auf die Beine zu stellen.

Wie hat sich das Festival im Laufe der Zeit verändert?
Das Festival ist ja auch ein Spiegelbild der sich verändernden Gesellschaft, der Jugendkultur – und nicht zuletzt des Musikgeschmacks. Immerhin haben wir hier die Bandbreite von über 40 Jahren Musikgeschichte erlebt – also von Patricia Kaas,

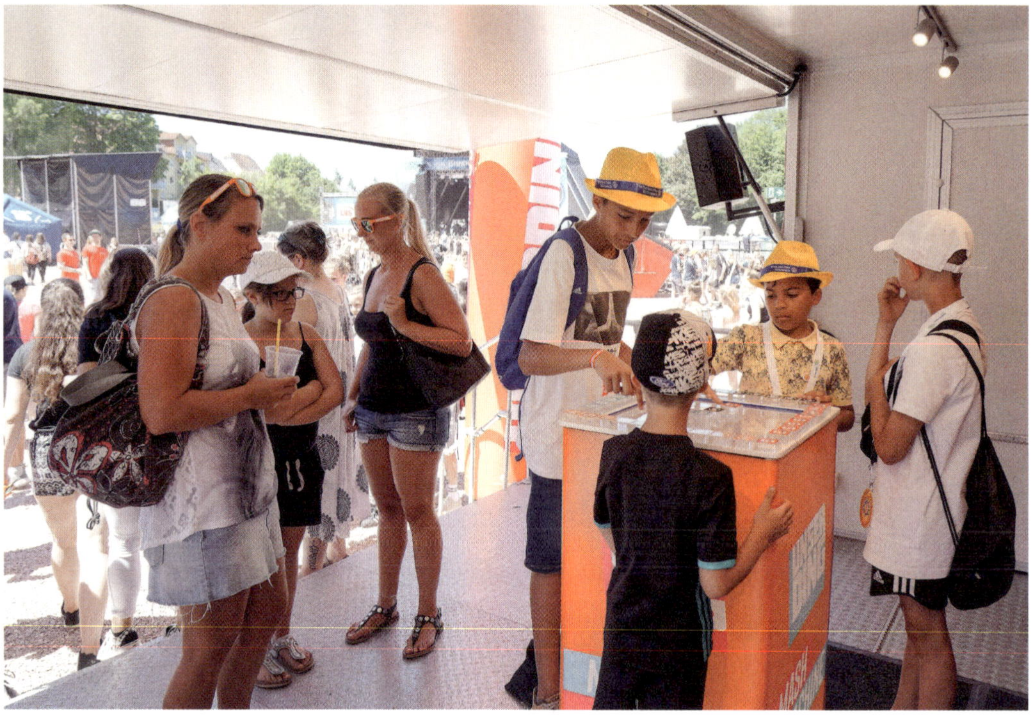

Fun Park auf dem SR Ferien Open Air St. Wendel 2019. © SR/Dirk Guldner

die Ärzte und die Toten Hosen über Tokio Hotel bis hin zu den »Youtube«-Stars der vergangenen Jahre, wie Mike Singer oder Die Lochis.

Abgesehen davon wurde es in den vergangenen Jahren immer schwieriger, ein solches Festival zu finanzieren – insbesondere mit freiem Eintritt und einem hohen Sicherheitskonzept im Hinblick auf die sehr junge Zielgruppe.

Erinnern Sie sich noch an besondere Gegebenheiten?
Besonders spannend waren die »Meet & Greet«-Aktionen mit den Künstlerinnen und Künstlern im Backstage-Bereich. Die Kids, die diese Treffen gewonnen hatten, waren immer sehr aufgeregt – zumindest im Vorfeld. Wenn es dann soweit war, waren die meisten nur noch still – das heißt: sprichwörtlich sprachlos. Daher musste ich ganz oft ein bisschen animieren, damit doch noch ein lebhaftes Gespräch mit den »angebeteten« Stars zustande kommen konnte.

Haben Sie eine Lieblings-Anekdote?
Es gab so viele Begegnungen und Situationen in all diesen Jahren, aber eine Lieblings-Anekdote will mir da einfach nicht einfallen.

Welche Künstler sind Ihnen besonders in Erinnerung geblieben?
Besonders angenehm, weil sehr nahbar, bescheiden und nett zu den Fans: Wincent Weiss, Max Giesinger, Bosse und Nico Santos. Weniger angenehm in Erinnerung geblieben, weil sie »etwas schwierig« im Umgang waren, sind mir insbesondere Lena und Sido.

Was wünschen Sie dem Festival für die Zukunft?
Einfach, dass es bestehen bleibt, dass sich weiterhin Sponsoren finden lassen und dass der hohe Aufwand, der für einen solchen Festivaltag betrieben werden muss, die Veranstalter nicht davon abhält, ein solches Festival weiterhin auf die Beine zu stellen.

Thomas Rosch

Vom Fan zum Festivalleiter: In der Anfangszeit des traditionellen »Schülerferienfests« stand Thomas Rosch noch als ganz normaler Schüler in der Menge. Seit 2015 gehört der Programmchef von SR 1 und UNSERDING nun zum Führungsteam des Festivals.

Stellen Sie sich bitte zunächst kurz vor.
1988 habe ich beim Offenen Kanal Saarland erste Gehversuche in Sachen Radio und Fernsehen gesammelt. 1989 bekam ich dann die Chance, bei Radio Salü mitzuarbeiten, das in diesem Jahr gegründet wurde. 1994 wechselte ich auf den Halberg, wo ich neben der Moderation auch in der Produktion gearbeitet habe. Später kam noch das Marketing und Programm-Management für SR 1 und UNSERDING hinzu. Seit November 2018 war ich zudem der Leiter der Programmgruppe »Musik und Unterhaltung«.

Wie sind Sie zu dem Festival gekommen?
Ich wurde 2015 gemeinsam mit Michael Degott vom SR und Monika Maile von Werbefunk Saar mit der Festivalleitung beziehungsweise Organisation des »Halberg Open Air« beauftragt, nachdem der Vorgänger den Halberg verlassen hatte. Zu dem Zeitpunkt war ich bereits Programm-Manager bei SR 1 beziehungsweise UNSERDING.

Welche Aufgaben haben Sie übernommen?
Die Akquise der Künstlerinnen und Künstler, Organisation der Planungssitzungen im Vorfeld beziehungsweise Organisation des eigentlichen Festivals mit allen

Gewerken: Licht, Ton, Technik, Catering, Sponsoring, Sicherheit, Backstage-Bereich, Verpflegung der Mitarbeiterinnen und Mitarbeiter, Betreuung der Künstler und Sponsoren.

Welche Ziele hatten Sie?
Das Festival ständig weiterzuentwickeln, jedes Jahr mit neuen Details zu verbessern. Und vor allem, das Festival für alle Besucherinnen und Besucher beziehungsweise Schülerinnen und Schüler so zu organisieren, dass alle eine große – und sichere – Open Air-Party zum Start in die Ferien feiern können. Außerdem wollte ich bei den Künstlerinnen und Künstlern Jahr für Jahr eine gute Visitenkarte des SR abgeben. Und ich denke, das ist uns auch gelungen.

Was assoziieren/verbinden Sie mit dem Festival?
Den eigenen Spaß vom ersten Tag der Vorplanungen bis hin zum Festivaltag, wenn man sieht, wie junge Menschen sich darüber freuen und Party feiern. Da erkennt man dann, dass sich die ganze Arbeit gelohnt hat.

Das Festival wurde im Laufe der Jahre immer professioneller – und teurer; und trotzdem ist es für alle eintrittsfrei geblieben. Das ganze Festival entsteht im Team; jeder leistet dazu seinen Beitrag. Wichtig ist auch, dass auf dem Festival kein Alkohol ausgeschenkt wird.

Wie hat sich das Festival im Laufe der Zeit verändert?
Wir versuchen, das Festival jedes Jahr ein bisschen besser zu machen. Dazu gehört auch eine gemeinsame Analyse nach dem Festival, um zu sehen, an welchen Stellen es möglicherweise Probleme gegeben hat. So befindet sich das Festival ständig in Bewegung – vom Anfang mit dem Schülerferienfest auf einer kleinen Bühne auf dem St. Johanner Markt bis zum »SR Ferien Open Air St. Wendel« mit einer riesigen Bühne, auf der am Tag darauf »Die Fantastischen Vier« ein Konzert vor 17.000 Menschen gespielt haben.

Erinnern Sie sich noch an besondere Gegebenheiten?
Vor allem erinnere ich mich an das Festival, das unterbrochen werden musste und kurz vor dem Abbruch stand. Durch einen Starkregen hat sich auf dem Bühnendach so viel Wasser angesammelt, dass es sich nach unten verbog. Gott sei Dank ist hier nichts Schlimmeres passiert!

Vor allem finde ich es jedes Jahr immer wieder amüsant, was sich die Schülerinnen und Schüler so einfallen lassen, um (heimlich) in den Backstage-Bereich zu kommen, der eigentlich ja den Künstlerinnen und Künstlern vorbehalten ist.

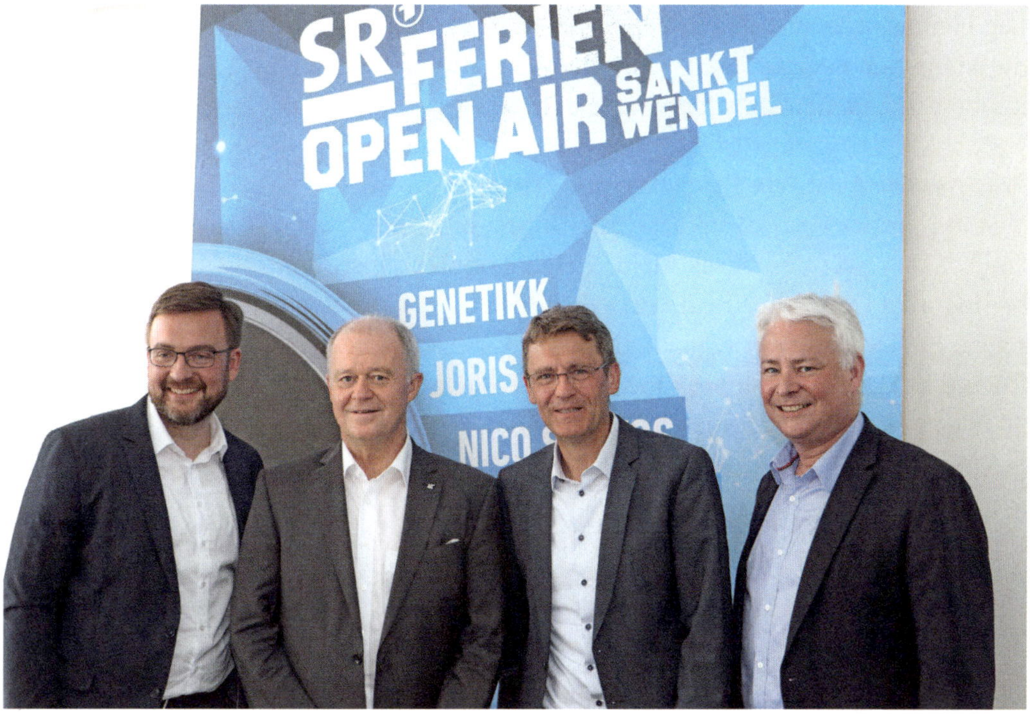

Vorstellung des SR Ferien Open Airs in St. Wendel: v.l. SR-Hörfunkdirektor Martin Grasmück, SR-Intendant Professor Thomas Kleist, St. Wendels Bürgermeister Peter Klär, Festival-Leiter Thomas Rosch (SR). © Stadt St. Wendel/Jannik Zeyer

Haben Sie eine Lieblings-Anekdote?
Am Tag des »Halberg Open Air« durften wegen der Sicherheit der Besucherinnen und Besucher keine Fahrzeuge – außer den Shuttlebussen und Künstlerfahrzeugen – auf den Halberg fahren. Eine Gruppe von Schülerinnen hat sich bei einer XXL-Limousinen-Vermietung einen Wagen mit Chauffeur gemietet und hat sich beim Ordnungsdienst am Fuße des Halbergs als Künstlerinnen ausgegeben: Einerseits, um auf den Halberg zu kommen, aber auch, um in den Backstage-Bereich zu gelangen. Der Ordnungsdienst rief mich im Festivalbüro an. Der Schwindel fiel schnell auf.

Welche Künstler sind Ihnen besonders in Erinnerung geblieben?
Diese Frage kann ich tatsächlich nicht beantworten, da ich während des Festivals als Festivalleiter hinter der Bühne bin und dort schaue, dass alles gut läuft. Da bekommt man vom Geschehen auf der Bühne in der Tat nicht so viel mit.

Gefühlt hatten wir von jungen, frischen Künstlerinnen und Künstlern aus dem Saarland bis hin zu namhaften deutschen und internationalen Bands alles dabei.

Die Herausforderung ist es, jedes Jahr ein neues Line-Up zusammenzustellen, das die Menschen begeistert. Hier gilt mein Dank in erster Linie Jürgen Bohr, dem dies in den vergangenen Jahren immer gelungen ist.

Was wünschen Sie dem Festival für die Zukunft?
Wichtig für das Festival sind die Sponsoren, ohne die – wie so vieles in der Kulturlandschaft – wir uns vieles nicht leisten könnten. Insofern gilt es auch hier, unbedingt mal Danke für die finanzielle Unterstützung in den vergangenen Jahren zu sagen. Ein Dankeschön auch an die Stadt St. Wendel, die nach dem kostenbedingten Ende der Ära des »Halberg Open Air« als Veranstalter eingesprungen ist und seit 2018 gemeinsam mit uns das »SR Ferien Open Air St. Wendel« organisiert hat.

Holger Stedem

Holger Stedem war viele Jahre der Bühnen-Manager des Festivals. Schon im Vorfeld klärte der Musikdesigner mit den Künstlerinnen und Künstlern die technischen Details ihres Auftritts ab. Vor Ort sorgte er mit seinem Team unter anderem dafür, dass das Equipment und die Instrumente richtig auf der Bühne platziert wurde und jeder Künstler seinen »eigenen Sound« umsetzen konnte.

Wie sind Sie zu dem Festival gekommen? Welche Aufgaben haben Sie übernommen?
Hierbei muss ich gleich auf jemanden zu sprechen kommen, ohne dessen Engagement der SR in der Anfangszeit des Schülerferienfests gar nicht in der Lage gewesen wäre, so etwas als Live-Veranstaltung umzusetzen: Jürgen Schlichting. Er war, als ich Anfang der 1980er erstmals Kontakt zum SR hatte, Chef der Ü-Technik. Ich glaube, dass es ihm zu verdanken ist, dass erstmals eine Rundfunkanstalt der ARD eine hauseigene Beschallungs-Abteilung bekam. Andere Sendeanstalten folgten diesem Beispiel erst viel später. Mithilfe dieser SR eigenen Abteilung war es überhaupt erst möglich, eine Veranstaltung wie das »Schülerferienfest« live mit Publikum und dann auch noch als Open Air umzusetzen.

Da zu diesem Zeitpunkt die Techniker der noch relativ jungen Beschallungsabteilung über relativ wenig Erfahrung mit solch großen Veranstaltungen verfügten, die das »Schülerferienfest« damals schon war, wurde ich von Jürgen als externer Tonmann verpflichtet, um den Beschallungston zu realisieren. Zu dieser Zeit war das Festival hauptsächlich eine Playback-Show. Bei meinem ersten Einsatz 1991 musste ich feststellen, dass viele Probleme dadurch entstanden waren, dass im Vorfeld keine echten Absprachen – vor allem bezüglich der technischen Umsetzung – mit den Künstlern beziehungsweise deren Management vorgenommen worden waren.

Deshalb setzte ich für das nächste Jahr durch, dass ich schon im Vorfeld eingebunden wurde, um solche Absprachen zu treffen. Da sich dieses Koordinieren als sehr hilfreich für die Veranstaltung herausstellte, war ich von da an im Vorfeld dafür zuständig. Auch die Tatsache, dass vermehrt »echte« Live-Acts in die Playback-Show integriert wurden, änderte mit der Zeit meinen Arbeitsbereich.

An dieser Stelle möchte ich vor allem Bernd Duszynski erwähnen, auf dessen Engagement hin am Anfang vor allem regionale Bands und Künstler die Chance erhalten hatten, komplett live auftreten zu können. Da der technische Aufwand, eine komplette Band live umzusetzen, erheblich größer ist als ein Playback-Act, musste auch bei der Tontechnik massiv aufgerüstet werden. So kam es dazu, dass ich vom Beschallungs-Mischpult, das den Ton für die Zuhörerinnen und Zuhörer erstellt, an das auf der Bühne positionierte Monitor-Mischpult wechselte. Somit war ich näher an den Künstlerinnen und Künstlern, was sinnvoll war, da ich ja im Vorfeld auch schon die Absprachen mit den Verantwortlichen für die einzelnen Auftritte abgesprochen hatte.

Welche Ziele hatten Sie?

Das Open Air war nie ein normales Festival. Der größte Unterschied bestand darin, dass bei normalen Festivals relativ lange Umbaupausen mit zum Geschäft gehören. Denn in diesen Pausen sollen Essen und Trinken konsumiert werden. Bei diesem Festival hatten wir aber immer auch im Hintergrund Live-Content, der entweder auf dem Hörfunk oder später im Internet möglichst kontinuierlich durchlaufen sollte.

Darum war eines der wichtigsten Ziele der Bühnenumsetzung, möglichst kurze Umbaupausen zu realisieren. Das machte es zunehmend wichtiger, ein präzise funktionierendes Bühnen-Management zu haben. Nur so konnten Umbauzeiten zwischen zehn und 15 Minuten realisiert werden. Meine Aufgabe bestand hauptsächlich darin, diese kurzen Umbauzeiten zu gewährleisten und gleichzeitig die auftretenden Bands sowie die Künstlerinnen und Künstler bestmöglich zufriedenzustellen. Denn nur ein Künstler, der sich auf der Bühne wohlfühlt, wird auch eine positive Stimmung in Richtung Publikum transportieren können.

Was assoziieren/verbinden Sie mit dem Festival?

Das Open Air war lange, bevor andere auf die Idee kamen, ähnliche Festivals zu starten, eines der wichtigsten Werbe-Veranstaltungen des SR bei der nachwachsenden Zuhörerschaft. Aber je nach Line-Up konnte es durchaus auch passieren, das zwei bis drei Generationen von Zuschauern vor der Bühne standen.

Wie hat sich das Festival im Laufe der Zeit verändert?
Wie auch schon vorher angedeutet, war das Open Air am Anfang eine reine Playback-Show. Über anfänglich kleinere, lokale Live-Acts entwickelte sich das Format zu einer ausgewachsenen Live-Show, in der jeder Ton live in dem Moment produziert wurde, in dem er zu hören war.

Erinnern Sie sich noch an besondere Gegebenheiten?
Eine Sache wird mir immer in Erinnerung bleiben, weil wir dort haarscharf an einer Katastrophe vorbeigeschrammt sind: 2011 kam es zu solch einem extremen Starkregen, dass sich im Bühnendach in kurzer Zeit so starke Wassersäcke bildeten, die es notwendig machten, zum einen das laufende Programm zu unterbrechen und zum anderen wegen der enormen zusätzlichen Dachlast das Publikum vor der Bühne aufzufordern, Abstand zu nehmen. Der immer vor Ort befindlichen Feuerwehr ist es zu verdanken, dass nach einer Zwangspause das Festival fortgesetzt werden konnte. Mit einem Steiger, der für die Auf- und Abbautätigkeiten immer vor Ort ist, konnten die Feuerwehrleute einen Schlauch zum Abpumpen des Wassers auf dem Dach platzieren. Damit gelang es dann, die Gefahr zu beseitigen.

Haben Sie eine Lieblings-Anekdote?
1993 kam es zu einem Ereignis, das meiner Meinung nach nur einmal vorkam: Inzwischen war das Festival schon lange durch den Einstieg der Fernseh-Abteilung des SR zu einer kombinierten TV-und Hörfunk-Veranstaltung geworden. In diesem Jahr sollte nun auch erstmals eine der live auftretenden Gruppen ohne Zeitverzögerung direkt im Fernsehen gesendet werden: Fury in the Slaughterhouse. Da die Bühne 1993 nicht über die Möglichkeit verfügte, mit Rollprotesten ganze Instrumentengruppen im Hintergrund vorzubereiten und auf die Bühne beziehungsweise sich dort befindlichen Elemente ins Off zu rollen, waren die Anforderungen für die Umbauzeiten noch extremer als sonst.

Direkt vor dem Live-Fernsehauftritt von Fury in the Slaughterhouse sollte die lokale Gruppe Juicy Lucy spielen. Um die damals geforderte Umbauzeit von zwölf Minuten realisieren zu können, wurde mit der Band vorab vereinbart, dass sie statt einer immens großen und schweren Orgelanlage mit einem elektronischen Keyboard mit Orgelsound auftreten sollte. Als die Band vormittags zum Soundcheck ankam, bestand sie jedoch darauf, mit ihrer kompletten Orgelanlage auftreten zu wollen. Da dies technisch nicht umsetzbar war, wurde die Band aus dem Line-Up genommen und musste wieder abreisen.

Welche Künstler sind Ihnen besonders in Erinnerung geblieben?
Eine Band und ihr Auftritt sind mir besonders in Erinnerung geblieben: Michael Learns To Rock. Sie war 1994 als eine von mehreren Bands in einem Live-Block geplant. Die Kommunikation mit dieser schwedischen Band war aber leider sehr schwierig. In der Planungsphase war die Gruppe selbst nicht erreichbar. Und das Management schickte uns Unterlagen zu einer möglichen technischen Umsetzung einer Live-Show zu, die auf dem Halberg unmöglich umsetzbar waren. Deshalb vereinbarten wir mit dem Management, die Band mit einem Playback-Auftritt in diesen Live-Blog zu integrieren.

Am Vortag der Veranstaltung reiste die Gruppe an und besuchte zusammen mit ihrem Manager das Funkhaus auf dem Halberg. Während der Manager einen Termin in der Hörfunkredaktion wahrnahmen, kamen die vier Musiker direkt zur Bühne auf der »Radiowiese«. Dort nahm ich sie in Empfang. Nachdem ich mit ihnen einen Rundgang über die Bühne gemacht hatte, sagte ich ihnen, dass ich es schade finde, dass sie nun als einzige Band in diesem Live-Blog Playback spielen würden.

Daraufhin sah mich der Sänger entsetzt an. Augenscheinlich hatte niemand aus dem Management jemals mit ihnen darüber gesprochen, dass auf diesem Festival auch live musiziert wird – und auch nicht, dass die Band ursprünglich als Live-Act geplant war. Nach einem kurzen Zwiegespräch mit seinen Mitmusikern sagte mir der Sänger, sie hätten ein Keyboard und eine Akustikgitarre im Reisegepäck. Er fragte, ob ich auf die Schnelle eine zweite Akustikgitarre und ein paar Percussion-Instrumente auftreiben könnte. Daraufhin erwiderte ich, dass ich das Geforderte innerhalb von 45 Minuten herbeischaffen könnte.

Das wurde dann auch so gemacht. Die Band nahm die georderten Instrumente und fuhr zurück in ihr Hotel. Dort erarbeiteten die Musiker einen kompletten »Unplugged«-Auftritt. Dieser ist und bleibt für mich eines der Highlights in den über 30 Jahren, in denen ich dieses Festival begleiten durfte.

Jan Hofer

Der ehemalige Tagesschau-Chefsprecher Jan Hofer gehörte zu den ersten Moderatoren der Schülerfete. Anfangs führte er noch mit Ilona Christen-Kleitz, die später durch den ZDF-Fernsehgarten und ihre tägliche RTL-Talkshow bundesweit bekannt wurde, durch das Programm.

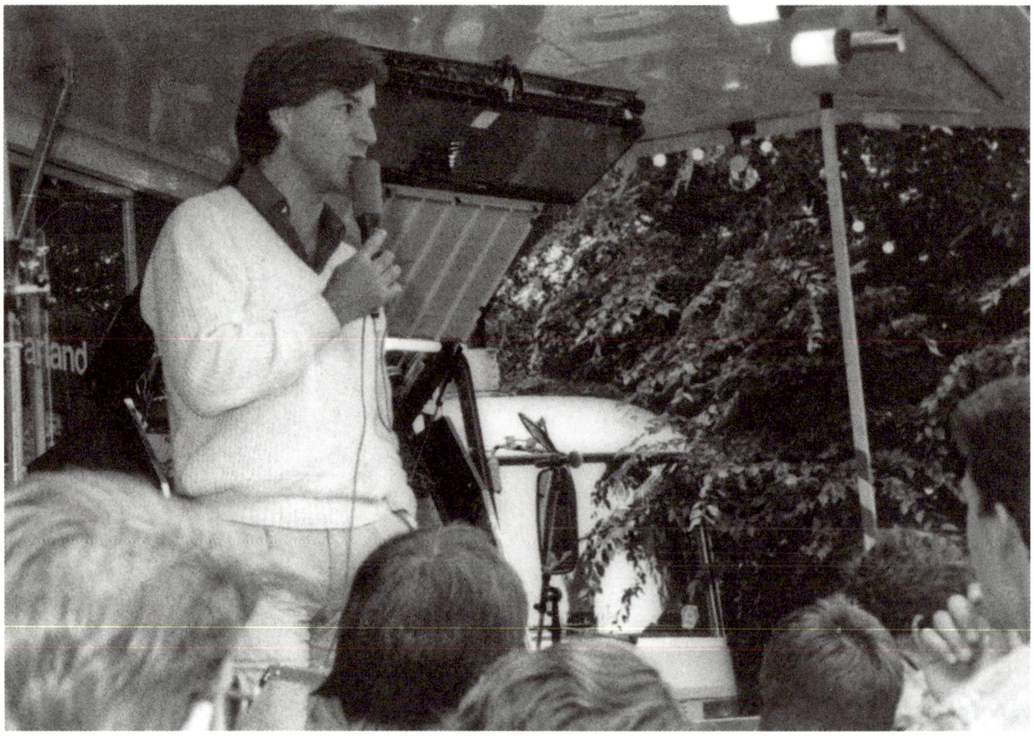

Jan Hofer beim Schülerferienfest 1985. © SR/Günther Klahm

Hofer erinnert sich noch gut daran, dass sich nach seinem Wechsel vom SR nach Hamburg sein Ex-Kollege Manfred Sexauer auf der Bühne vor 15.000 Schülern fotografieren ließ und ihm dann das Bild mit folgendem Kommentar zusandte: »Ich hoffe, du hast bei der Tagesschau so viele Fans wie ich hier beim Schülerferienfest.«

Miriam Hannah

Heute ist Miriam Hannah als Lottofee bekannt. Die Saarbrückerin moderiert seit 2017 im Wechsel mit Chris Fleischhauer die Ziehung der Lottozahlen. Zudem ist sie bei RPR1 tätig. 1999 landete sie nicht nur als Audrey Hannah mit ihrer Debütsingle »It's December (And I'll Be Missing You)« einen Hit. Die damals 17-Jährige übernahm im selben Jahr auch zusammen mit Christian Kahl beim Halberg Open Air das Mikro von den SR 1-Moderatoren-Profis. Denn 1999 wechselte das Festival zu der jungen SR-Welle UNSERDING, die gerade on Air gegangen war.

Wie bist du dazu gekommen, das Festival zu moderieren?
Als ich 1999 bei SR 1 die Ankündigung hörte, dass es einen Jugendsender geben wird, war ich sofort aufgeregt und konnte es nicht erwarten, zum Casting gehen zu dürfen. Es war Liebe auf den ersten Blick, ein tolles Team, ein Aufschwung-Gefühl, Pionierarbeit und eine wunderbare Zeit. Alle, die bei unserem Gründerteam dabei waren, profitieren bis heute davon. Wir alle werden die Zeit niemals vergessen.

Nach Heike Greis und Eberhard Schilling durften Christian Kahl und ich das **Halberg Open Air** moderieren. Dieses Gefühl auf dieser für alle so besonderen Bühne stehen zu können, und das Festival, das ich als Jugendliche selbst so gefeiert habe, moderieren zu dürfen, war unbeschreiblich.

Wie war es für dich, plötzlich nicht mehr allein im Studio, sondern vor tausenden Schülern zu stehen?
Mein Vater arbeitete für das Saarländische Staatstheater. Ich war schon seit Kindertagen im Ballett, im Chor und im Kindertheater unterwegs. Auf der Bühne habe ich mich ehrlich gesagt sicherer gefühlt, als allein im Studio. Mit den Leuten gemeinsam die tollen Musiker und Künstler zu feiern und die Brücke zwischen den Welten zu schlagen, liebe ich bis heute.

Was ist dir von deinen Moderationseinsätzen besonders in Erinnerung geblieben?
Ich habe in dieser Zeit alles gelernt, was ich bis heute brauche. Auch mit Pannen umzugehen. Dass man manchmal nicht weglaufen sollte und auch Dinge erreichen kann, die einem unter normalen Bedingungen unmöglich erscheinen.

Gibt es eine Lieblings-Anekdote?
Es war im zweiten Jahr, die zweite Moderation, Tausende schon kreischende Leute vor mir. Und die TV-Kamera lief. Lou Bega neben mir. Und es gab ein Problem mit einem Mikrofon: Ich hörte mich im Schall und Echo doppelt und mit Verzögerung. Abbrechen ging nicht, live ist eben live – ich habe bis heute keine Ahnung, wie ich dennoch diese geraden Sätze von mir geben konnte. Jahre später traf ich Lou Bega wieder. Und auch er konnte sich daran erinnern.

An was erinnerst du dich noch?
An Kim Frank erinnere ich mich – und die verrückten Jungs von Charly Lownoise & Mental Theo. An eine magische, ausgelassene, freie Zeit, in der alles möglich schien. Alles war sehr besonders. Der **Halberg Open Air**-Geruch, die besondere Atmosphäre, das Gemeinschaftsgefühl. Ich habe es nirgendwo jemals wieder so empfunden.

Was wünschst du dem Festival für die Zukunft?
Dass es sich diesen besonderen Zauber erhält. Dass auch mutige, unkonventionelle Entscheidungen getroffen werden – und dass es die Relevanz behält, die es für uns alle hatte.

Stefanie »Thurie« Thurow

Normalerweise moderiert Stefanie Thurow zusammen mit Jonas Degen auf UNSERDING die Morning Show. Beim SR Ferien Open Air führt sie zusammen mit ihrem Kollegen durch das Programm.

Wie bist du dazu gekommen, das Festival zu moderieren?
Als *Morning-Show*-Moderatoren von UNSERDING dürfen Jonas und ich das Festival moderieren. Wir wurden gefragt.

Wie war es für dich, plötzlich nicht mehr allein im Studio, sondern vor tausenden Schülern zu stehen?
Das ist cool. Aber auch beängstigend. Da sehen dich dann Hunderte Menschen an – und du musst abliefern. Wenn wir im Radio einen Witz machen, finden wir ihn vor allem erst mal selbst lustig. Wenn wir auf der Bühne einen Witz machen, dann gibt's die Reaktion direkt danach.

Erinnerst du dich noch an besondere Begebenheiten?
Das Wetter ist immer so 'ne Sache. Wir hatten schon Jahre, in denen es extrem heiß war und die Mitarbeiter vom DRK becherweise Wasser in den ersten Reihen verteilt haben. Denn wenn man einmal ganz vorn steht, dann gibt man den Platz nicht auf – egal wie durstig man ist. Im Jahr 2014 wurde eine Unwetterwarnung ausgerufen. Es gab Pläne für eine Notfallevakuierung, Regenponchos zum Verteilen – falls es nur regnen sollte – und so weiter .... Wir haben also hinter der Bühne die ganze Zeit die Strömungsfilme im Auge behalten – ob uns das Unwetter trifft oder ob es an uns vorbeizieht. Zum Glück ist es vorbeigezogen.

Gibt es Lieblings-Anekdoten?
2016 hatten wir besonders viele Social-Media-Stars auf der Bühne: T-Zon, Mike

Singer und Die Lochis. Jedes Mal, wenn wir einen der Namen auch nur erwähnt haben, gab es ein Kreischkonzert vor der Bühne, wie zu den besten Zeiten der Backstreet Boys oder Take That. 2018 war nicht nur das erste Jahr des **SR Ferien Open Air St Wendel**. Außerdem ging in diesem Jahr die Fußballweltmeisterschaft über die Bühne. Deshalb wurde im Backstagebereich ein großer Fernseher aufgestellt, auf dem sich Joris und seine Band sowie andere Künstler nach ihren Auftritten die Fußballspiele ansahen. Das führte zu einer Wette zwischen Joris und Nico Santos um ein Spielergebnis: Der Verlierer musste als Special Guest zum Gewinner auf die Bühne. Joris hat gewonnen. Und Nico Santos hat mit ihm zusammen »Signal« gesungen.

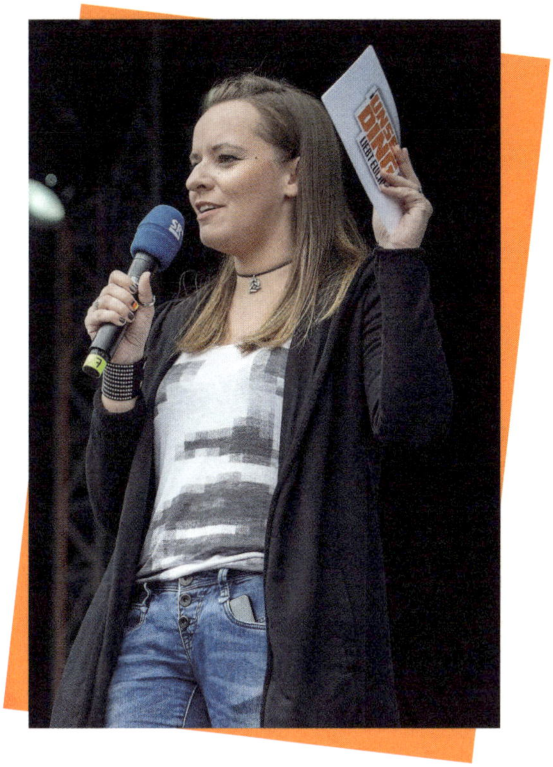

Stefanie Thurow beim SR Ferien Open Air St. Wendel 2018. © SR/Dirk Guldner

Was wünschst du dem Festival für die Zukunft?
Erst einmal wünsche und hoffe ich, dass das Festival weiter bestehen kann. In Zeiten, in denen alles teurer wird – von den Sicherheitsvorkehrungen über die Technikkosten bis zu den Künstlergagen – muss solch ein kostenloses Festival ja auch irgendwie finanziert werden ... Wenn das Finanzielle gesichert ist, hoffe und wünsche ich mir natürlich, dass weiterhin so viele Saarländerinnen und Saarländer ihren Start in die Ferien auf dem **Schülerferienfest/ Halberg Open Air/ SR Ferien Open Air St. Wendel** feiern werden. Friedlich und gut gelaunt. Wie in den letzten Jahrzehnten. Und dass die, die in den letzten Jahren mit Marteria, Lena und Nico Santos gefeiert haben, in 20 Jahren ihre Kinder vom **SR Ferien Open Air**-Festival abholen – egal wie es dann heißen wird.

Jonas Degen

Jonas Degen gehörte bis 2019 zu den Moderatoren des SR Ferien Open Air St. Wendel. Schon zuvor hatte er als Fahrer des Künstler-Shuttle-Services seine ersten Erfahrungen mit dem Festival gesammelt.

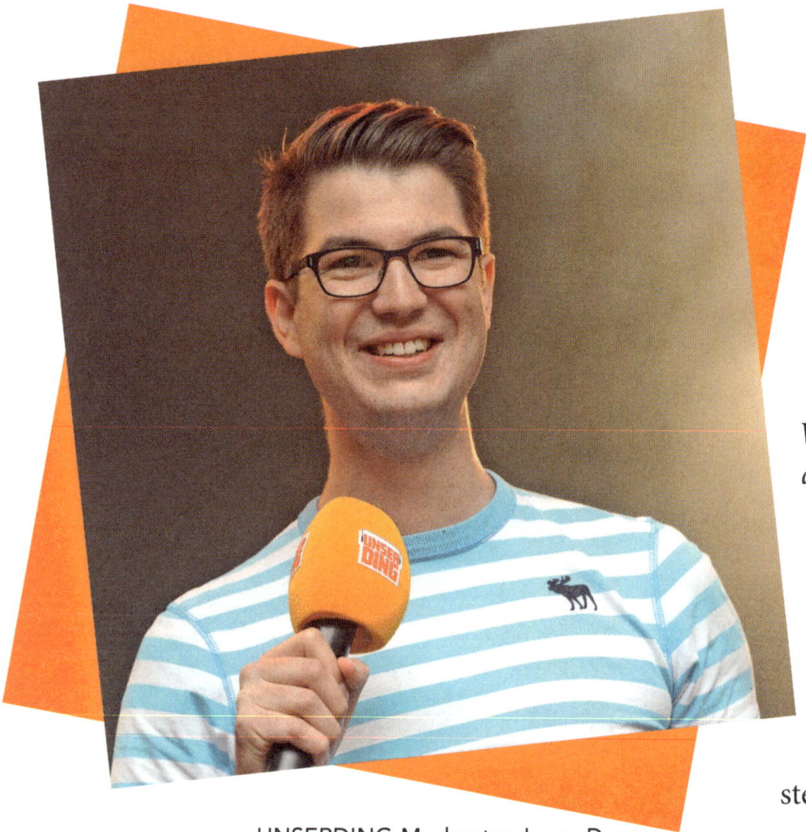

UNSERDING-Moderator Jonas Degen
beim Halberg Open Air 2016.
© SR/Becker & Bredel

Wie bist du dazu gekommen, das Festival zu moderieren?
Das machen traditionell die Moderatoren der *UNSERDING Morning Show*. Seit ich 2016 mit Thurie die Morningshow moderiere, moderieren wir auch das Festival zusammen.

Wie war es für dich, plötzlich nicht mehr allein im Studio, sondern vor tausenden Schülern zu stehen?
Geil! Durch die Faasend und das Theater war es zwar nicht die erste Bühne, aber es waren das erste Mal so viele Menschen im Publikum. Ich mag es, dass man direkt Feedback von den Menschen erhält, die vor der Bühne stehen. #rampensau

Was ist dir von deinen Moderationseinsätzen besonders in Erinnerung geblieben?
Ich habe bei der Anmoderation zum Auftritt von Mike Singer eine von ihm signierte Bravo-Zeitschrift mit ihm selbst auf dem Titelbild ins Publikum geworfen. Vorne vom Wellenbrecher aus. Ich habe mich dabei gefühlt wie ein Rockstar ;-)

Gibt es eine Lieblings-Anekdote?
Bevor ich mit der Moderation angefangen habe, war ich für den Künstler-Shuttle-Service zuständig, also um die Stars vom Hotel zur Bühne und zurück zu fahren. Der exklusive Blick hinter die Kulissen war immer sehr interessant. Welche Musik hört Gentleman nach dem Auftritt? Was ist in der Kühlbox von The BossHoss? Und kann Kool Savas während der Fahrt dem Fahrer ein Autogramm auf ein T-Shirt schreiben? (Kann er!)

Was wünschst du dem Festival für die Zukunft?
Dass es weiterhin der kostenlose Ferienstart für Schülerinnen und Schüler in der Region bleibt. Und ich will's noch lange moderieren dürfen ;-)

Eberhard Schilling

Zunächst war Eberhard Schilling hinter den Kulissen des Schülerferienfests im Einsatz, dann übernahm er über Jahre hinweg die Moderation des Open Airs. Heute ist er Unterhaltungschef von SR 3 Saarlandwelle.

Wie bist du dazu gekommen, das Festival zu moderieren?
Ich habe bereits Mitte der 1980er Jahre angefangen, beim SR als studentische Hilfskraft zu arbeiten und bin so auch ziemlich schnell zum **Schülerferienfest** gekommen. Zunächst war ich dafür zuständig, dass die Künstler rechtzeitig auf der Bühne sind. Das war übrigens gar nicht so einfach. Denn in den ersten Jahren gab es keinen richtigen Backstagebereich und nur einen kleinen Bretterzaun als Absperrung. Alle SR-Mitarbeiterinnen und -Mitarbeiter waren mit ihrer ganzen Familie da. Da war es manchmal schwierig, die Künstler zu finden – zumal man nicht alle gekannt hat. Eine Holztreppe ohne Geländer diente als Aufgang zur Bühne. Die Treppe wurde den ganzen Tag von Leuten belagert, die einen Blick auf die Künstler erhaschen wollten. Und da stand mir plötzlich ein junger Mann im Weg. Ich sagte zu ihm: »Bub, mach' mal Platz«. Plötzlich kam sein Künstlerbetreuer und sagte zu mir: »Das ist doch Eros Ramazotti!« Zum damaligen Zeitpunkt kannte ihn allerdings noch niemand.

In der Anfangszeit durfte jeder SR 1-Moderator mal ein paar Künstler ansagen. Als das Fernsehen hinzukam, wollten die TV-Kollegen feste Moderatoren. Und so wurden Heike Greis und ich ausgesucht. Schließlich waren wir beide diejenigen, die das Open Air bis heute am längsten moderiert haben. Allerdings habe ich schon von Anfang an gesagt: »Mit 40 moderiere ich das Festival nicht mehr.« Okay, ich habe es dann doch ein Jahr länger gemacht, bis das die jungen Kolleginnen und Kollegen von UNSERDING übernommen haben.

Was ist dir von deinen Moderations-Einsätzen besonders in Erinnerung geblieben?
Bei meinem allerersten **Schülerferienfest** habe ich die Bühne betreut, auf der die Live-Bands gespielt haben. Zu ihnen gehörten Die Ärzte. Bei ihrem Auftritt hat es stark geregnet. Wir haben barfuß knöcheltief im Schlamm gestanden. Zudem erinnere ich mich noch gut an Fancy. Er ist immer mit einer Riesen-Limousine auf dem Halberg vorgefahren und hat bei seinen Auftritten eine dunkle Sonnenbrille getragen. Privat war er dagegen ganz schüchtern.

In den 1990er Jahren waren viele Eurodance-Acts zu Gast. Für einige davon war das Tanzen um brennende Tonnen wichtiger als der Gesang. Als wir E-Rotic anmoderieren wollten, war ich verunsichert. Die Mitglieder der Band, die hinter der

Bühne warteten, sahen ganz anders aus als im Jahr davor. Doch sie betonten: »Wir sind jetzt E-Rotic!« Damals wurden die Bandmitglieder oft ausgetauscht.

Mit der Band Echt wollte ich vor ihrem Auftritt ein kurzes Vorgespräch führen. Die Jungs saßen total gelangweilt und von ihrem Management abgeschirmt in der SR-Kantine. Doch sie hatten keine Lust, mit mir zu reden und waren sehr großkotzig. Da habe ich ihnen vorhergesagt: »Ich werde noch moderieren, wenn es Echt schon lange nicht mehr gibt.« Und ich behielt Recht. Auch Blümchen war immer sehr angesagt. Das war eine schöne Zeit.

Was wünschst du dem Festival für die Zukunft?
Ich wünsche dem Open Air, dass die Leute genauso viel Spaß haben wie wir damals. Und den hatten wir wirklich. Ich erinnere mich noch gut daran, wie wir an einem heißen Tag den Wasserschlauch ins Publikum gehalten haben, um die Fans abzukühlen. Das wäre heute allerdings nicht mehr möglich.

Professor Thomas Kleist

Wann waren Sie erstmals auf dem Festival?
Als das **Schülerferienfest** 1981 startete, war ich 26 und gehörte nicht mehr zur direkten Zielgruppe. Ich meine mich zu erinnern, 1986, als frisch gebackener Direktor der damaligen Landesanstalt für das Rundfunkwesen – heute Landesmedienanstalt Saarland – auf dem Halberg zu Besuch gewesen zu sein. Später, als meine Kinder im schulpflichtigen Alter waren, so ab Mitte der 1990er, war ich dann regelmäßig zu Besuch auf dem Halberg.

Welche Erinnerungen haben Sie daran?
Seinerzeit waren Professor Hubert Rohde, später Manfred Buchwald und Fritz Raff Intendanten, und bei meinem ersten Besuch, meine ich, waren auf der Bühne Ingrid Peters, Peter Schilling und Thomas Anders. Bei allen Besuchen war erkennbar, dass alle Verantwortlichen des SR, vor und hinter der Bühne, mit großer Begeisterung dabei waren und immer auch ein bisschen stolz darüber waren, dass der kleine SR so ein großes Ding wuppen konnte.

Eberhard Schilling beim Schülerferienfest 1985. © SR/Franz Mees

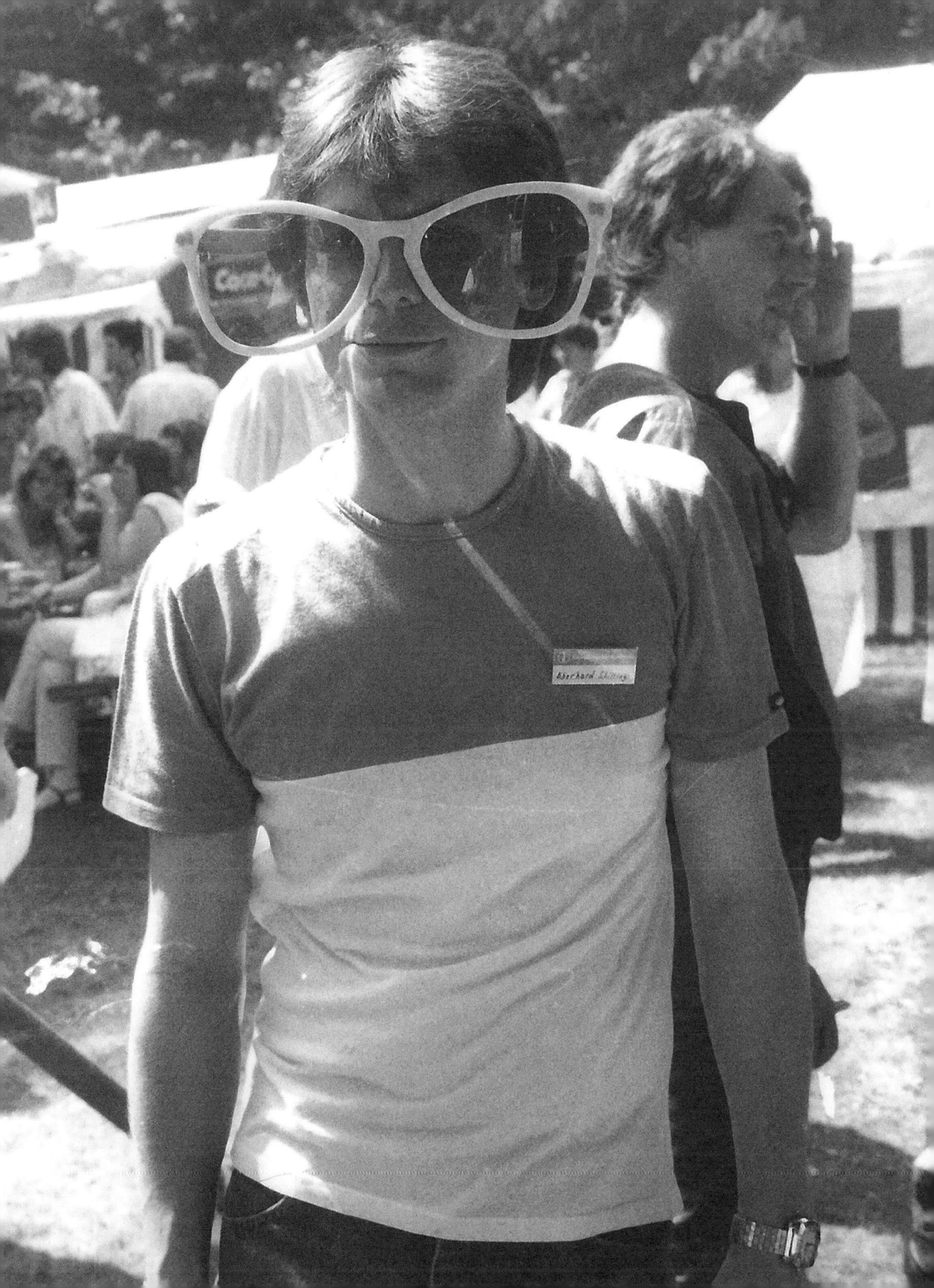

Was verbinden Sie mit dem Festival?
Das Festival, das anfangs ja »nur« ein Fest war, gehörte zu den Großereignissen im Saarland. Es war, obwohl anerkannte Größen der deutschen Schlager- und Popszene ihr Stelldichein auf der Freibühne auf dem Halberg gaben, eintrittsfrei und man konnte am Rande beziehungsweise backstage mit den Stars auf Tuchfühlung gehen.

Wie hat sich das Festival im Laufe der Zeit verändert?
Zunächst war es konzipiert als ein Schülerfest am St. Johanner Markt in Saarbrücken mit noch sehr regionalem Charakter. Schnell platzte es dort aber aus allen Nähten und wurde zu einem zweitägigen **Halberg Open Air** mit teils internationalen Stars. Ab 2018 konnte der SR aus Kostengründen das Festival nicht mehr allein stemmen und war auf Kooperationspartner angewiesen. Danach fand es zweimal in St. Wendel statt bis es Corona zum Opfer fiel und hoffentlich ab 2023 wieder fortgeführt wird.

Erinnern Sie sich noch an besondere Gegebenheiten?
Eine Besonderheit war, dass der SR immer Wert darauf legte, dass die Stars auch live sangen. Das war technisch eine große Herausforderung, auch für den SR als Veranstalter. Es war immer wieder bemerkenswert und manchmal erheiternd, mitzuerleben, wie Jungstars, aber auch »alte Hasen«, die man vor ihrem Auftritt im Schloss Halberg backstage antreffen konnte, doch ziemlich aufgeregt waren und manchmal einfach nur rastlos hin- und herliefen.

Haben Sie eine Lieblings-Anekdote?
Keine spezielle, aber die Erkenntnis, dass ein Pop-Festival auch ohne Alkohol und Drogen funktioniert. Denn auch das war eine Besonderheit des **Halberg Open Air**, dass die Verantwortlichen das Alkohol- und Drogen-Verbot sozusagen im Rahmen des menschlich Möglichen als Versprechen an die Eltern abgaben, was dazu führte, dass viele Eltern ihre Schützlinge allein auf den Halberg ließen und die Jüngsten und Jungen dennoch ausgelassen feierten und auch ohne Alkohol völlig aus dem Häuschen waren.

Welche Künstler sind Ihnen besonders in Erinnerung geblieben?
Lou Bega, Die Prinzen, Tokio Hotel, The BossHoss, Christina Stürmer, Revolverheld, Culcha Candela, Lena und Max Giesinger, also alles Künstlerinnen und Künstler, die zu den großen Stars gehören.

Wie haben Sie das Festival in Ihren unterschiedlichen Funktionen auf dem Halberg (Mitglied des Rundfunkrates; Vorsitzender des Verwaltungsrates, Intendant) begleitet und entwickelt?

Ich war ja seit 1996 in unterschiedlichen Funktionen beim SR in der Verantwortung. Dabei war es für mich erfreulich, dass das **Halberg Open Air**, das im gesamten Saarland viele Fans hatte, immer auch für den SR gesetzt war. Als Gremie im Rundfunkrat und im Verwaltungsrat habe ich den Intendanten, damals Fritz Raff, darin bestärkt, dieses SR-Großereignis fortzuführen. Umso schwerer ist es mir gefallen, 2017 selbst die finanzielle Reißleine ziehen zu müssen und das Festival nicht mehr alleine stemmen zu können. Umso mehr habe ich mich dann gefreut, in der Stadt St. Wendel, die zudem auch noch meine Heimatstadt ist, einen veritablen und mit Großereignissen sehr erfahrenen Kooperationspartner zu finden.

Was wünschen Sie dem Festival für die Zukunft?
Ein langes Leben bei bester – finanzieller – Gesundheit!

Martin Grasmück

SR-Intendant Martin Grasmück hat das Festival aus ganz unterschiedlichen Perspektiven erlebt. Zunächst berichtete er über das Open Air, später war er als SR 1- und UNSERDING-Wellenchef für Organisation und Finanzen zuständig.

Wie sind Sie zum Festival gekommen?
Nach meiner eigenen musikalischen Vergangenheit hatte ich relativ früh beruflichen Kontakt mit dem Festival. In meiner Studienzeit habe ich ab dem dritten Semester angefangen, für den SR als studentische Hilfskraft zu arbeiten. Dabei habe ich das Festival auch aus anderer Perspektive kennengelernt.

In meinem Volontariat, in dem ich bimedial ausgebildet wurde, stemmte ich dann zusammen mit meinen Kollegen die Berichterstattung über das **Halberg Open Air** und produzierte Beiträge für den *Aktuellen Bericht*. So lernte ich das Festival erneut aus einer anderen Sichtweise kennen.

Auch in meiner Zeit als Leiter der Intendanz hat für mich das **Halberg Open Air** eine große Rolle gespielt – besonders im Bereich Sicherheit. Bei einer Unwettersituation habe ich mit dem Krisenstab und den weiteren Beteiligten gemeinsam überlegt, ob das Festival weitergehen kann oder es abgebrochen werden muss. Schließlich konnten wir es dann doch fortsetzen.

Auch der finanzielle Aspekt hat natürlich eine Riesen-Rolle gespielt. Wir mussten uns überlegen, wie wir das Geld auftreiben können, um das Festival zu stemmen.

Welche Aufgaben haben Sie später als Programmchef übernommen?
Als Programmchef sitzt man ganz nah dran am Geschehen. Die Entscheidung meines Vorgängers Christian Langhorst, zukünftig auf Live-Bands zu setzen, fand ich klasse und habe ich weiter fortgeführt.

Die größte Herausforderung war immer die Frage, wer auftritt. Denn mit den Headlinern steht und fällt der Erfolg des Festivals. Du kannst also alles so gut organisiert haben, wie du willst, wenn du keine guten Top Acts bekommst, nützt das nichts.

Bis diese schließlich feststanden, war ich – offen gestanden – auch etwas nervös. Immer wieder habe ich mich bei Jürgen Bohr, der die Bands gebucht hat, erkundigt: »Wie sieht es aus?« Wir haben eng zusammen gearbeitet. Ich habe ihm natürlich zugetraut, dass er es schafft, ein tolles Line-Up auf die Beine zu stellen, was ihm auch immer gelungen ist.

Oft war das aber eine Spitz-auf-Knopf-Entscheidung. Man kann die Künstler häufig nicht schon ein Jahr im Voraus buchen, weil man nicht weiß, wie sie sich entwickeln. Das spielt sich oft erst ein paar Monate oder sogar Wochen vorher ab.

Max Giesinger hatten wir zum Beispiel für seinen ersten Auftritt auf dem **Halberg Open Air** erst ganz kurzfristig gebucht – und hatten großes Glück: Sein Song »80 Millionen« wurde zur Fußball-Hymne und eroberte rechtzeitig zu dem Festival die Charts. Das war ein Mega-Erfolg. Und dann hat er noch mal 2019 beim **SR Ferien Open Air St. Wendel** das Stadion gerockt.

Beim Buchen der Künstler spielt zudem auch der Gebietsschutz eine große Rolle. Wenn er vor dem Festival noch einen anderen Auftritt in der Region hat, dürfen wir seinen Namen erst zu einem vertraglich festgelegten Zeitpunkt veröffentlichen. Ansonsten haben die kommerziellen Veranstalter oft Bedenken, weniger Karten zu verkaufen – zumal die Künstler bei uns ja kostenlos auftreten.

Erinnern Sie sich noch an besondere Gegebenheiten?
Das Besondere für die Künstlerinnen und Künstler am **Halberg Open Air** war immer die Backstage-Situation. Sie konnten sich im Restaurant Schloss Halberg aufhalten. Alle waren sehr entspannt und haben zusammengesessen. Das war auch für sie etwas Besonderes und hat ihnen extrem gut gefallen. Deshalb haben uns viele Künstlerinnen und Künstler über Jahre hinweg die Treue gehalten.

Aber auch beim Team herrschte immer ein besonderes Arbeitsklima aus relaxter Stimmung und Professionalität. Für die Teammitglieder hatte das **Halberg Open Air** ebenfalls stets eine besondere Atmosphäre. Sie waren immer mit viel Leidenschaft bei der Sache.

Haben Sie eine Lieblings-Anekdote?
Erinnerungen hängen bei mir eher mit dem Publikum und nicht mit den Künstlerinnen und Künstlern zusammen. Mir sind vor allem die Fans in Erinnerung geblieben. Das Schönste ist für mich, dass wir den Leuten Erlebnisse schenken konnten. Wenn ich Tausende von jungen Leuten und ihre Eltern fröhlich zusammen feiern sehe und in ihre strahlenden Gesichter blicke, ist das für mich das Größte.

Wie hat sich das Festival im Laufe der Zeit verändert?
2017 wurde der finanzielle Druck extrem hoch. Wir mussten nach einer Lösung für die Zukunft suchen. Dabei kam der Vorschlag, das Festival ab 2018 so zu stemmen, wie wir es auch viele Jahre bei der Saarlouiser Emmes getan haben: Die Stadt stellt die Bühnen und der SR kümmert sich um die Künstler. Diese Lösung hat auch für die Kommune einen wichtigen Mehrwert: Sie hat ein zusätzliches Großevent in ihrem Programm.

Ich bin der Stadt St. Wendel wahnsinnig dankbar, dass sie den Schritt mit uns gegangen ist, das Festival seitdem gemeinsam mit dem SR zu stemmen. Zusammen ist es uns nicht nur gelungen, das Event an einem neuen Ort am Leben zu erhalten, es sind sogar neue Freundschaften entstanden.

Die ersten beiden Ausgaben des **SR Ferien Open Air St. Wendel** waren ein Riesen-Erfolg und haben bewiesen, dass das Festival auch im Norden des Saarlandes funktioniert.

Ich muss der Stadt St. Wendel Respekt für ihren tollen Bürgermeister und ihre sehr motivierten Mitarbeiter zollen. Auch mein Vorgänger Thomas Kleist hat diesbezüglich ganz wichtige Weichen gestellt und Gespräche geführt. Am Ende haben wir es alle gemeinsam geschafft, das Festival zu retten.

Dann kam die Coronapandemie als nächste große Herausforderung. Doch wir werden alles versuchen, dass es 2023 weitergehen kann.

Was wünschen Sie dem Festival für die Zukunft?
Ich blicke optimistisch in die Zukunft des Festivals. Es gehört einfach zu unserem Auftrag, auch das junge Publikum anzusprechen. Mir ist es ganz wichtig, dass sich die jungen Menschen nicht abgehängt fühlen. Der SR bringt auf vielfältige Weise Kultur ins Land. Und dabei muss auch die Popkultur eine wichtige Rolle spielen. Nach den durch die pandemiebedingten Rückschlägen in den vergangenen Jahren wollen wir auch in Zukunft wieder bei den jungen Menschen vor Ort sein und ihnen zeigen, welche Möglichkeiten eine ARD-Anstalt zu bieten hat. Denn dazu gehört nicht nur, die Menschen mit Infos zu versorgen, sondern auch, ihnen Unterhaltungsangebote zu offerieren. Der SR ist ein wichtiger Teil des Saarlandes.

SCHÜLERFERIENFEST

der Europawelle Saar 3./4. Juli '85

Freigelände, Funkhaus Halberg

Mittwoch, 3. Juli ab 12.05 Uhr · Donnerstag, 4. Juli ab 10.30 Uhr

---

Diskjockeys von SR 1 Europawelle Saar präsentieren

Ace Cats	**Modern Talking**
Lancelot	**Relax**
Flatsch	**Steve Allen**
Blind Date	**Innocent Cry**
Crypton	**Sandy Marton**
Silver Pozzoli	**Eros Ramazotti**
Nicki	**und viele andere**

Live auf UKW Saarbrücken-Halberg 94,2 MHz
Ausschnitte auf SR 1 Europawelle Saar 1422 kHz und UKW 88 MHz,
im Regionalfernsehen und am 10. Juli und 14. August in S3

Buspendel Stadtmitte-Halberg
Informationsstände der „querfunk"-Redaktion und der SR-Pressestelle
Imbiß- und Getränkebuden

Line-Ups über die Jahrzehnte

1981 Schülerferienfest

Dienstag, 16. Juni: **Thomas Ohrner, Ted Herold, Rockefeller** und andere

Moderation: Manfred Sexauer
Regisseur: Gerd Arend

1982 Schülerferienfest

Mittwoch, 21. Juli: **Frl. Menke, Markus, Lancelot, Arabesque, Profil, Rikki, Lichtblick** und andere

Moderation: Wilfried Eckel, Wolfgang Hellmann, Jan Hofer, Volkmar Lodholz

1983 Schülerferienfest

Freitag, 15. Juli, und Samstag, 16. Juli: **Geier Sturzflug, Münchener Freiheit, Markus, Kiz, Lancelot** und andere

Moderation: Bernd Duszynski, Wilfried Eckel, Wolfgang Hellmann

1984 Schülerferienfest

Mittwoch, 18. Juli, und Donnerstag, 19. Juli: **Steinwolke, Markus, Münchener Freiheit, Kiz, Lancelot, Wolfgang de Benki, X-Ray, Relax, Crypton, Linda Fields**
Moderation: Bernd Duszynski, Wilfried Eckel, Wolfgang Hellmann, Volkmar Lodholz

1985 Schülerferienfest

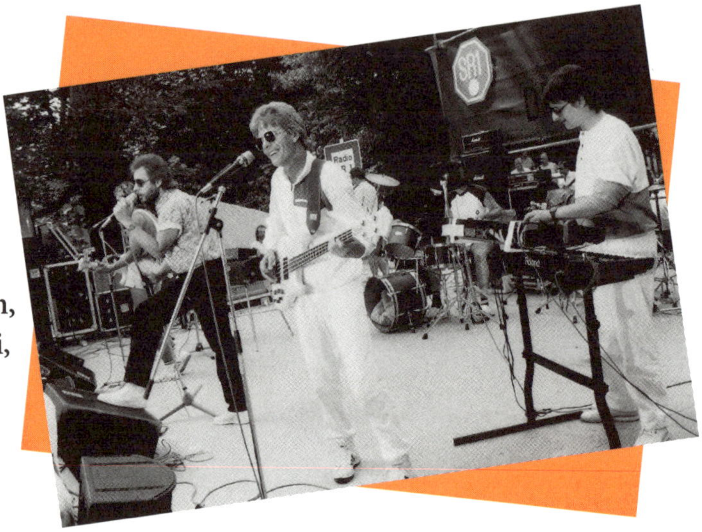

Relax beim Schülerferienfest 1985. © SR / Franz Mees

Mittwoch, 3. Juli: **Ace Cats, Modern Talking, Lancelot, Steve Allen, Blind Date, Crypton, Relax, Sandy Marton, Silver Pozzoli, Eros Ramazotti, Nicki, Foxy, Herne 3, Denice Jannah, Nero, Noblesse, Nox Nox, Sally Swan, TXT**

Donnerstag, 4. Juli: **Ace Cats, Steve Allen, Relax, Flatsch, Kiev Connolly, Gänsehaut, Innocent Cry, Lady Lilly, Bernie Paul, Steinwolke, Strandjungs, Die Toten Hosen, Straßenjungs, Crypton, Cora, Conditors, Les Immer Essen, Sign System**

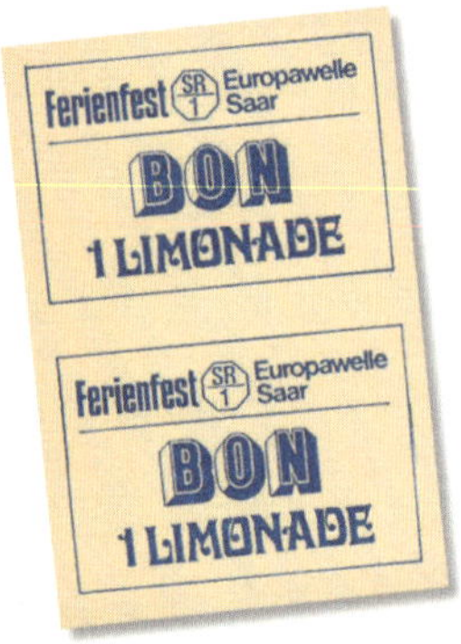

Moderation: Volkmar Lodholz, Bernd Duszynski, Ilona Christen-Kleitz, Manfred Sexauer, Wilfried Eckel, Adam Zapletal und Jan Hofer

Ab 1986 gab es offizielle Ablaufpläne. Die Künstler sind in folgender Reihenfolge (zum ersten Mal) aufgetreten:

1986 Schülerferienfest

Samstag, 14. Juni: **London Aircraaft, Riffs, Second Face, Ace Cats, Stevie Woods, Bad Boys Blue, Den Harrow, Bobo Zero, Saphir, Elektra, Andy & Die Asse, Roxanne, Möller, Jet, She, Kalowski, Bernd Schütz Band, Möller Airborn, Nation, Sarabah, Nation, Meier/Miller/Kaiser, Surprises**

Sonntag, 15. Juni: **Eros Ramazzotti, Snowy White, Rio Reiser, C. C. Catch, Two of Us, Jeff Thomas, Linda Jo Rizzo, Elektra, Christian Franke, Trench Z, Peter Schilling, Silent Circle, Strandjungs, Bobo Zero, Friedel Geratsch, Harry Lime's Gang, Romance, Hardbeats, Tie Break, Rouge, Riffs, Rodgau Monotones, Thomas Anders, Ingrid Peters, Peter Cornelius, Ernst Herzner, Conditors, Jet, Kalowski, Rock and Soul Allstars**

Moderation (beide Tage): Wilfried Eckel, Wolfgang Hellmann, Volkmar Lodholz, Manfred Sexauer, Peter Kleiß, Bernd Duszynski

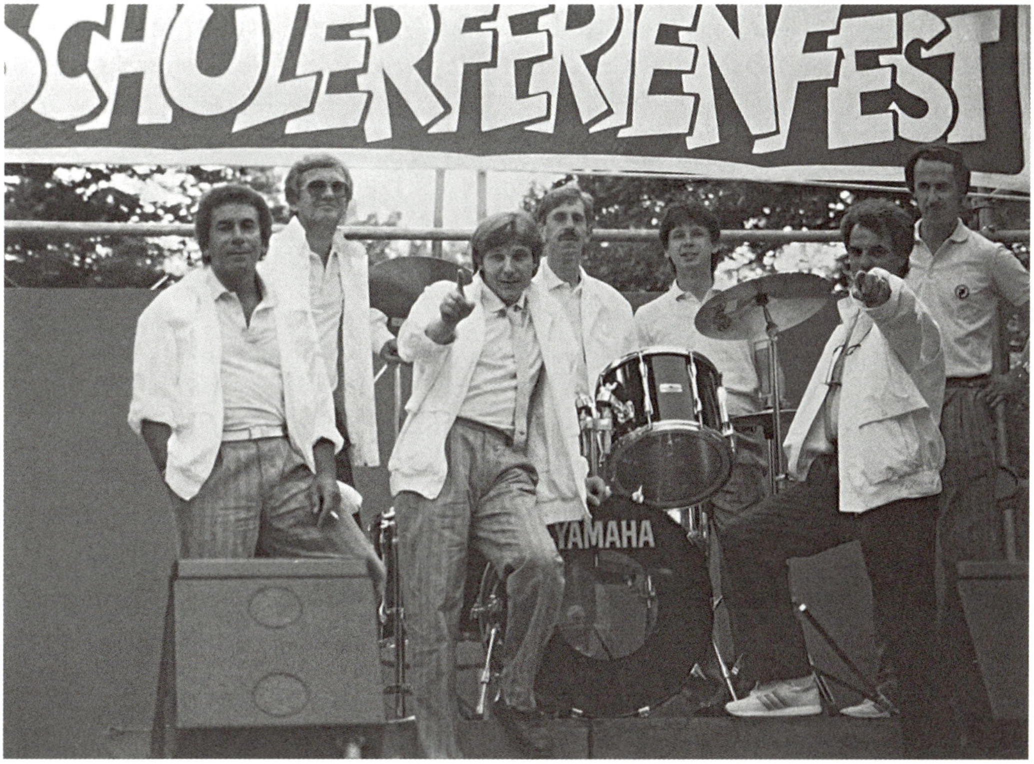

Das SR1-Moderatorenteam des Schülerferienfestes 1987: (von links) Manfred Sexauer, Gerd Arend, Wilfried Eckel, Volkmar Lodholz, Eberhard Schilling, Bernd Duszynski und Jürgen Bohr. © SR/Franz Mees

1987 Schülerferienfest:

Mittwoch, 22. Juli: **Trio Rio, Bernward Büker, Noys Toys, Strandjungs, George Krantz, Möller, Surprises, Amri, Die Ärzte, Jocco Abendroth, Karat, George McCrae, Franz Benton, Fabrique, Max Him, Window Speaks, Kay Frances, Chriss, Jerome, Grachmusikoff, Klaus Peter Schweitzer, Wild Axes, Candy, Final Heat Band, Fux, French Company, Enzo Janocci, Micha Schneider, Wise Man, Style, Mike Weymann, The Other Ones**

Moderation: Wilfried Eckel, Wolfgang Hellmann, Volkmar Lodholz, Manfred Sexauer

Donnerstag, 23. Juli: **Mike Mareen, Hob Goblin, The Other Ones, Bruce & Bongo, Fritz Brause, Peter Richter, Bad Boys Blue, Felix de Luxe, Fancy, China Blue, Bond, Twenty One, New Romance, Silicon Dream, Roxanne,**

Möller, Camouflage, Valentin Engel Band, Avenue, Bernward Büker, Black Denim, Balanx, C.C. Catch, Split Mirrors, Phil Shakleton, Jack E. Lovel, State oft he Art, Surprises, Monro, Ana Gonzales, Figo, Lucas

Moderation: Bernd Duszynski, Manfred Sexauer, Volkmar Lodholz, Dieter Exter, Wilfried Eckel, Wolfgang Hellmann

1988 Schülerferienfest

Mittwoch, 13. Juli: **Inker und Hamilton, Fux, Josy T., Francesco Napoli, Jule Neigel, Dominoe, Bad Boys Blue, Möller, C.C. Catch, Jermaine Stewart, Ace Cats, Milli Vanilli, Pur, Linda Jo Rizzo, Monday, Lipps, Surprises, Art Affairs, Valet Parking, Daimo Jackson, April April, Leslie Mandocki, Dan Kelly, Deja Vue, O'Hara, Wolfgang Fierek, Jessica, Curasao**

Moderation: Wilfried Eckel, Volkmar Lodholz, Britta Resch, Wolfgang Hellmann, Dieter Exter, Bernd Duszynski

Donnerstag, 14. Juli: **Mike Mareen, Mandy Winter, Strandjungs, Franz Benton, Fux, Hazel Dean, Bernward Büker, Two of Us, Camouflage, Liane Foly, Daniel John Ohm, Shiny Gnomes, Sabine Sabine, Markus, Fancy, Shipra, Allan Woerner, Vanden Plas, Vera Marques, Mama, Glen P. Stone, Amazone, Dizzy Lizzy Rock'n'Roll Band, Gil Anderson, Uno, Rockhaus, After Hours**

Moderation: Wolfgang Hellmann, Dieter Exter, Volkmar Lodholz

1989 Schülerferienfest

Mittwoch, 28. Juni: **Kiss in the Dark, Wolf Maahn, Dodo and Dodos, Bad Boys Blue, Maria, Chris Thompson, Esha, Mike Mareen, Fritz Brause, Wolfgang Petry, Thunderhead, Mad Romeo, Möller, The Winners, Daniel John Ohm, Jule Neigel, Vanden Plas, Fux, Middle of the Road, Ace Cats, Sid Haywood, Grant Stevens, Justian, Michel van Dyke, Madonna, Remo, Bad Boys Blue, Wolf Maahn, Kay Frances, Thick Red Spot, Steinwolke, Kiwi and Tess, California**

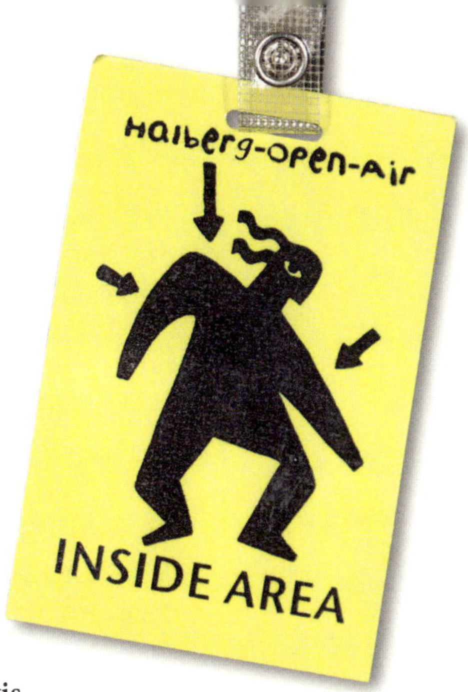

Moderation: Bernd Duszynski, Wilfried Eckel, Dieter Exter, Wolfgang Hellmann, Volkmar Lodholz, Britta Resch, Eberhard Schilling

Donnerstag, 29. Juni: **Silicon Dream, Strandjungs, Bonnie Bianco, Glen P. Stone, Esha, Okay, Patricia Kaas, Camouflage, Riva, Pierro Brunetti, Sweet Connection, Bernward Büker, Mandy Winter, Puhdys, Kristina Levy, Pur, Nino de Angelo, Linda Jo Rizzo, Thomas Anders, Timecode, Charles Shaw, Million Dollar Secret, Tony Baez, Smiley, Klaus Enkmann Band, April April, Moses P, Travis and Davis, Valet Parking, Die Erben, Balboa Park, Timecode**

Moderation: Bernd Duszynski, Wilfried Eckel, Dieter Exter, Wolfgang Hellmann, Volkmar Lodholz, Britta Resch, Eberhard Schilling

1990 Schülerferienfest

Mittwoch, 27. Juni: **Twenty 4 Seven, Mysterious Art, Mandy Winter, Straight Up, John David, Rosanna Rocci, The Cross, Francesco Napoli, Gina T, Moonbeats, P.M. Sampson, Kristiana Levy, Ice MC, Chinchilla Green, Joe Dorff, Vixen, Johnny Wakelin, Indian Summer, Alexis, Merlin, London Boys, Cora, Rodgau Monotones, Del Garett, George Baker Selection, Missing Link, Pe Werner, John Noville, Chocolate, Pleasure Principle, Werner Wichtig, Klaus Enkmann Band, Kay Frances, Ice Mc, The Cross**

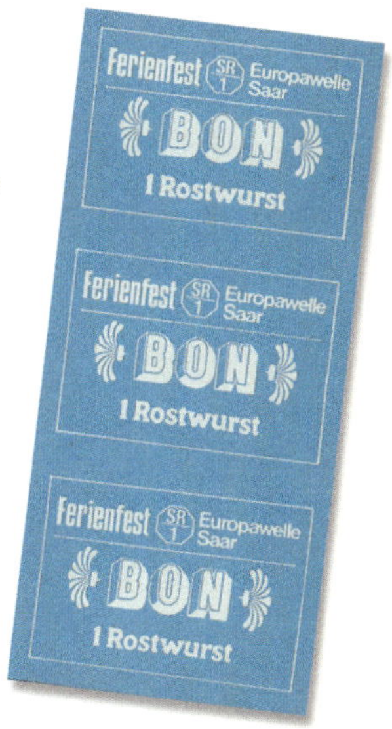

Moderation: Bernd Duszynski, Wilfried Eckel, Dieter Exter, Wolfgang Hellmann, Volkmar Lodholz, Britta Resch, Heike Hary

Donnerstag, 28. Juni: **Oh Well, Kiss in the Dark, Jule Neigel Band, M. C. Sar, O.K., Sabine Sabine, Remo, Ezna, Camouflage, Frank Zander, Sacco und Mancetti, Pe Werner, It takes Presidents, Robert L. Wilson, Cagey Strings, Peter Richter, Sweet Connection, Extrabreit, Mad Sinner, Bamboo Industry, Pur, Q, SST, Pink Slip, U.K.1, Friday, Amazone, Vanden Plas, Stoppok, Anneka, Rockmen, 2nd Secret Affair, Bernward Büker, Spider Murphy Gang, Danny Dziuk, Schweizer, Pierro Brunetti**

Moderation: Bernd Duszynski, Wilfried Eckel, Dieter Exter, Wolfgang Hellmann, Volkmar Lodholz, Britta Resch, Heike Hary

1991 Schülerferienfest

Mittwoch, 14. Juni: **Robert Earl Wilson, Suzie Quatro, Born 2gether, L.O.A. feat. Mo.Men, Shanghai'd Guts, Frank Zander, Groove 70, Francesco Napoli, Pont Neuf, Avalanche, Merlin, Shell and the Ocean, P.M. Sampson, The D.J. Teens, Michel van Dyke, Chocolate, Sacco and Mancetti, Ina Morgan and Tony Carey, B-Positive, Indian Summer, O.M.D., T.T. Fresh, Nadja Petrick, Douglas S. Pashley, Rosanna Rocci, Rockmen, Mike Linney, Cick, Bernward Büker, Susann Jill, Straight Up, Kay Frances, Boys don't cry, Peter Birkmann, En-Sonic, Börni K. Band**

Moderation: Bernd Duszynski, Wilfried Eckel, Dieter Exter, Wolfgang Hellmann, Dr. Peter Kleiß, Volkmar Lodholz, Britta Resch, Eberhard Schilling, Tommi Schminke

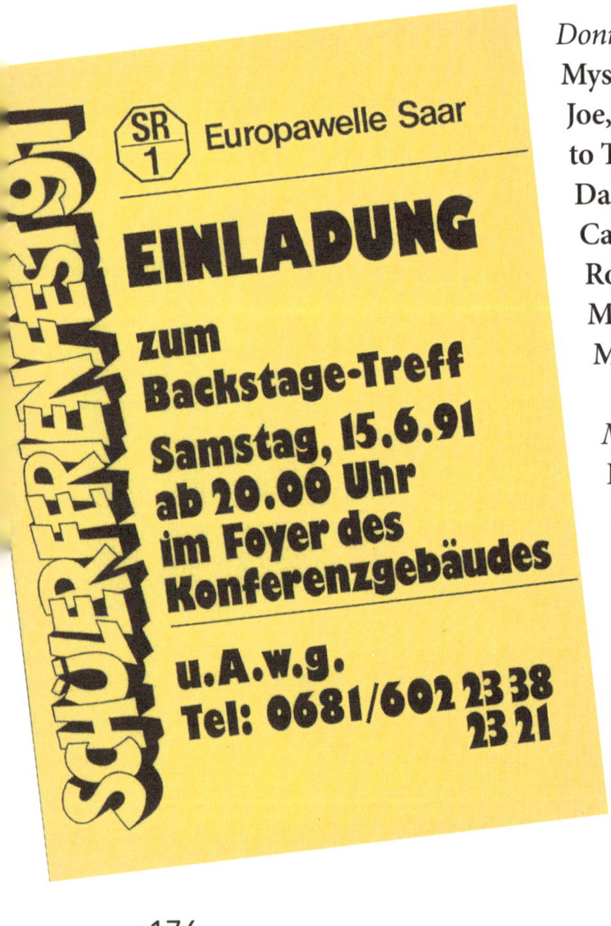

Donnerstag, 15. Juni: **Rattles, Paul and Andy, Original Buam, Mysterious Art, Pe Werner, Born 2gether, Strandjungs, Pro Joe, Culture Beat, Stetson Power, Thomas Anders, Time to Time, Purple Schulz, George McCrae, Wolf Maahn, Daniel Gomez, Boppin' B, River Boys, Brings, Fancy, Cathrin and the cool beat, Fabian Harloff, Lisa Wolf, Mikle Ross, Thomas Barquee, Die Schröders, Cora, Seni, All Martin and Big Bam Boo, Falkenberg, Die Zöllner, Jesus Messerschmidt, Marc Randall, Vanden Plas**

Moderation: Bernd Duszynski, Wilfried Eckel, Dieter Exter, Wolfgang Hellmann, Dr. Peter Kleiß, Volkmar Lodholz, Britta Resch, Eberhard Schilling, Tommi Schminke

1992 Schülerferienfest

Mittwoch, 22. Juli: **Chyp-notic, Time to Time, Mai Tai, Fabian Harloff, Rodgau Monotones, Straight Up, Up Funk Coolo, Double You, Planet Claire,**

Purple Schulz, Masterboy, Robert Earl Wilson, Wolf Maahn, Marx-Rootschilt-Tillermann, Silje, Ngobo Ngobo, The Royal Art, TNT, D-Sign, Reza, Ramon Tikaram, La Camilla, TLC, Non Art Art, DaVinci

Moderation: Claudia Conrath, Dieter Exter, Heike Hary, Eberhard Schilling, Tommi Schminke

Donnerstag, 23. Juli: **Bad Boys Blue, T. T. Fresh, Strandjungs, Rockmen, Vanden Plas, TNT, Rosanna Rocci, Human Touch, Ronda and Physical Motion, En-Sonic, Fux, P. M. Sampson, Pur, Opus, Dr. Alban, Markus, The Tailfins, Bernward Büker, Angela Martin, One Voice, Boppin' B, Bass Bumpers, Bananas Pirates, Mo Man, The D.J. Teens**

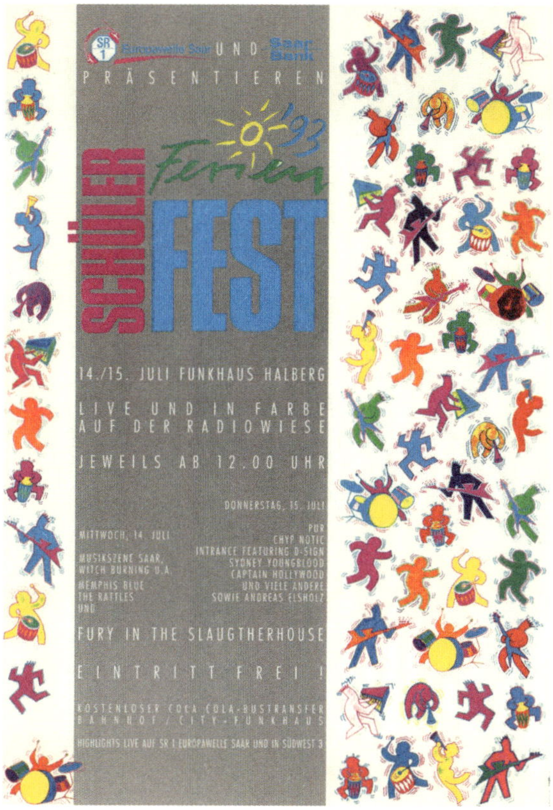

Moderation: Claudia Conrath, Dieter Exter, Heike Hary, Eberhard Schilling, Tommi Schminke

1993 Schülerferienfest

Mittwoch, 14. Juli: **Umoya, Memphis Blue, Juicy Lucy, Zartbitter, Witch Burning, Fury in the Slaughterhouse, The Rattles**

Donnerstag, 15. Juli: **Planet Claire, Bass Bumpers, Chess, Toy Boy, John Davis, Bad Boys Blue, Chyp Notic, Twins, Cut'n'Move, Andreas Elsholz, Masterboy, En-Sonic, Sydney Youngblood, Sir Prize, I.-Q., Captain Hollywood, Dob Russkin, Intrance feat. D-Sign, 4 Reeves, P. M. Sampson, Paul Bennett, Pur, Sandy's Factory, Scarlett**

Moderation: Roland Helm, Heike Greis, Eberhard Schilling

1994 Schülerferienfest

Mittwoch, 29. Juni: **Witch Burning, Apache Tear, Tell your Mother, Illegal 2001, Michael learns to Rock, Lucilectric**

Donnerstag, 30. Juni: **Masterboy, M.C. Sar, Planet Claire, Michael learns to Rock, The River Boys, En Sonic, Andreas Elsholz, Maggic Affair, The Weather Girls, Die drei von Radio Enterhaken, Memphis Blue, Hands on the Wheel, I. C. Falkenberg, Götz von Sydow, Allison, Captain Hollywood, Fun Factory, Twenty 4 Seven, Bad Boys Blue, 2nd Nature, B.G. Prince of Rap, Young Internationals, Scarlett, M. J. Project, Third Generation, Sandy's Factory, Vanden Plas**

Moderation (beide Tage): Heike Greis, Eberhard Schilling

1995 Schülerferienfest

Mittwoch, 5. Juli: **Violett, Vanden Plas, Scarlett, Till and Obel, Two for You, Memphis Blue, Jocelyne B. Smith, Götz von Sydow, Fettes Brot, Nina, E. A. V., Loft, Charlie Lownoise & Mental Theo, Intermission, E-Rotic, Die Schlümpfe, Cut'n'Move, T-Spoon, Floy, Bed and Breakfast, Mc Sheep, Strictly M.O.R., La Bouche, Witch Burning, Sandy's Factory, Dreist, Pseudoboy, M. J. Project, Equatronic**

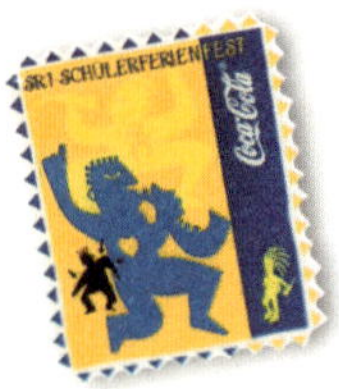

Donnerstag, 6. Juli: **Die Schande, Maui, Stay C, Daisy Dee, Paradoxa, Darkness, Full Speed, K2, Andreas Elsholz, Duke, Pe Werner, Robertson Brothers, Sparks, Captain Hollywood, Mr. President, Fabian Harloff, Worlds Apart, Masterboy, Activate, Fun Factory, Velvet Lipps, B. G. Prince of Rap, Terry Dean, Alliance Ethnic, Black Eyed Blonde, New Jack Kids, Witch Burning**

Moderation (beide Tage): Heike Greis, Eberhard Schilling

1996 Halberg Open Air

Mittwoch, 17. Juli: **Yah, Yah, Intermisssion, Alex Mc, Loft, Together, E-Rotic, Exotica, Dolls United, Zhi-Vago, Die Schlümpfe, Nina, B.G. Prince of Rap, Camen, Lorenza, Halmakenreuther, Alex Party, BND, Bürger Lars Dietrich, Extrabreit, Dune, Charlie Lownoise & Mental Theo,**

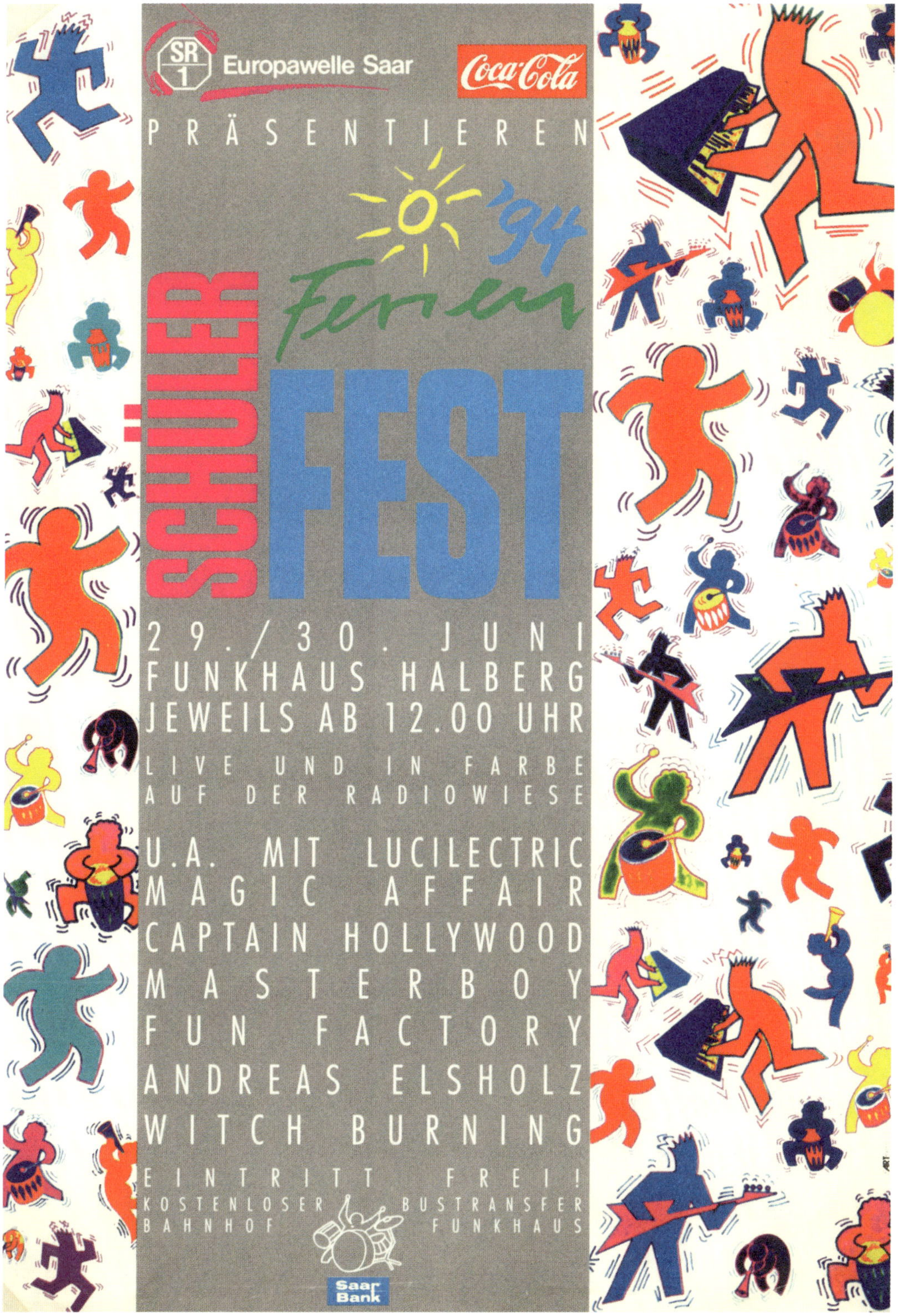
SR 1 Europawelle Saar
Coca-Cola
PRÄSENTIEREN
'94
Ferien
SCHÜLER
FEST
29./30. JUNI
FUNKHAUS HALBERG
JEWEILS AB 12.00 UHR
LIVE UND IN FARBE
AUF DER RADIOWIESE
U.A. MIT LUCILECTRIC
MAGIC AFFAIR
CAPTAIN HOLLYWOOD
MASTERBOY
FUN FACTORY
ANDREAS ELSHOLZ
WITCH BURNING
EINTRITT FREI!
KOSTENLOSER BUSTRANSFER
BAHNHOF FUNKHAUS
Saar Bank

Culture Beat, Maui, Marc Wilson, Heath Hunter, Mr. Ed jumps the Gun, Justine Earp

Donnerstag, 18. Juli: **Paddy goes to Holyhead, Twenty 4 Seven, Slam, Worlds Apart, Martin Z, Gute Zeiten, Beat System, Charlie Lownoise & Mental Theo, Blümchen, Mr. President, Sweetbox & Jon, Construction, Music Instructor, Tic Tac Toe, Double Vision, Sqeezer, Two God, Lucilectric, Just Friends, SOS, Daisy Dee, Ice Mc, Die Granaten, Sir Prize, Casalla, Das Modul**

Moderation (beide Tage): Heike Greis, Eberhard Schilling

1997 Halberg Open Air

Mittwoch, 23. Juli: **Code 5, Martin Z, Chilly, Good Guyz, Vereinigte Arroganz, Blacknuss, Justine Earp, Yell 4 you, Daimyo Jackson, Sequential One, Garcia, X-Perience, Red 5, T-Spoon, Kavana, Makoma, X-Pression, G's Incorporated, Fe-Mail, Captain Jack, 2 Young, Down Low, Cappuccino, C-Block, Le Click, Marcel Romanoff, Charlie Lownoise & Mental Theo, Lyte Funkie Ones, Gute Zeiten, U.N.S. 5, Marc Wilson**

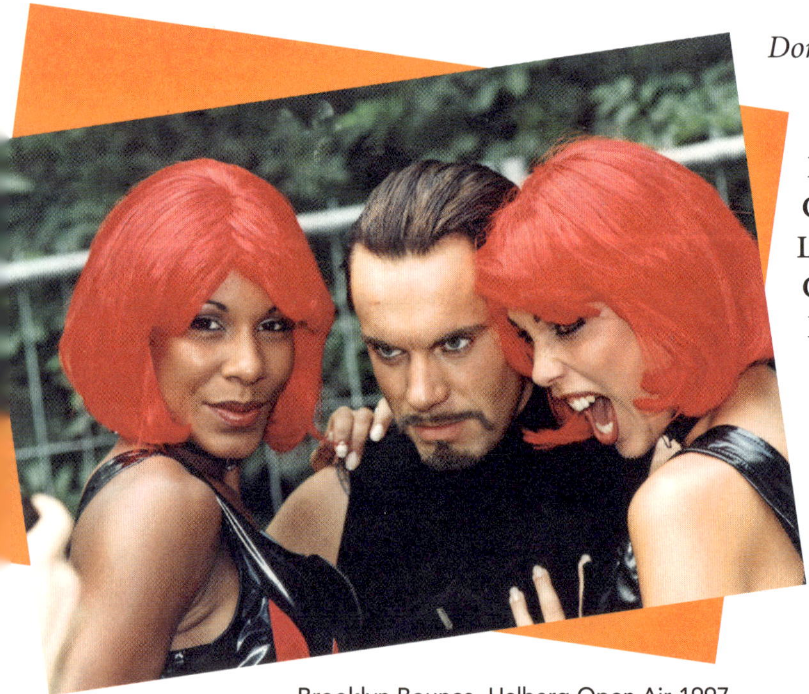

Brooklyn Bounce, Halberg Open Air 1997.

Donnerstag, 24. Juli: **2 Ruff, Construction, Hypnotic Beat, Charlie Lownoise & Mental Theo, Lorenza, Gute Zeiten, Daisy Dee, Marcel Romanoff, Le Click, Carrilio, Squeezer, A.K. Swift, Poco Loco, Just Friends, Soultans, The Boyz, Cordalis, Together, Sash, Der Wolf, Loft, Brooklyn Bounce, Amex Love, Blümchen, Fresh & Funky, Heath Hunter, Sweet Box, Touché, Ricky, Johnny Right, Julian, Curley Jay, DJ Join Miro**

Moderation (beide Tage): Heike Greis, Eberhard Schilling

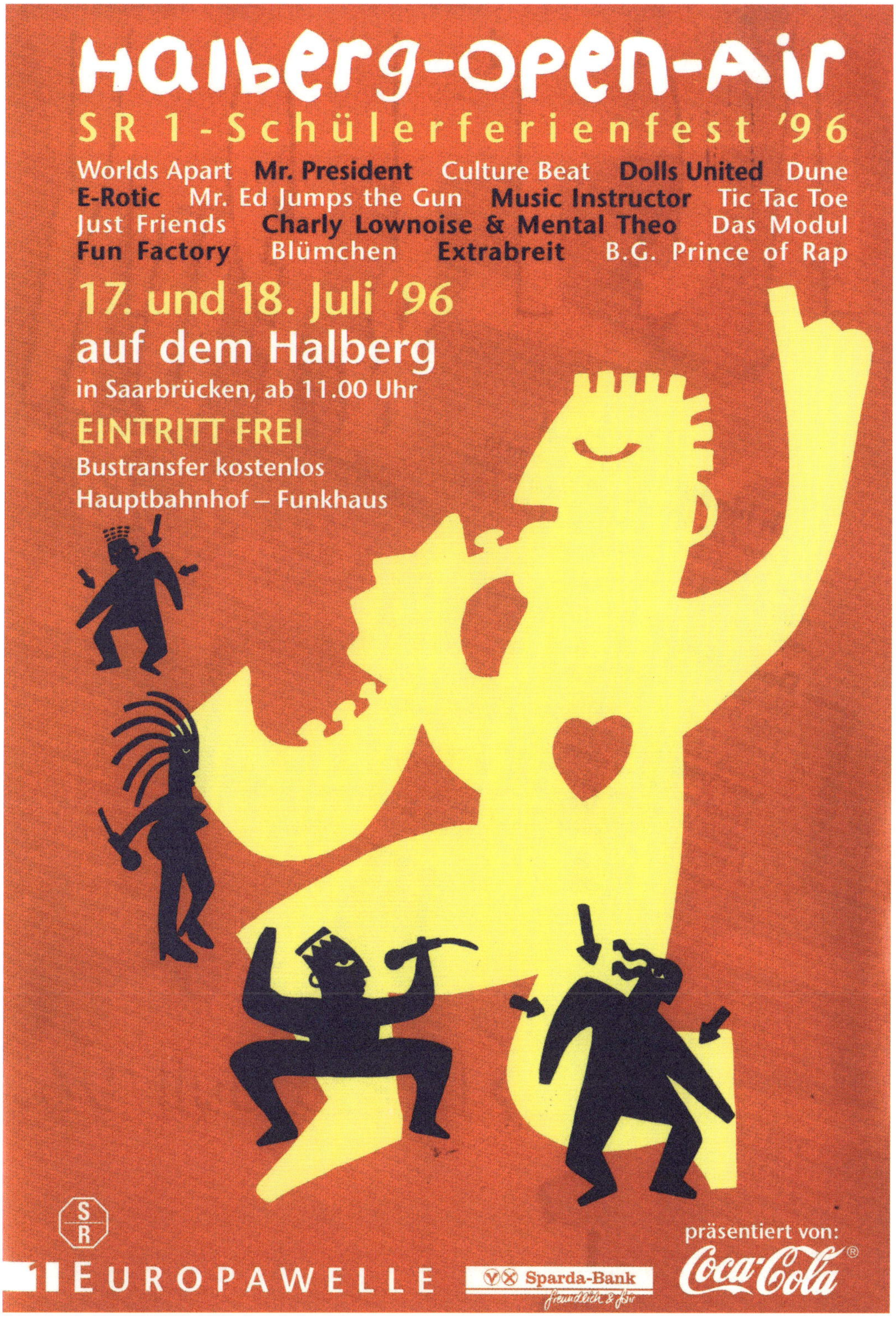
Halberg-open-Air
SR 1-Schülerferienfest '96
Worlds Apart Mr. President Culture Beat Dolls United Dune
E-Rotic Mr. Ed Jumps the Gun Music Instructor Tic Tac Toe
Just Friends Charly Lownoise & Mental Theo Das Modul
Fun Factory Blümchen Extrabreit B.G. Prince of Rap
17. und 18. Juli '96
auf dem Halberg
in Saarbrücken, ab 11.00 Uhr
EINTRITT FREI
Bustransfer kostenlos
Hauptbahnhof – Funkhaus
präsentiert von:
1 EUROPAWELLE
Sparda-Bank
Coca-Cola

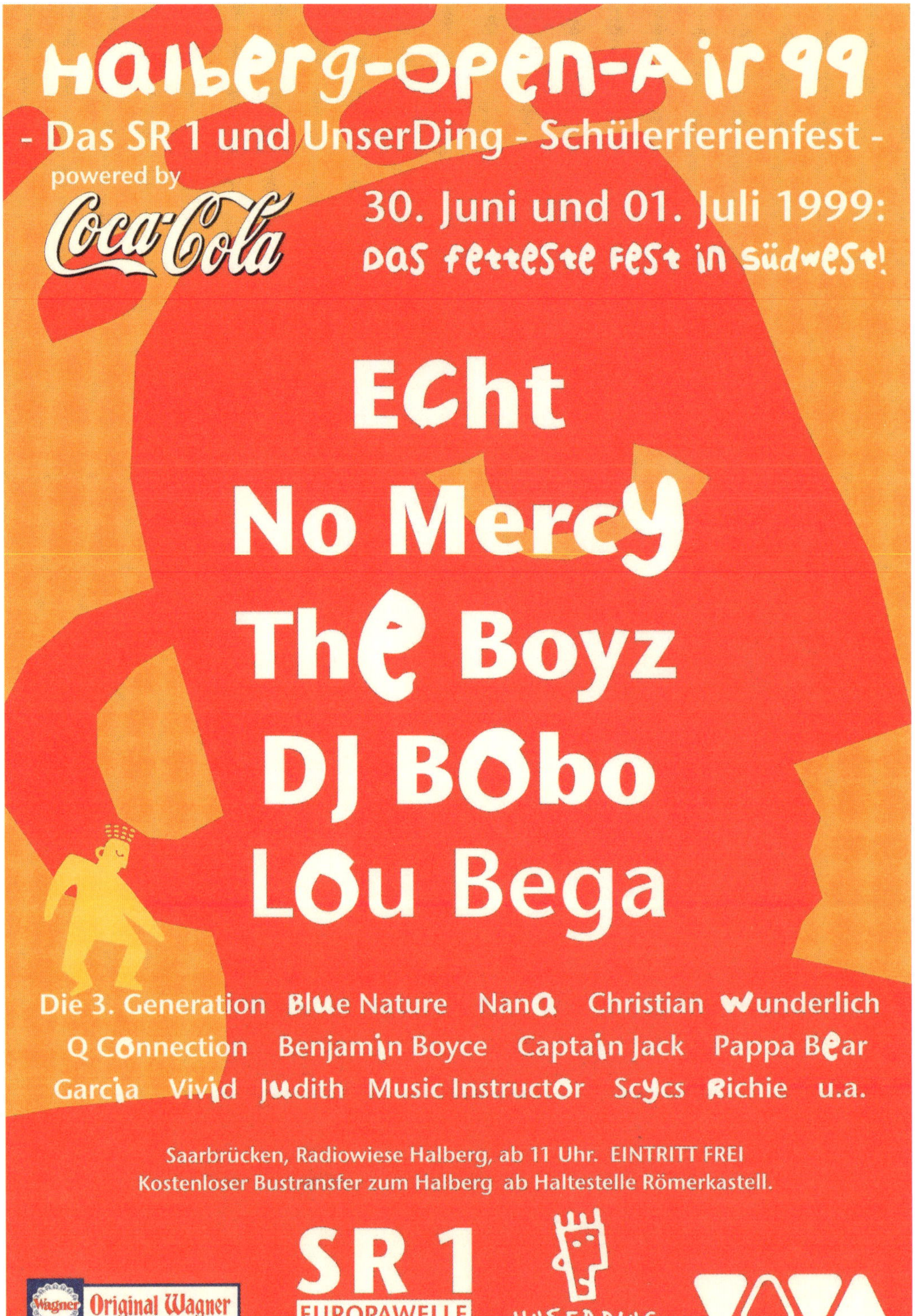
Halberg-Open-Air 99
- Das SR 1 und UnserDing - Schülerferienfest -
powered by
Coca-Cola
30. Juni und 01. Juli 1999:
Das fetteste Fest in Südwest!
Echt
No Mercy
The Boyz
DJ BoBo
Lou Bega
Die 3. Generation Blue Nature NanA Christian Wunderlich
Q Connection Benjamin Boyce Captain Jack Pappa Bear
Garcia Vivid Judith Music Instructor Scycs Richie u.a.
Saarbrücken, Radiowiese Halberg, ab 11 Uhr. EINTRITT FREI
Kostenloser Bustransfer zum Halberg ab Haltestelle Römerkastell.
Original Wagner
SR 1
EUROPAWELLE
UNSERDING
VIVA

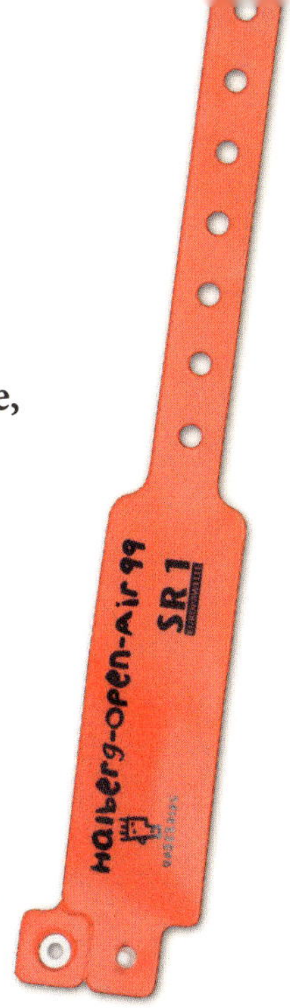

1998 Halberg Open Air

Mittwoch, 15. Juli: **T.O.P., Dee Age, Marcel Romanoff, Crème de la Crème, Just Friends, 2 Evissa, Spectacoolär, Verena, Culture Beat, Sweetbox, Nana, Bellini, Squeezer, Basis, Charlie Lownoise & Mental Theo, 5NY, Lady Thereza, Garcia, The Boyz, Farland, Noble Savages, Sasha, Cleopatra, Chilly, Worthington, Deeva, Give 1's, Vereinigte Arroganz, Soldiers, Il Hype, M.T. Groove**

Donnerstag, 16. Juli: **Charly Lownoise & Mental Theo, Marc Wilson, Alina, Awesome, Marcel Romanoff, 5NY, Blümchen, Alex Prince feat. Mazaya, Pappa Bear, N.Y.C.C., Dune, Tony Cottura, Sash, Heath Hunter, 911, Bell, Book & Candle, 4 The Cause, R'n'G, Scooter, Jam & Spoon, Polizei, Mr. President, Soultans, Gil, Daimyo Jackson, Das Modul**

Moderation (beide Tage): Heike Greis, Eberhard Schilling, Frank Lämmermann

1999 Halberg Open Air

Mittwoch, 29. Juni: **Da Crew, Edsilla, First Love, Check da Rapper, Emel, R & B, Jose Castro, Die wahren Bosse, Die Prinzen, Benjamin Boyce, Sozey & Chris Moutas, Dropzone, QConnection, Blackblood, Mellow Sirens, Dee Age, No Mercy, Charly Lownoise & Mental Theo, 4 Unique, Lou Bega, Craig Smart, Rugged I, Glow, Blue Nature, Christian Wunderlich, Yamboo, Lamar, Spectacoolär, Stereoblonde, Echt**

Donnerstag, 30. Juni: **Charly Lownoise & Mental Theo, 2 Hot 4 You, R. & B., Captain Jack, 4 Unique, Gil, Die dritte Generation, Heath Hunter, L.O.C. Lou Bega, Music Instructor, Rappers against Racism, DaNaCeE, Ray Horton, Pappa Bear, Klimaschock, The Boyz, Judith, Ayman, Laurent Daniels, Richie, Alex Prince, DJ Bobo, Farland, Scycs, M.T. Groove, Nana, Give 1's, Garcia, Vivid**

Moderation (beide Tage): Frank Lämmermann, Miriam Hannah, Christian CKay Kahl

2000 Halberg Open Air

Mittwoch, 21. Juni: **Liquido, Four Colourz, Natural Born Hippies, Southside Rockers, Boys Alive, Zoe, Charlis Charlston, Flying Steps, Stereoblonde, Orange Blue, Danacee, N.Y.C.C. Rollergirl, Makoma, Keno, Ruben Gomez, 4 Unique, Bandaloop, Aleksey, Worlds Apart, C-Block, Band ohne Namen, Different Art, Die dritte Generation**

Donnerstag, 22. Juni: **C-Block, Vanden Plas, Band ohne Namen, Solid Base, Boys Alive, Die Profis, Faray, Ayman, Score, Junia, AnnLee, Music Intsructor, B. Uneek, Tik N' Tak, M.T. Groove, Highland, Rebekka, Marco da Silva, ATC, Passion Fruit, Lucrezia, Mini Beats, Dee Age, French Affair, Yamboo, Bastiaan Ragas, COP-Project, DJ Ötzi, Reamonn, Kim & Oceana**

Moderation: Frank Lämmermann, Miriam Hannah, Christian CKay Kahl

2001 Halberg Open Air

Mittwoch, 20. Juni: **SCYCS, Daniel Hall, Studio 69, Siesto, 4-Unique, Dinar, Stereoblonde, Ego, Makoma, Enie, Vivid, Naima, Bosson, Emilia, Ayman, Atomic Kitten, Gallery, Rednex, Hopscotch, Jeanette Biedermann, Kids gegen Rechts, Ron Williams, Ole, Cappuccino, Da Fource, Nina, Binita, City Nord, Mc René**

Donnerstag, 21. Juni: **Sofaplanet, Potthässlich, Boys Alive, M.T. Groove, Romo, NAP, Nicole da Silva, Sweetbox, Yamboo, Die Springer, Kamary, Terry Byrne, Passion Fruit, Underdog Project, Band ohne Namen, Ann Lee, Floorfilla, Alisha Rome, Judith, X-Perience, Doule Dee, Annabell Kay, Melanie Thornton, 2-Hawaii, Sarah Connor, Jennifer Davids, It-Girls, Candy Pye, Bell, Book & Candle, B.B.E., Scooter, DJ Ötzi**

Moderation (beide Tage): Jessica Schwarz und Christian »CKay« Kahl

2002 Halberg Open Air

Mittwoch, 26. Juni: **Down Low, Beat Boxing, Mad Rebels, Sonnit, Boys Alive, Lions of Love, Karney, Starsplash, Hyperchild, Marlon, MyGirlz, Sash, Reanimator, Zoe, Romina, B.P.M., Emilie & Charlotte, All Area,**

Marflow Mc, D-Glam, Isabel, Jeanette Biedermann, Natural, Nicole da Silva, Hermes House Band, DJ Ötzi

Donnerstag, 27. Juni: **Marflow Mc, Goldjunge, Law, Reinvited, Gallery, Killerkouche, Audiosmog, Snailshouse, Natural, H-Blockx, Tell your Mother, Ben, Reanimator, AOC, Samajona, Sebastian Deyle, Right Said Fred, Sita, Wonderwall, Haddaway, Boys Alive, Fabrizio Faniello, Le Chant**

Moderation (beide Tage): Janin Reinhardt und Christian »CKay« Kahl

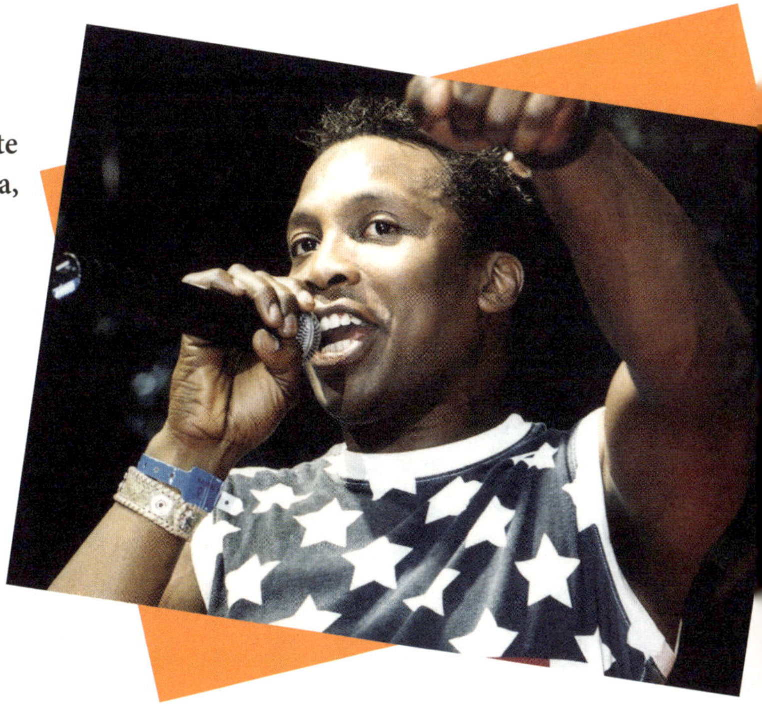

Haddaway auf dem Halberg Open Air 2002.
© SR / Becker & Bredel

2003 Halberg Open Air

Donnerstag, 17. Juli: **All Area, Pryde, Phleck & Spookey, Zugga & Eisblume, Illas Canbe, Emilie & Charlotte, Level A, Jana Ina, Frameless, Curly, Ivo, French Affair, Tanzschule Bootz-Ohlmann, Joe's Garage, Masha, E Nomine, Sedat Türüc, Patrick Nuo, Lea Finn, Cosmo Klein, Mia Aergerter, Daniel Lopes, Marc Sway, Jael, Natural, Captain Jack, Jeanette Biedermann**

Freitag, 18. Juli: **Bad Candy, Sandra H, All Area, Marc Sway, Chelko, Emilie & Charlotte, Before 4, Level A, Maycon X, Nicole da Silva, Svaen Lauer, Dreist, Starssplash, Rey Thomas, Robin Henderson, Samajona, Ben, McMarflow, Kool Savas, Guilia Faye, Indeed, Mr. President, Snailshouse, B3, Addys D' Mercedes, Mission Belle, Stahlhofen, Massive Töne**

Moderation (beide Tage): Christian »CKay« Kahl, Katrin Wilde und Collien Fernandes

2004 Halberg Open Air

Donnerstag, 15. Juni: **Olga feat. Michael Ameer, Phleck & Spookey, Gemini, Robin Henderson, Radost Bokel, Cosmo Klein, Silbermond, Fade Away, Fource, Vany, Flava Dance Company, Overground, Become**

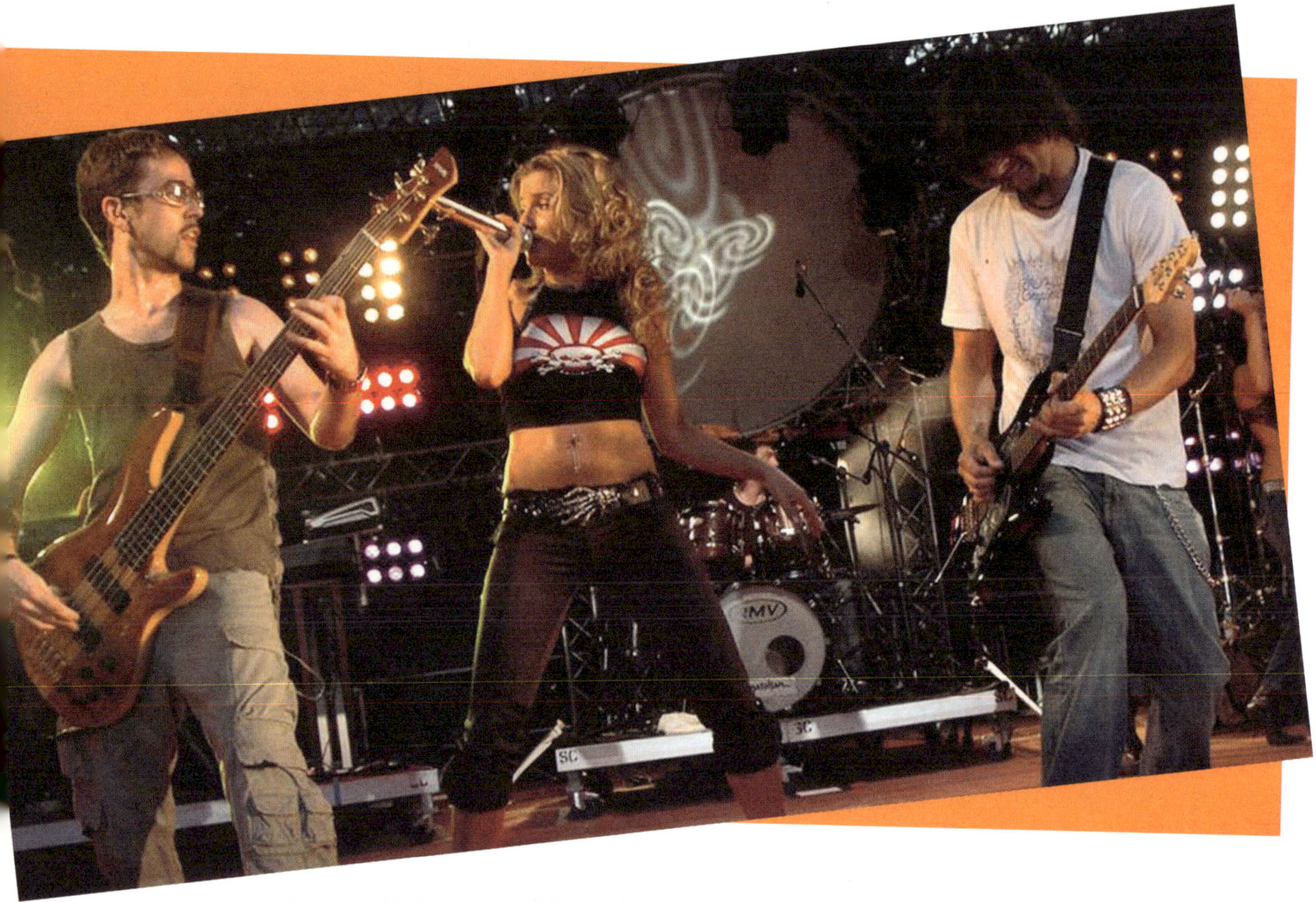

Jeanette Biedermann auf dem Halberg Open Air 2004. © SR/Becker & Bredel

One, The Roostars, Asphaltliteraten, Chillz, Indeed, Vanilla Ninja, Eko Fresh, Mc Marflow, Ferris MC

Freitag, 16. Juni: **Crackforce, Normann Böttcher, Sqeezer, Itchycoo, Magic Artists, Vanilla Ninja, Double P., Bro'sis, Juliette Schoppmann, Preluders, Natasha Thomas, Jamelia, Snailshouse, 4 Lyn, Jelena, Ego, Jeanette Biedermann**

Moderation (beide Tage):
Christian »Ckay« Kahl und Kathrin Wilde

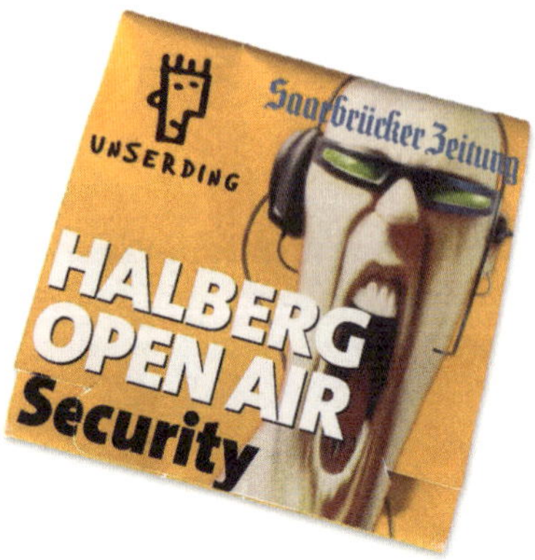

2005 Halberg Open Air und SR 1 LegendAir

Freitag, 22. Juli: »Halberg Open Air«: **Oblivion, Lynnie, Asphaltliteraten, Saragoz, M 69, Zeitlos, Tokio Hotel, Fade Away, Snailshouse, Virus Incorporation, Banaroo, Stephanie D., The BossHoss, Königwerq, Cosmo Klein und Maya Saban, Dorfdisko, Kate Hall, Gemini, Phleck & Joelle & DJ Lizzard, John Sutherland, Christina Stürmer, Nu Pagadi, US 5, Virginia Jetzt, Fettes Brot**

Moderation: Kathrin Wilde, Susanne Bersin, Verena Schneider und Freaky Jörn

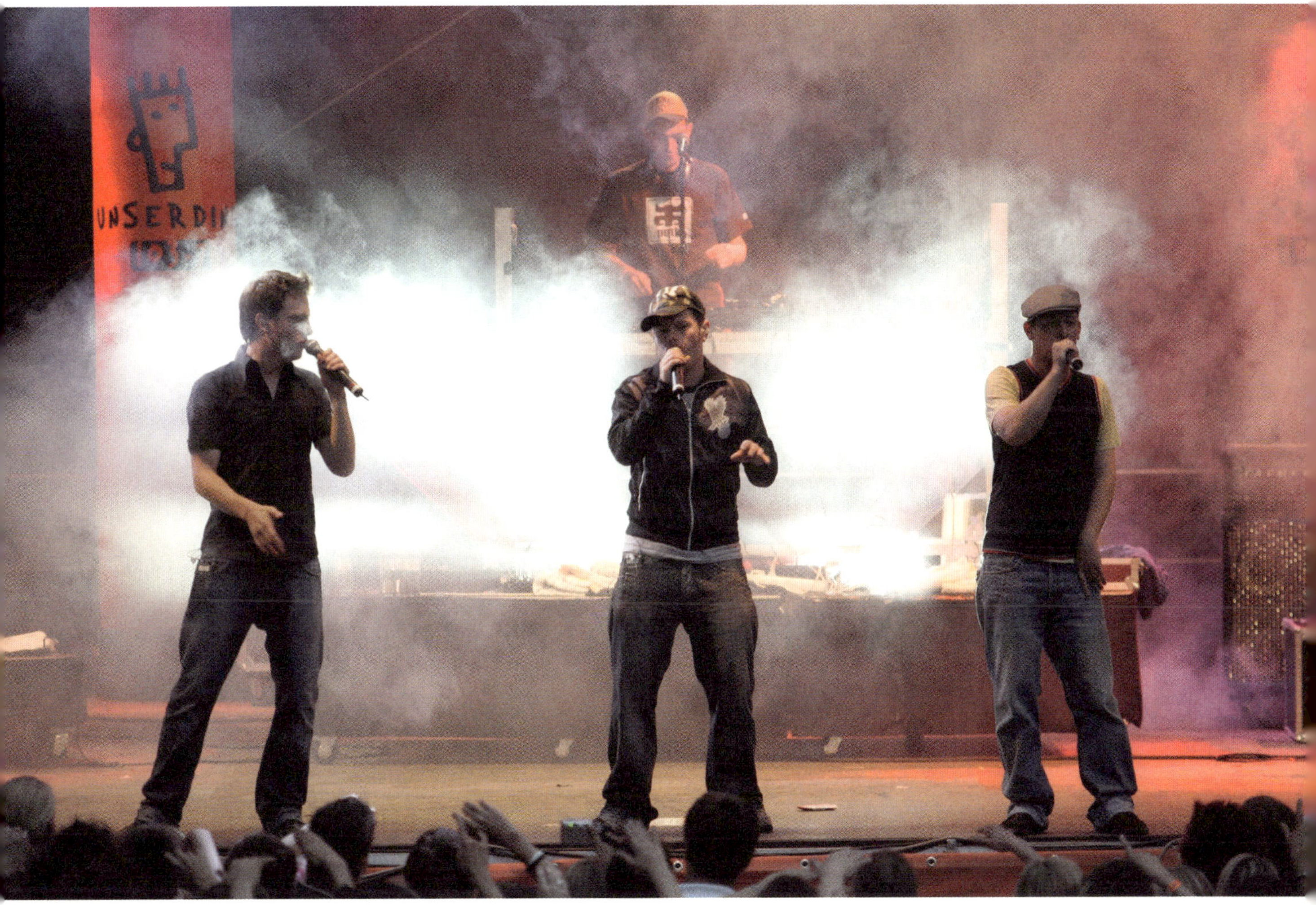

Fettes Brot auf dem Halberg Open Air 2005. © SR/Dirk Guldner

Samstag, 23. Juli, »SR 1 LegendAir«: **Fools Garden, Glashaus, Boppin' B, Laith Al-Deen, Reamonn**

Moderation: Colette Dryja und Thomas Rosch

2006 Halberg Open Air

Freitag, 14. Juli: **Intakt, TurboStreetBreakers, Tuned, Rivo Drei (Live), Mythero, Nu Flava, Marlon, Magic Artists, Philippe, Massive Töne, Revolverheld, Roger Moore, Rapsoul, US 5, Killerpilze, Jeanette Biedermann**

Moderation: Susanne Bersin und Freaky Jörn

2007 Halberg Open Air

Freitag, 6 Juli: **Hardcut, Reminder, Small State, Asher Lane, Itchy Poopzkid, Debbie rockt, Tommy the Clown, Ian O' Brian Docker, Max Buskohl & Empty Trash, Boundzound, Nevada Tan**

Moderation: Celina Fries und Frank Falkenauer

2008 Halberg Open Air

Freitag, 23. Juli: **Krempels, The Baby Universal, Benny & The Jets, Aloha from Hell, Drehmoment, Kool Savas, Klee, Stanfour, Killerpilze, Outmatch, Sunrise Avenue**

Moderation: Susi Bersin und Anna Dörr

2009 Halberg Open Air

Freitag, 10. Juni: **The Satellite Year, Drehmoment, Vorzeigekinder, The Black Sheep, My Excellence, Bosse, Luxuslärm, Stefanie Heinzmann, Oku and The Reggaerockers, Cassandra Steen, The Rasmus**

Moderation: Kerstin Mark und Frank Falkenauer

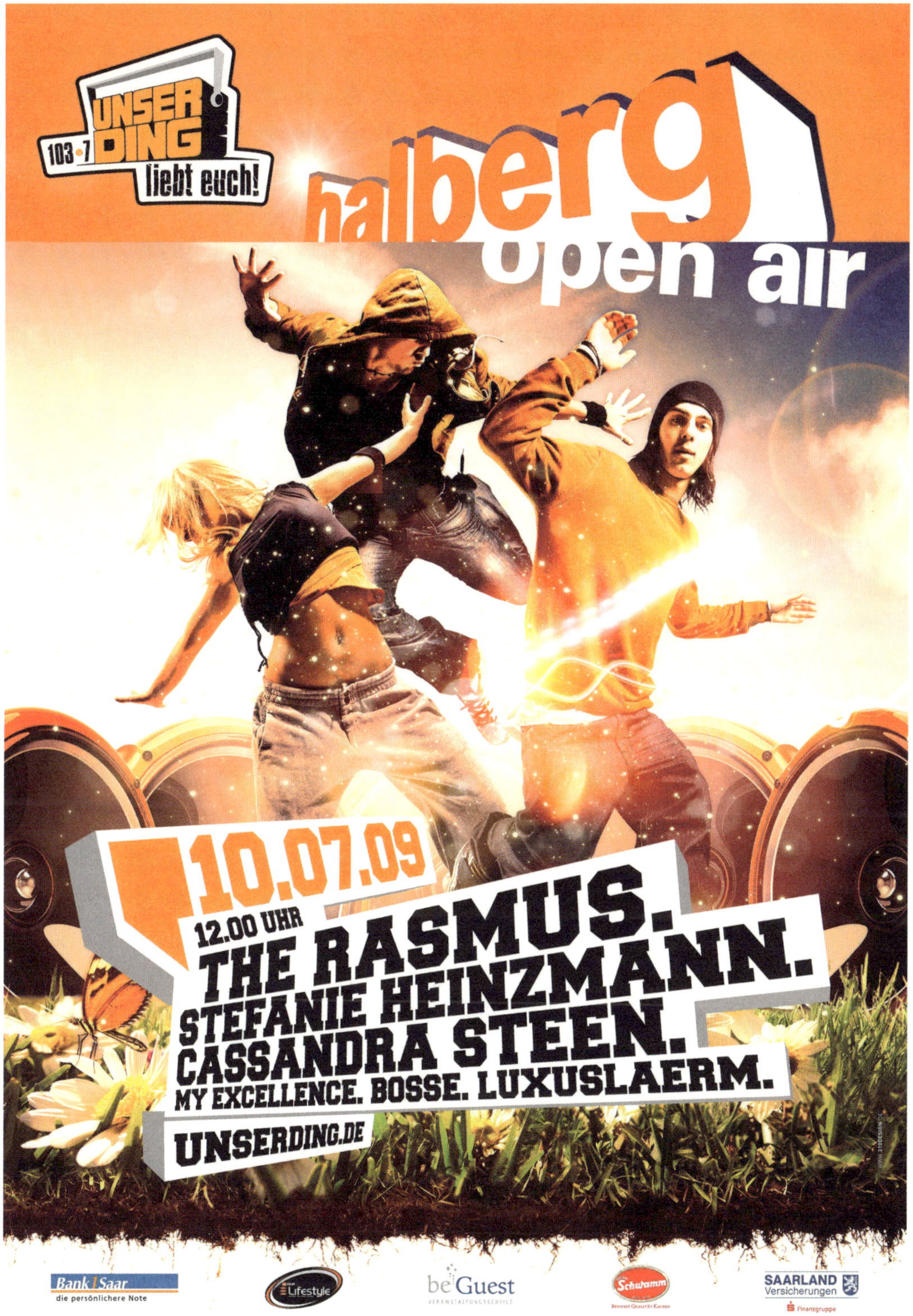

103·7 UNSER DING
liebt euch!
halberg open air
10.07.09
12.00 UHR
THE RASMUS.
STEFANIE HEINZMANN.
CASSANDRA STEEN.
MY EXCELLENCE. BOSSE. LUXUSLAERM.
UNSERDING.DE
Bank 1 Saar die persönlichere Note
Lifestyle
be Guest
Schwamm
SAARLAND Versicherungen
Finanzgruppe

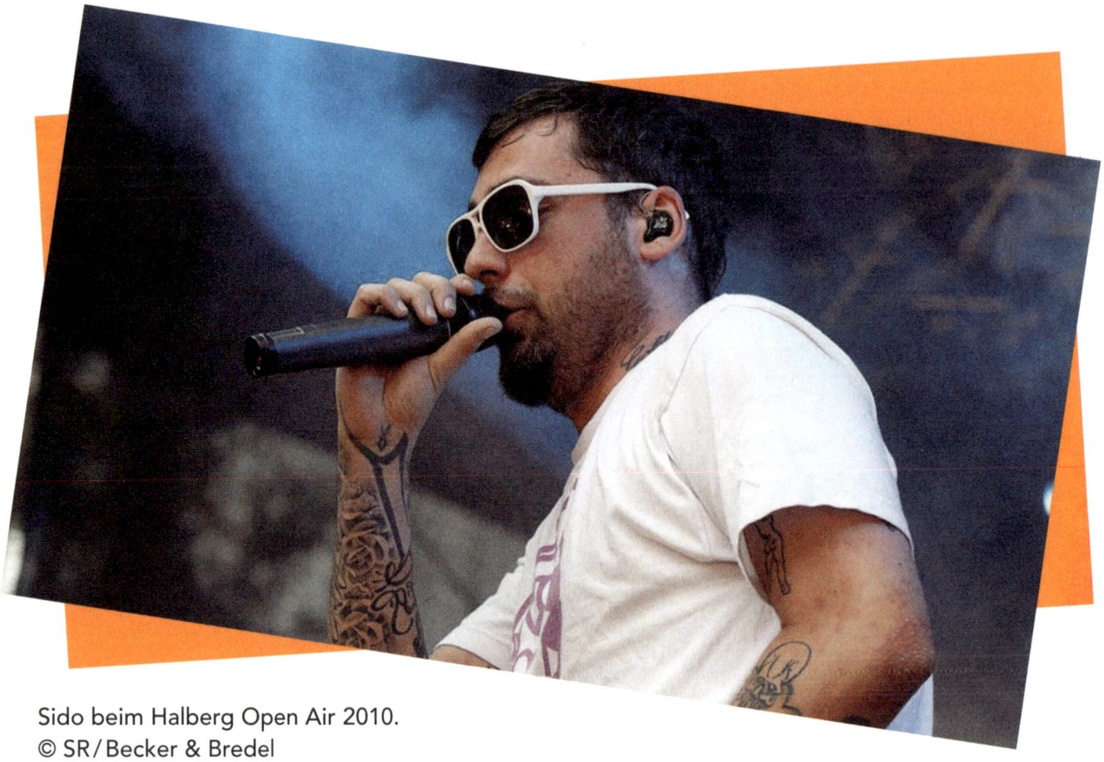

Sido beim Halberg Open Air 2010.
© SR/Becker & Bredel

2010 Halberg Open Air

Freitag, 2. Juli: **Stormy Weather Connection, Cane Street, Vam-Fam, Livingston, Aura Dione, Sido, Stanfour, Revolverheld**

Moderation: Kerstin Mark und Alex Mehl

2011 Halberg Open Air

Freitag, 22. Juni: **Farbenblind, Sander & Receiver, Random Hero, Pickers, Frida Gold, Jenix, Cassandra Steen, Marteria, Bosse, Milow**

Moderation: Josi Lundström und Frank Falkenauer

2012 Halberg Open Air

Freitag, 29. Juni: **Saarländische Schulband, F.I., 41 Grad, The Black Pony, Roman Lob, Jupiter Jones, Maxim, Kool Savas, Culcha Candela**

Moderation: Celina Fries, Freddie Schürheck

rechts: Melanie Thornton beim Halberg Open Air 2011. © SR/Becker & Bredel

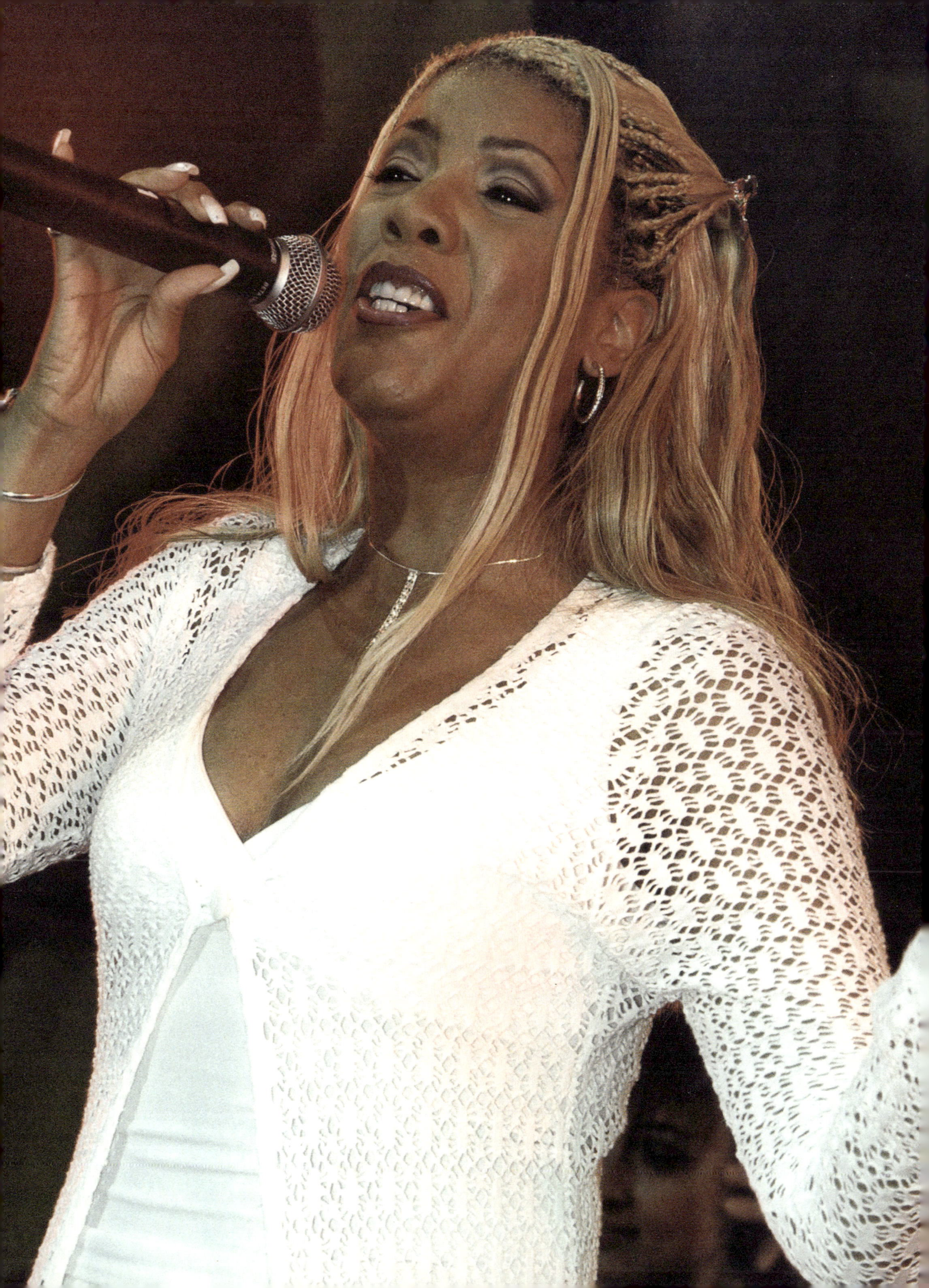

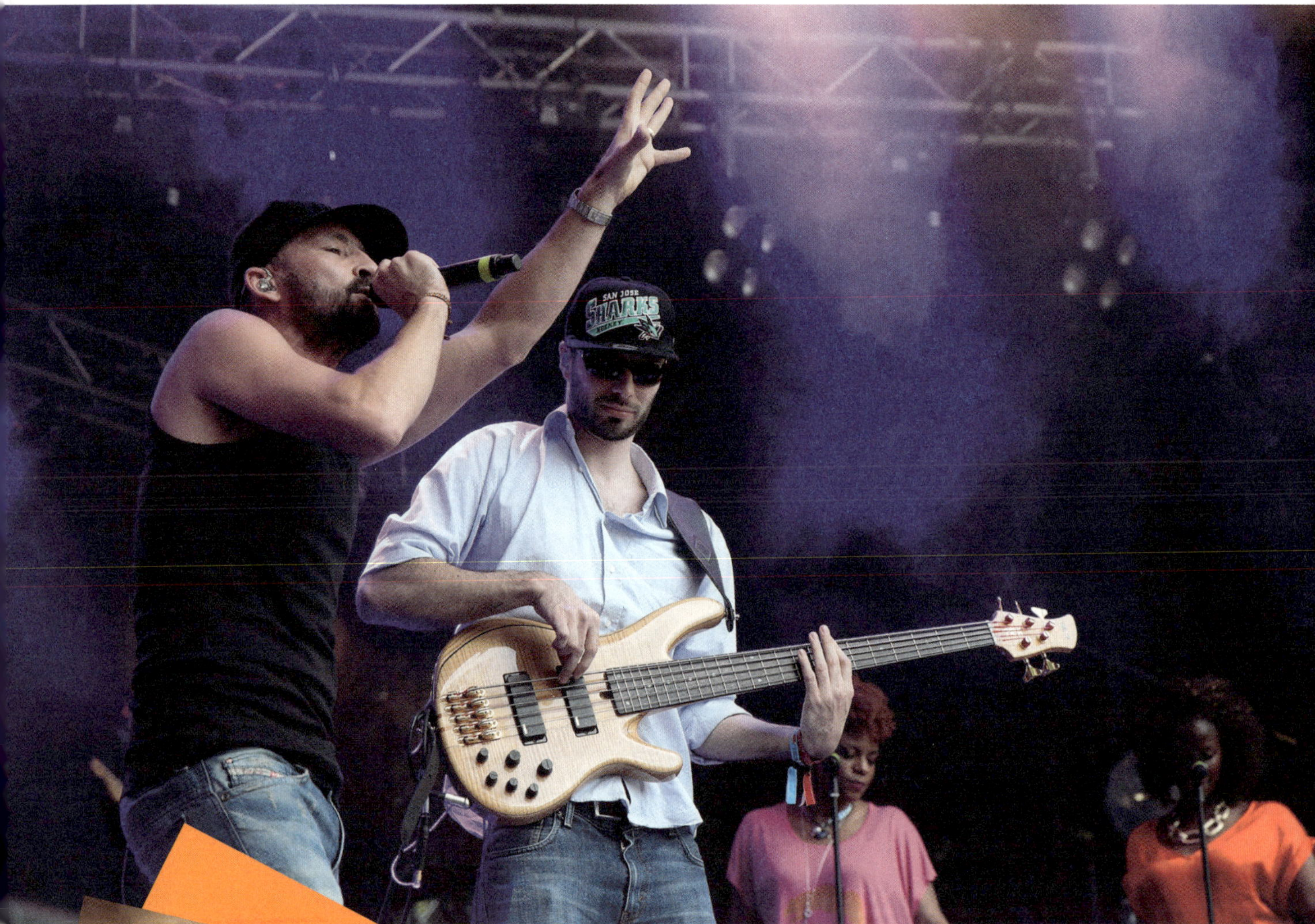

Gentleman, Halberg Open Air 2013.
© SR/Becker & Bredel

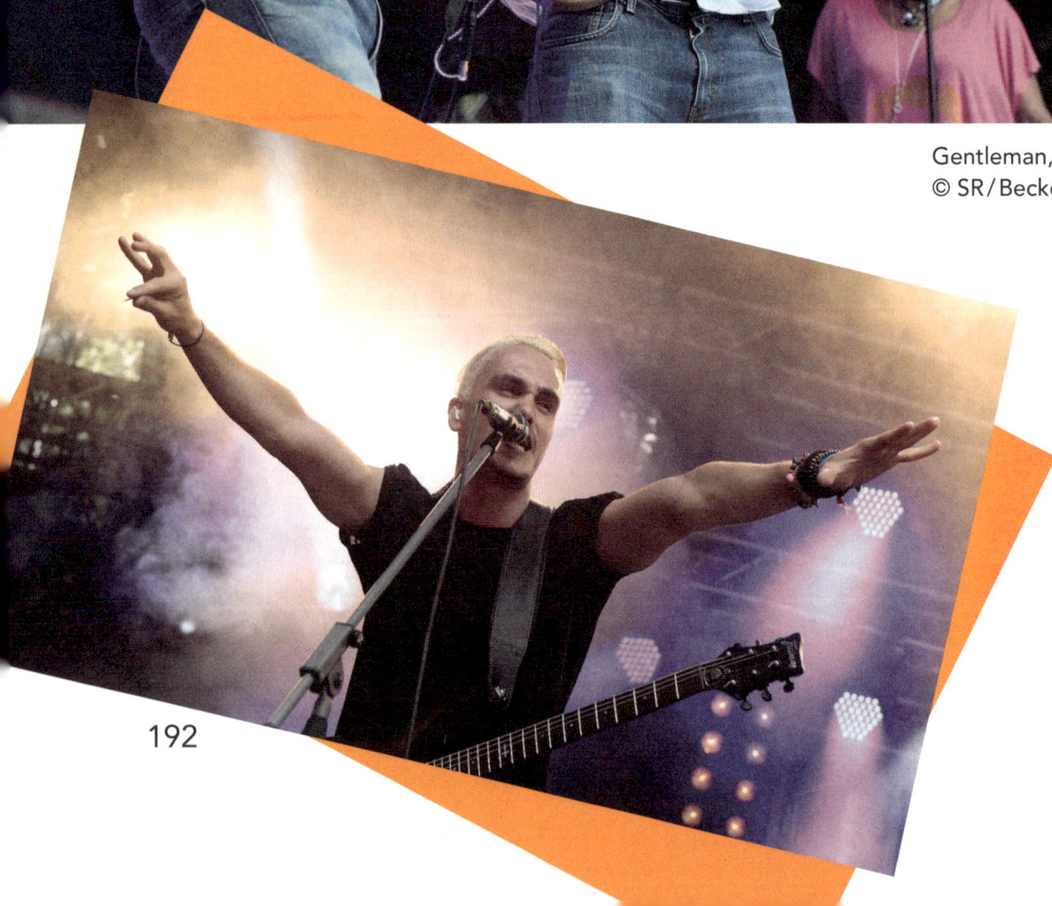

Killerpilze auf dem
Halberg Open Air 2013.
© SR/Becker & Bredel

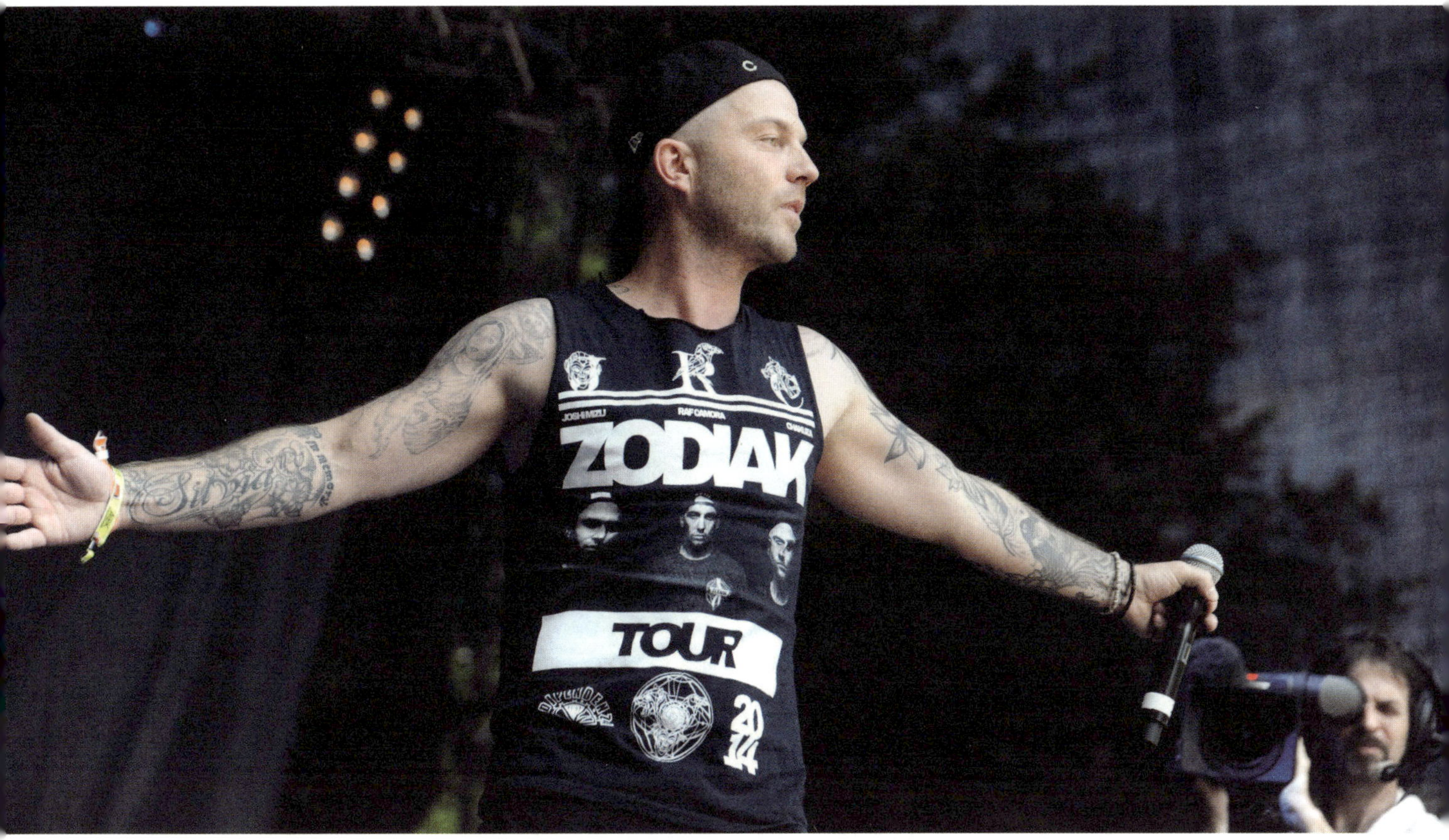

RAF auf dem Halberg Open Air 2014. © SR/Becker & Bredel

2013 Halberg Open Air

Freitag, 5. Juli: **Farbenblind, Malzbia, Raphaelome, An Assfull of Love, Glasperlenspiel, Saarbagage, Killerpilze, Max Herre, Gentleman, Royal Republic**

Moderation: Katrin Fries, Daniel Isengard

2014 Halberg Open Air

Freitag, 25. Juli: **The Noiz, Everyday Circus, Perdu, Kayef, RAF, Larsito, Genetikk, DCVDNS, The BossHoss**

Moderation: Stefanie »Thurie« Thurow und Marek Nowacki

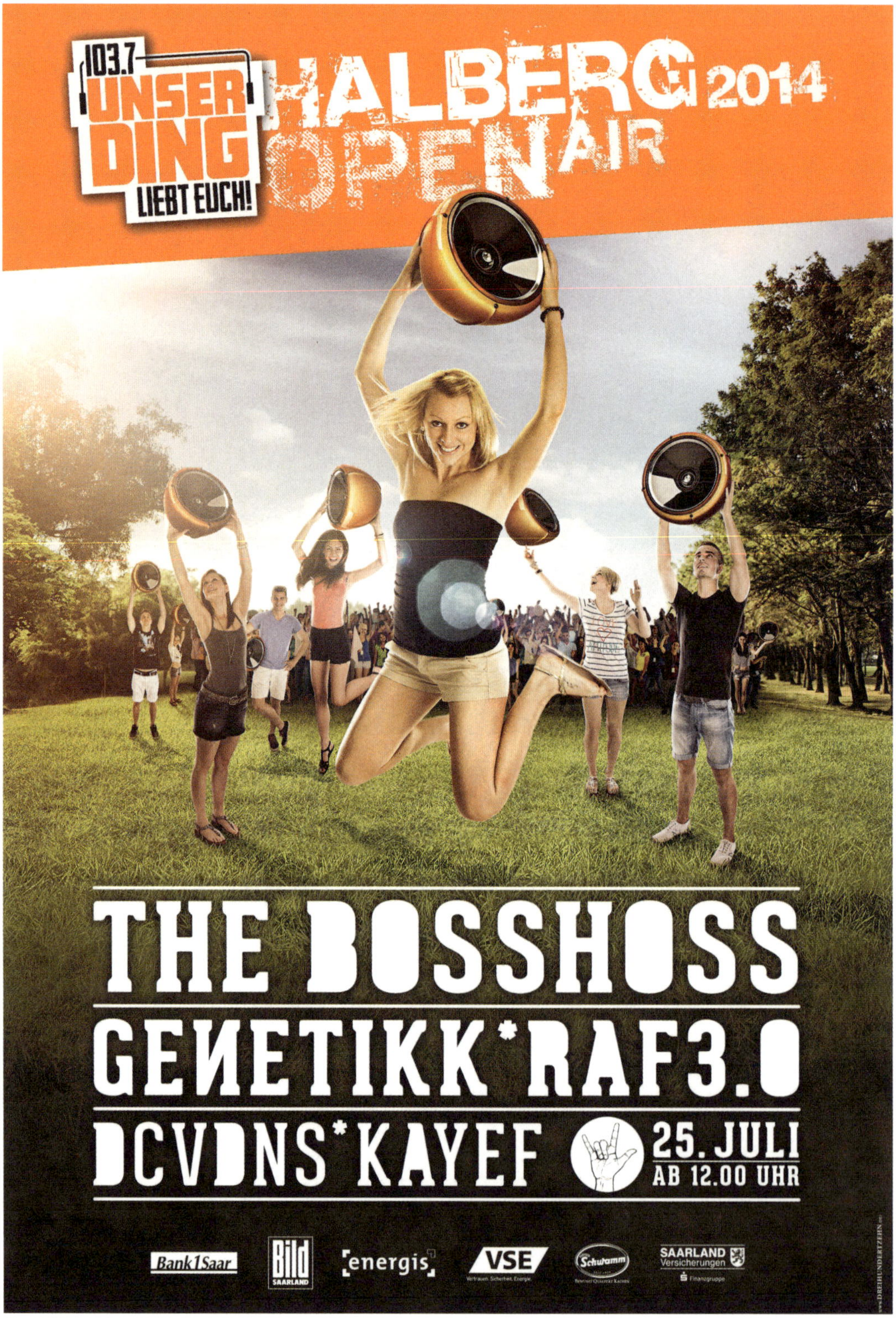
103.7
UNSER
DING
LIEBT EUCH!
HALBERG 2014
OPEN AIR
THE BOSSHOSS
GENETIKK*RAF3.0
DCVDNS*KAYEF
25. JULI
AB 12.00 UHR
Bank1Saar
Bild
SAARLAND
energis
VSE
Schwamm
SAARLAND
Versicherungen

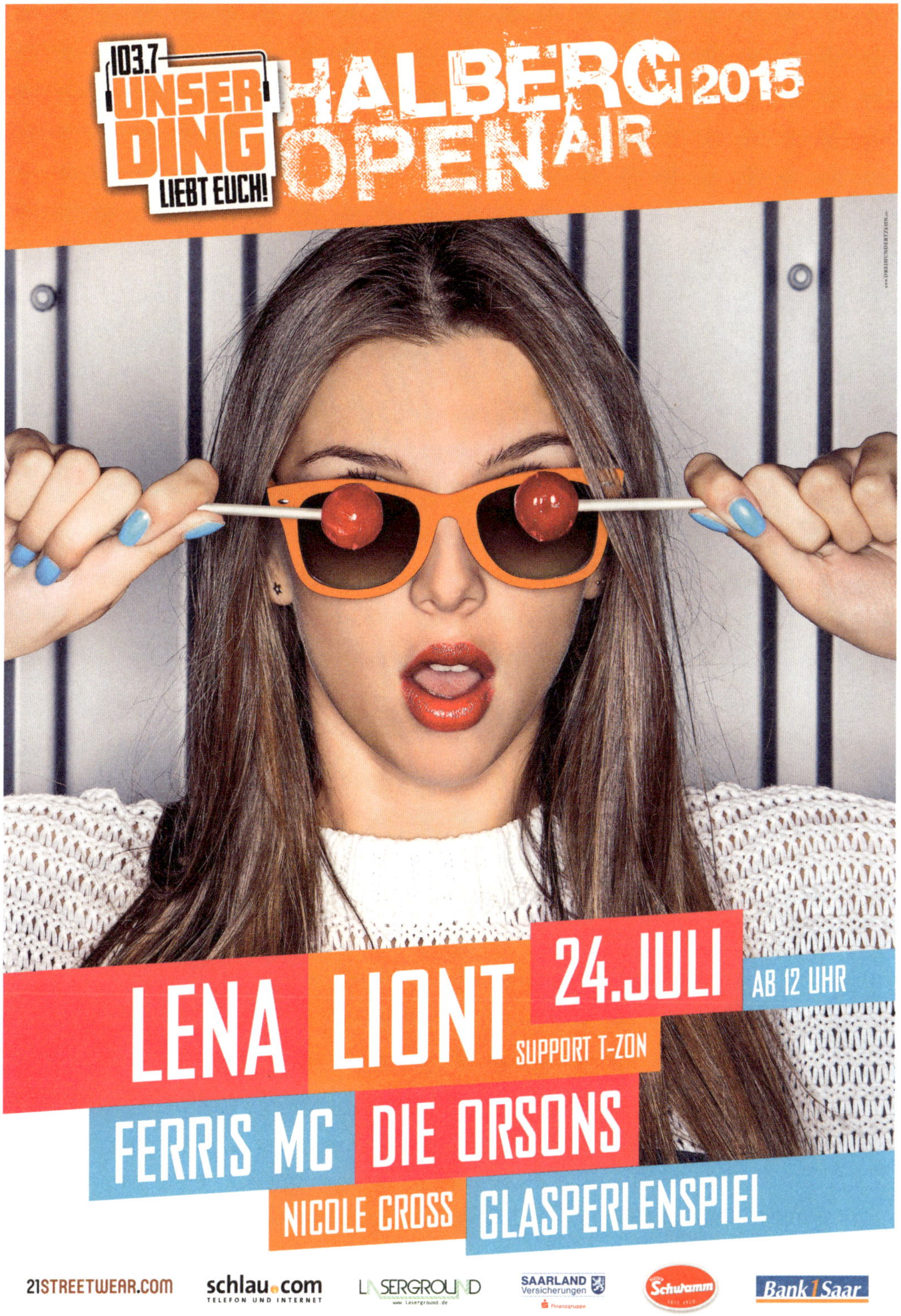
103.7
UNSER DING
LIEBT EUCH!
HALBERG 2015
OPEN AIR
LENA
LIONT
SUPPORT T-ZON
24.JULI
AB 12 UHR
FERRIS MC
DIE ORSONS
NICOLE CROSS
GLASPERLENSPIEL
21STREETWEAR.COM
schlau.com
TELEFON UND INTERNET
LASERGROUND
SAARLAND Versicherungen
Schwamm
Bank1Saar

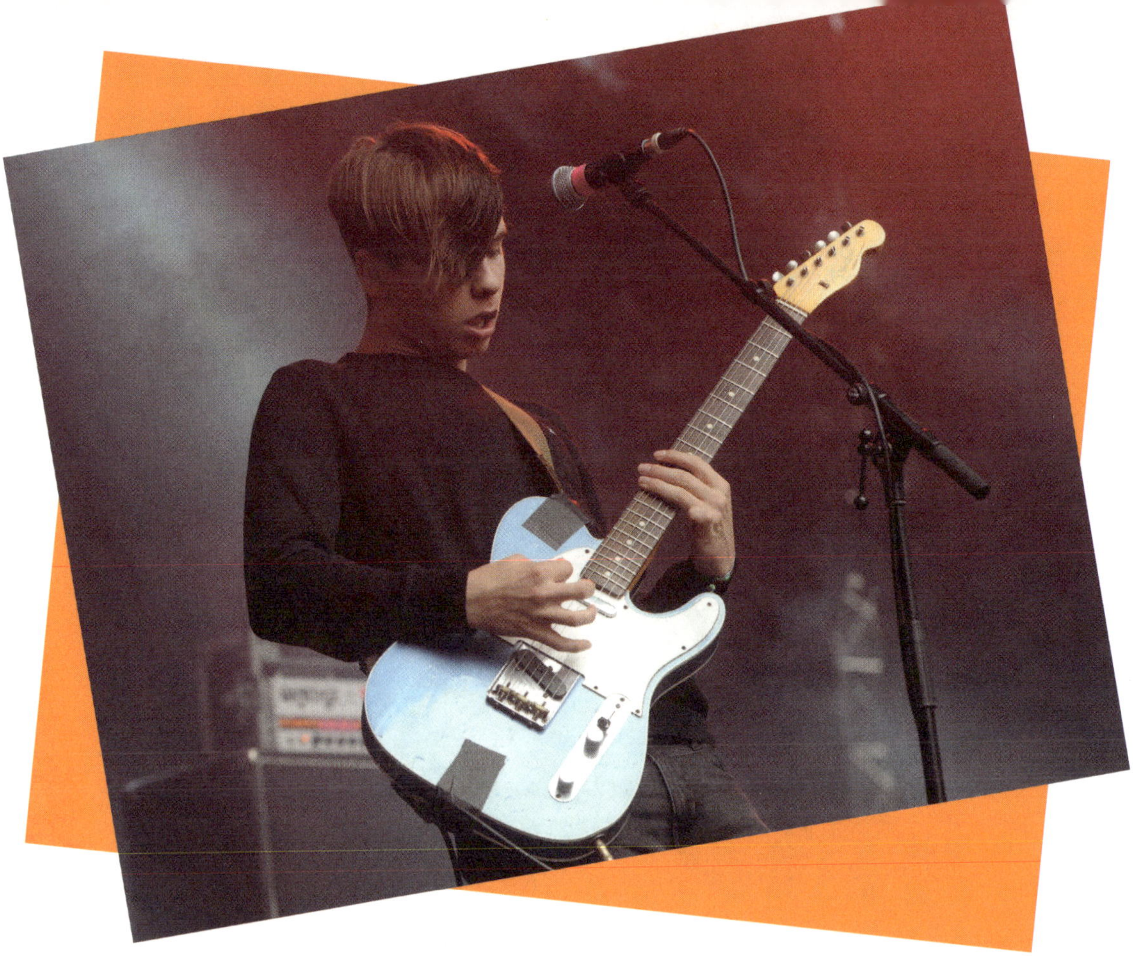

Van Holzen auf dem Halberg Open Air 2016. © SR/Becker & Bredel

2015 Halberg Open Air

Freitag, 24. Juli: **Zephyrsky, Axel Weber & Viele Mehr, One Way Ticket, Oh Captain! Oh Captain!, Nicole Cross, Ferris MC, Die Orsons, Liont Supp. T-Zon, Glasperlenspiel, Lena**

Moderation: Stefanie »Thurie« Thurow und Linda Reitinger

2016 Halberg Open Air

Freitag, 15. Juli: **Tiavo, I am Astronaut, Mike Singer, Van Holzen, Lions Head, Luxuslärm, T-Zon, Max Giesinger, Jamie Lee, Die Lochis**

Moderation: Stefanie »Thurie« Thurow und Jonas Degen

rechts: T-ZON auf dem Halberg Open Air 2015. © SR/Becker & Bredel

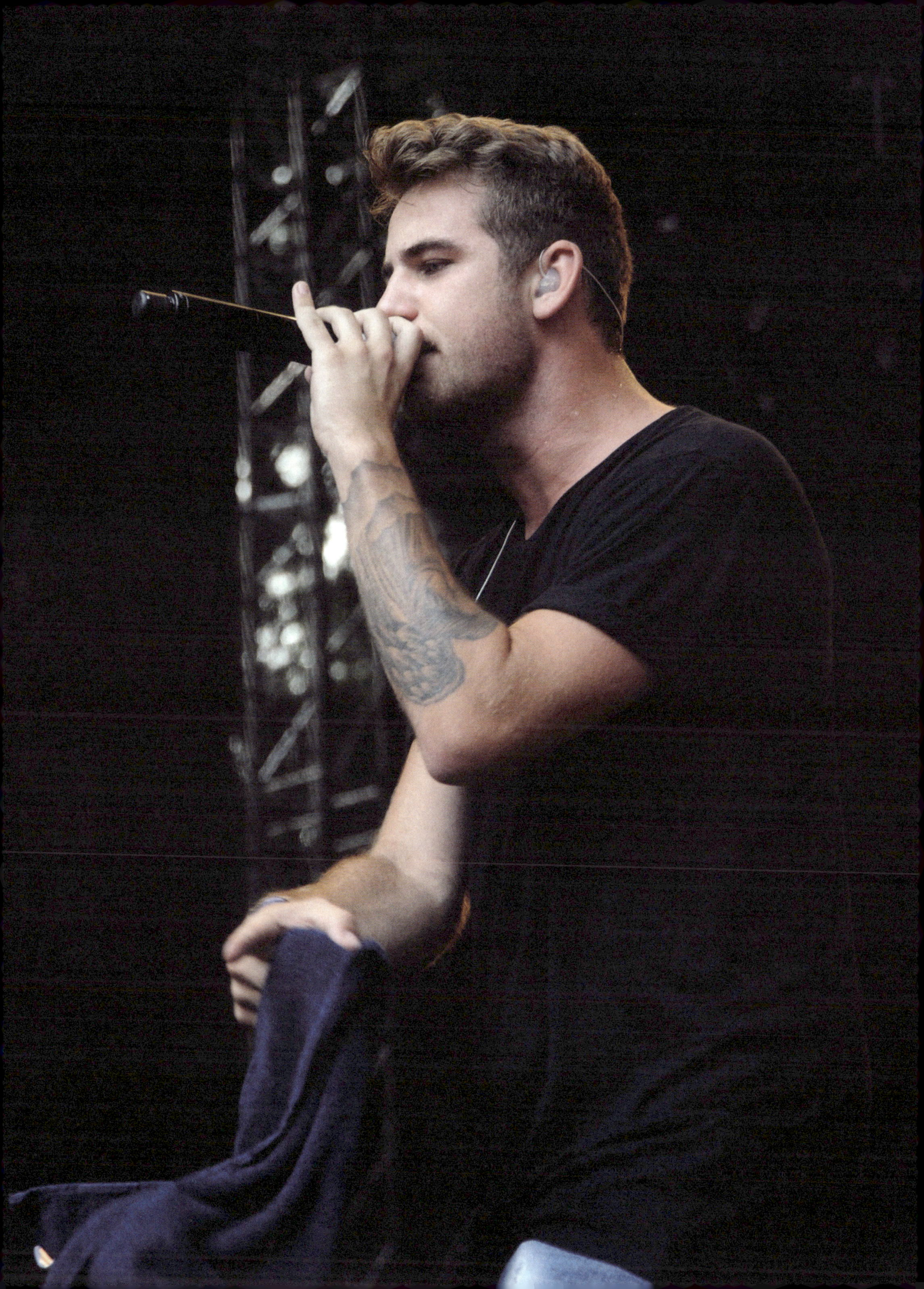

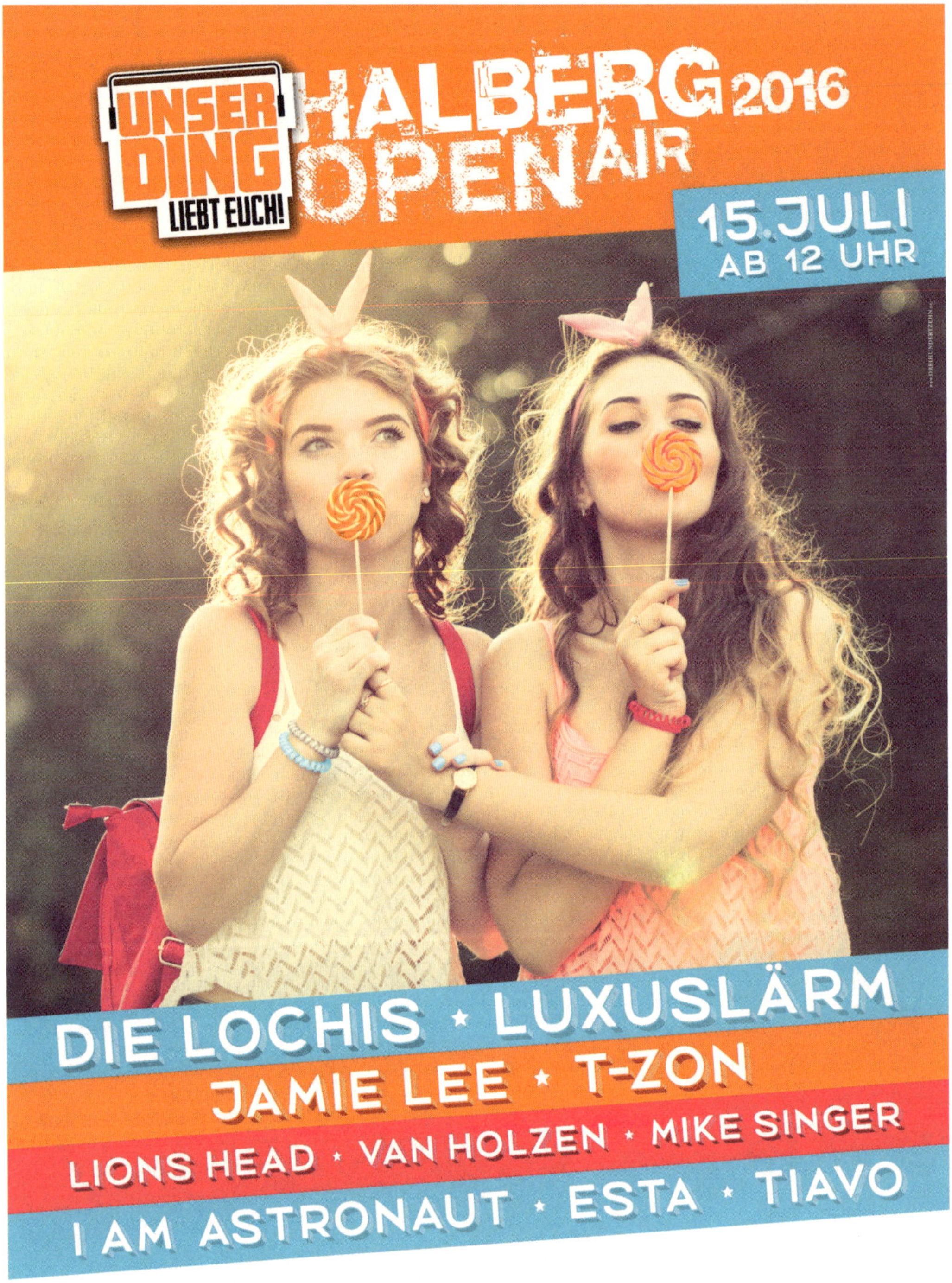
UNSER DING LIEBT EUCH!
HALBERG 2016
OPEN AIR
15. JULI
AB 12 UHR
DIE LOCHIS • LUXUSLÄRM
JAMIE LEE • T-ZON
LIONS HEAD • VAN HOLZEN • MIKE SINGER
I AM ASTRONAUT • ESTA • TIAVO

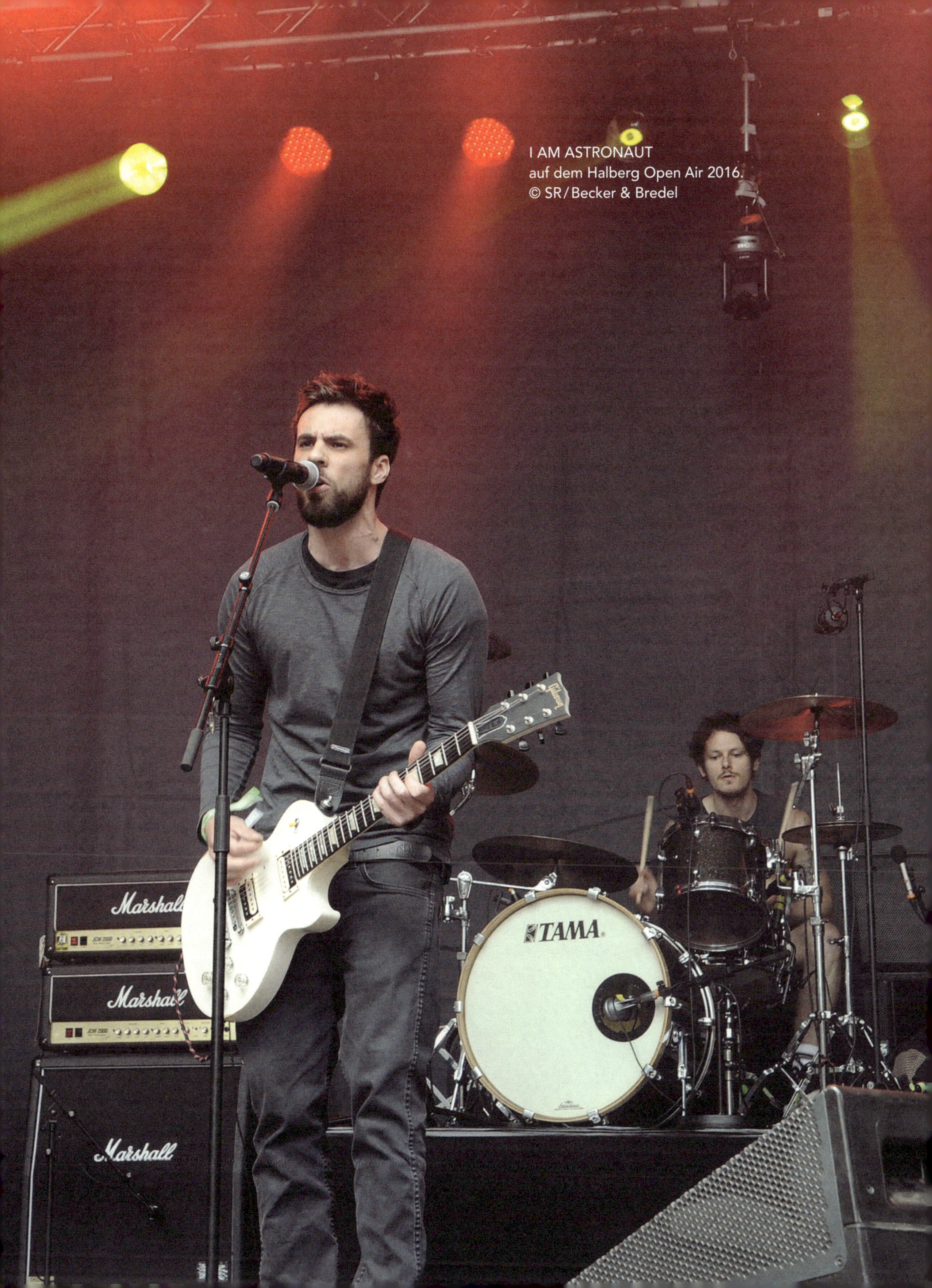

I AM ASTRONAUT
auf dem Halberg Open Air 2016.
© SR / Becker & Bredel

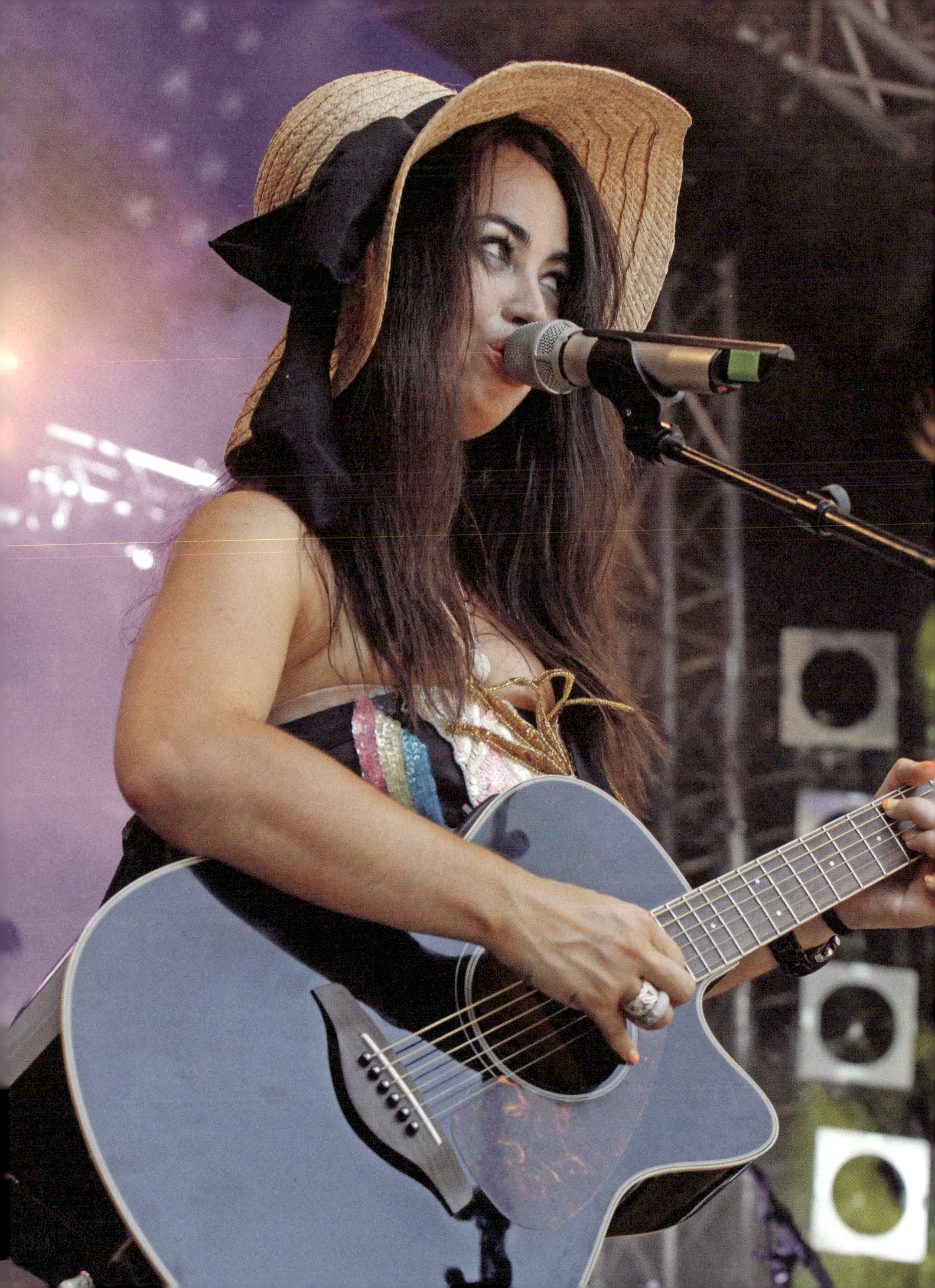

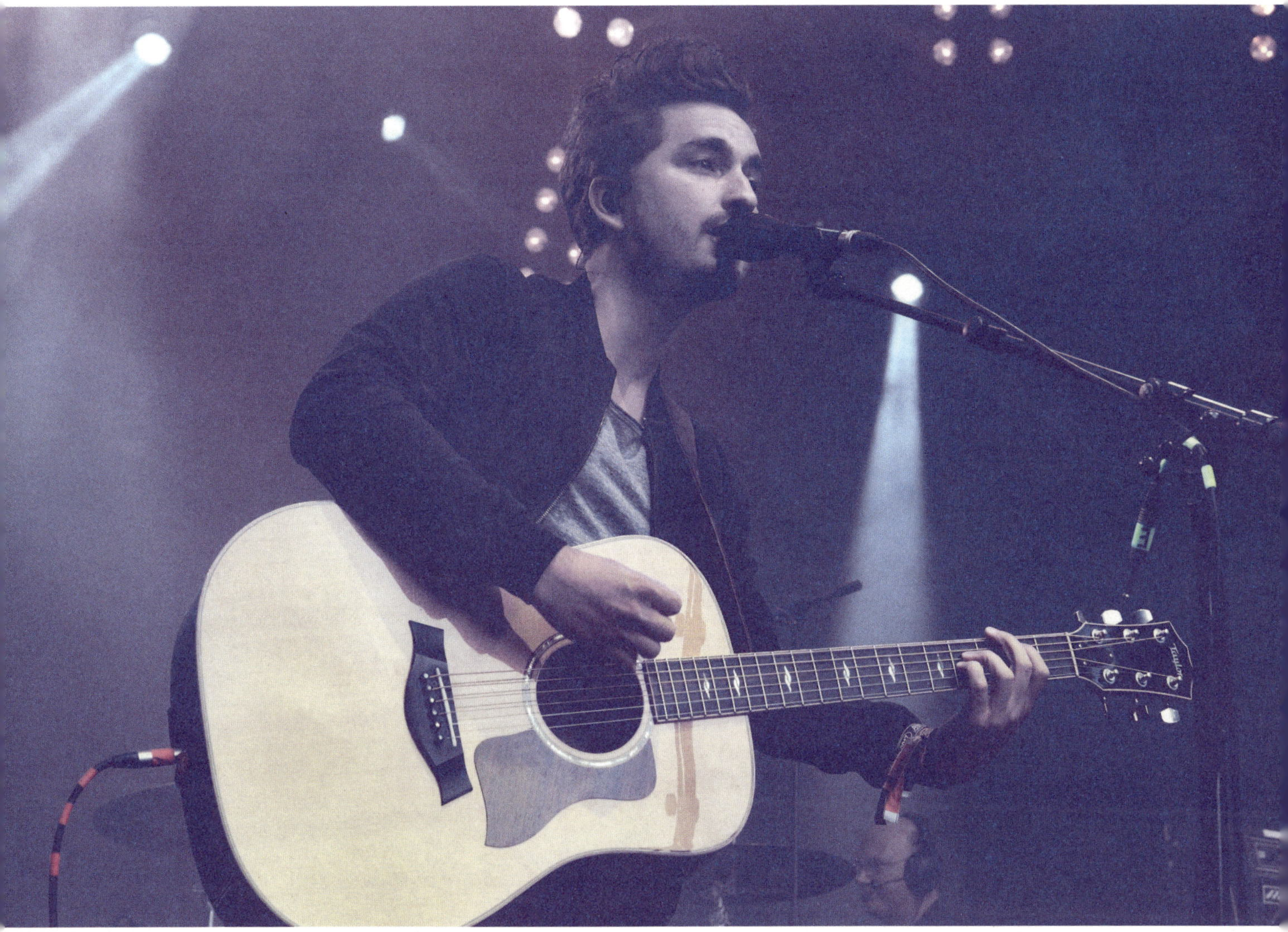

Philipp Dittberner, letzter Act des Halberg Open Air 2017. © SR/Becker & Bredel

2017 Halberg Open Air

Freitag, 30. Juni: **Groovy Tabasco, Wincent Weiss, I am Jerry, Manu Meta, EstA, Kayef, Majoe, Lotte, Mike Singer, Philipp Dittberner**

Moderation: Stefanie »Thurie« Thurow und Jonas Degen

links: Aura Dione auf der Bühne des Halberg Open Air 2016. © SR/Becker & Bredel

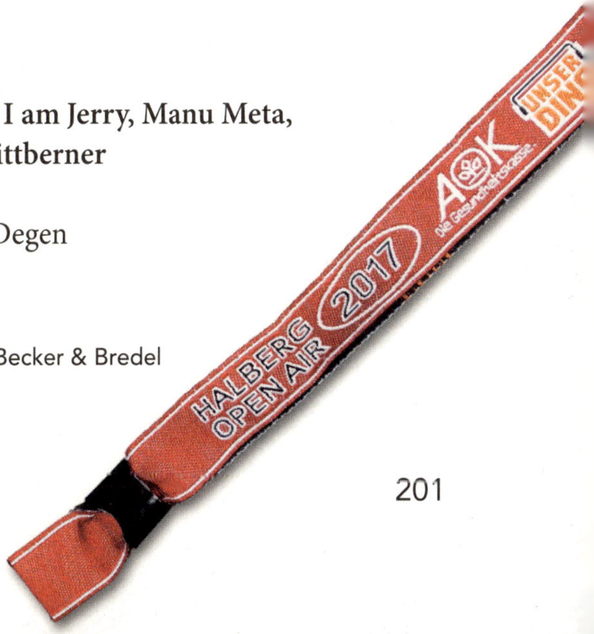

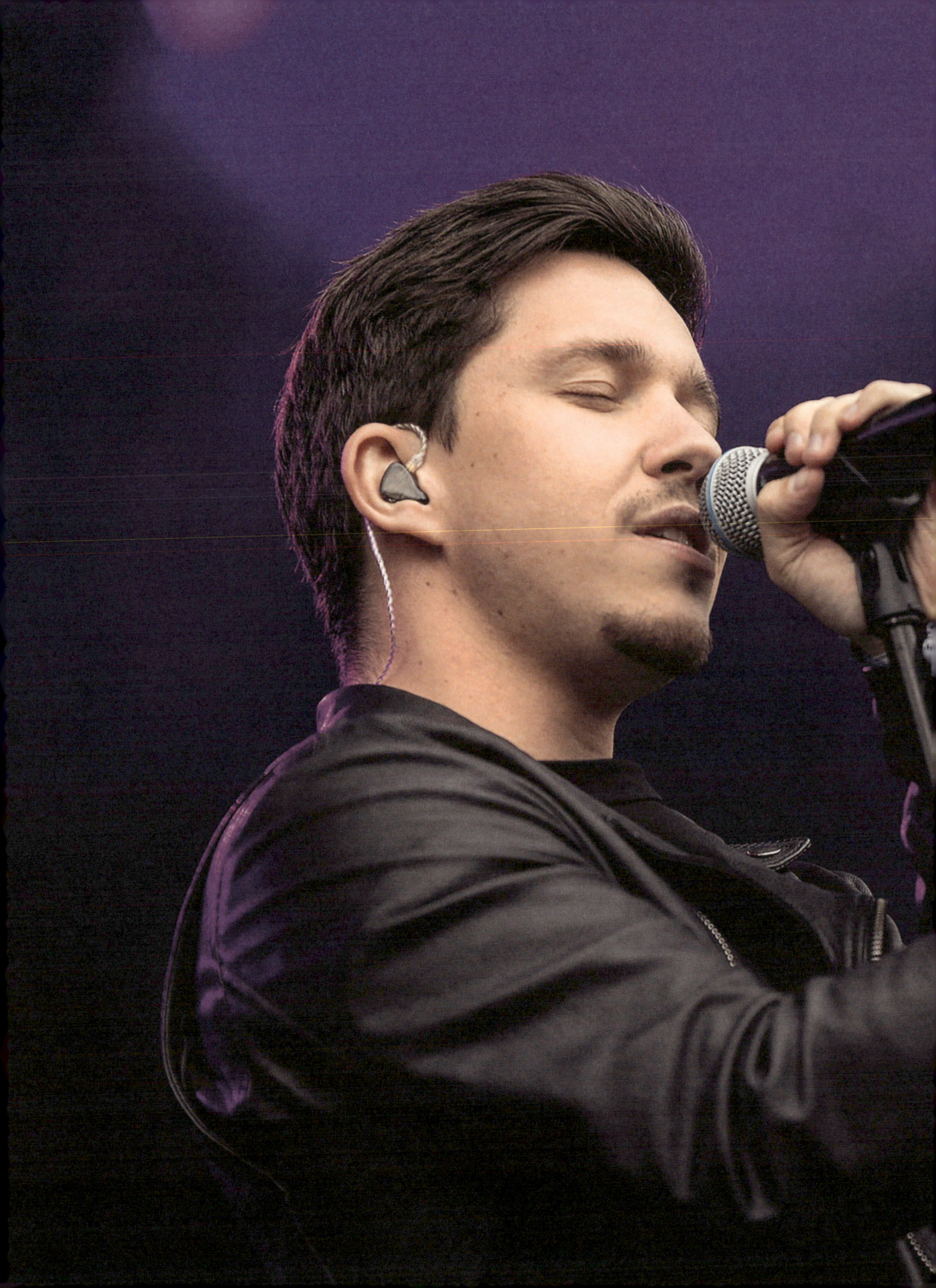

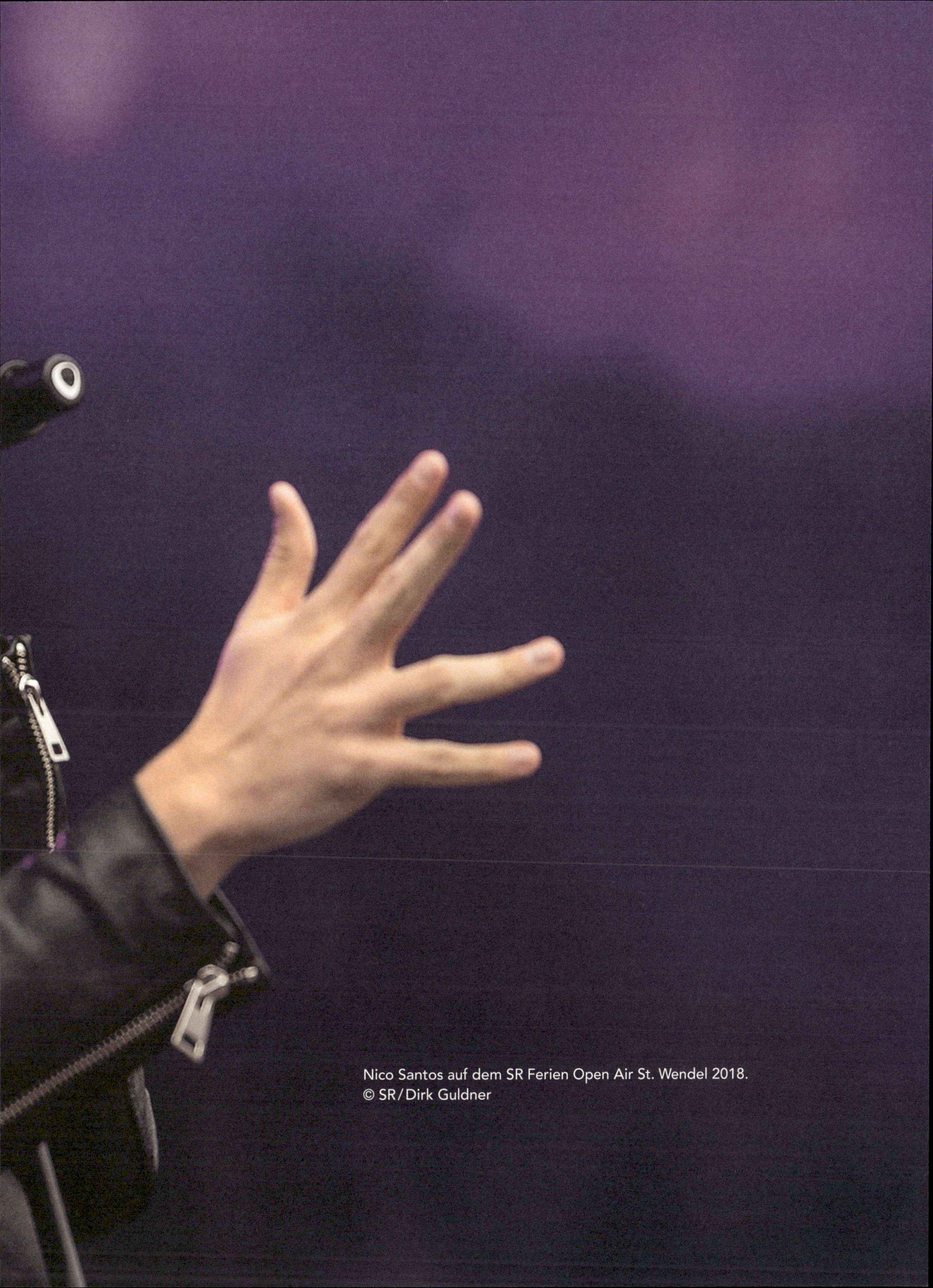

Nico Santos auf dem SR Ferien Open Air St. Wendel 2018.

2018 SR Ferien Open Air St. Wendel

Freitag, 22. Juni: **Lukas Rieger, Caro B, Nico Santos, Joris, Kayef, Nimo, Tiavo, Genetikk**

Moderation: Stefanie »Thurie« Thurow und Jonas Degen

2019 SR Ferien Open Air St. Wendel

Freitag, 28. Juni: **Pure Zilllion, Lena & Kathrin Sicks, Bars & Melody, Moritz Garth, EstA, Summer Cem, Bosse, Max Giesinger**

Moderation: Stefanie »Thurie« Thurow und Jonas Degen

2020 / 2021 / 2022 *wegen Corona kein SR Ferien Open Air St. Wendel*

2023 SR Ferien Open Air St. Wendel

Freitag, 21. Juli: **MusiKings'n'Queens, Manu Meta, LOI, Kamrad, twocolors, Ray Dalton, Leony, Wincent Weiss**

Moderation: Stefanie »Thurie« Thurow und Lukas Baumann

Das **SR Ferien Open Air**-Team von St. Wendel:

Organisationschef: Bürgermeister Peter Klär

Organisation: Werner Klär; Stefanie Detemple; Hans Rauber, Jens Puhl; Jan Stutz; Markus Junker; Melanie Laub

Infrastruktur: Stephan Dillinger, Christoph Grill und ihr Team des Bauhofs St. Wendel

Koordinator Sicherheit und Hilfsorganisationen: Thomas Vogt

Technik, EDV: Armin Rohner, Marc Rauber

Kommunikation: Volker Schmidt

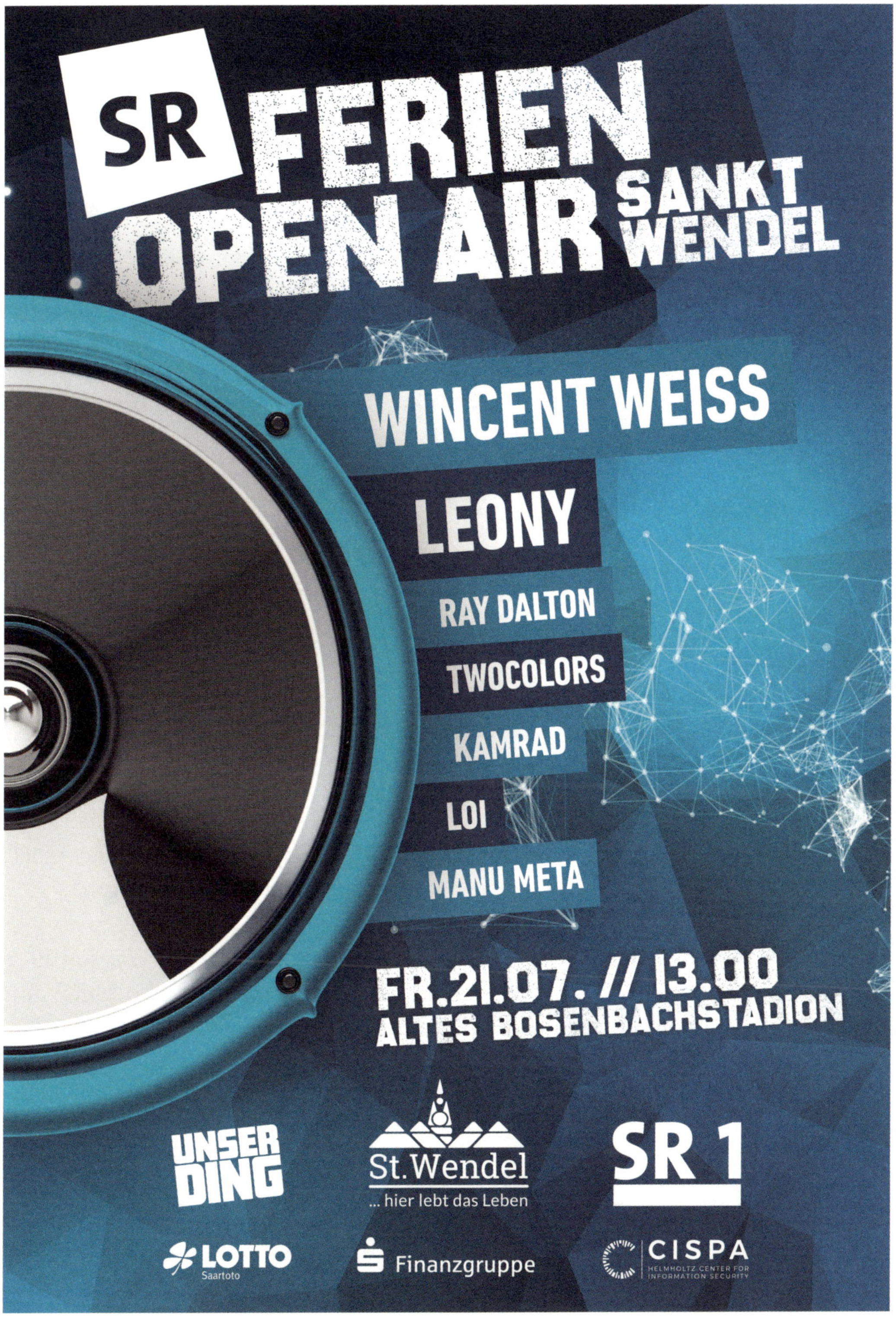
SR FERIEN OPEN AIR
SANKT WENDEL
WINCENT WEISS
LEONY
RAY DALTON
TWOCOLORS
KAMRAD
LOI
MANU META
FR.21.07. // 13.00
ALTES BOSENBACHSTADION
UNSER DING
St. Wendel
... hier lebt das Leben
SR 1
LOTTO
Saartoto
Finanzgruppe
CISPA
HELMHOLTZ CENTER FOR INFORMATION SECURITY

Der Autor

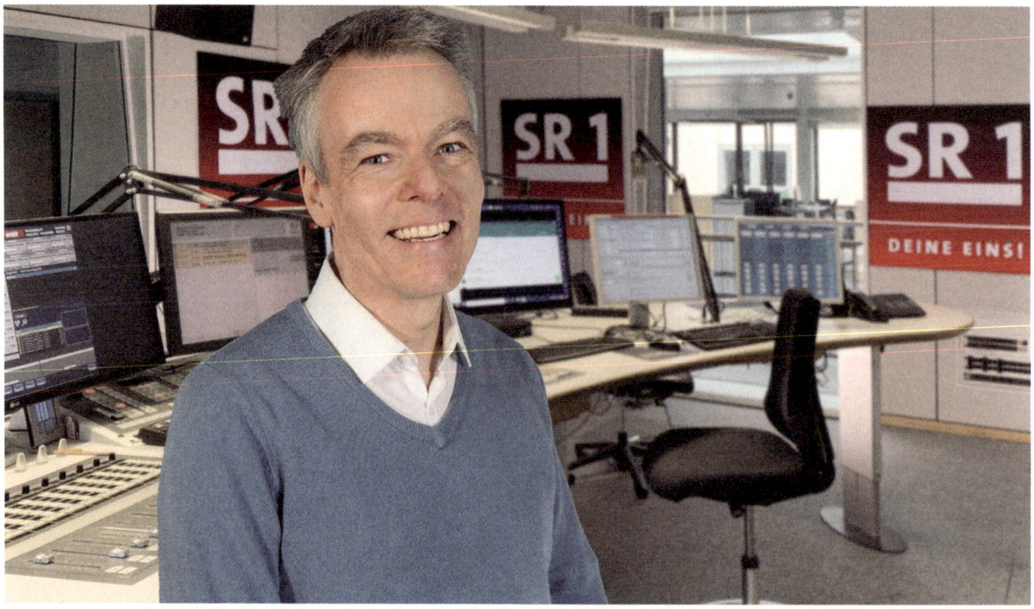

© SR/Christoph Stein

Marko Völke ist als Journalist für verschiedene saarländische und überregionale Medien in Print, Online und Hörfunk tätig. Zu den Schwerpunkten seiner Arbeit gehören die Bereiche Musik, Interviews mit Künstlern und Veranstaltungen.

Das Ferienfestival des SR hat er von Anfang an miterlebt, zunächst als Fan, seit 1989 berichtet der Saarbrücker als Journalist über das Event. Dabei hat er von den Top Acts bis zu Newcomern unzählige Interviews geführt und Anekdoten gesammelt.

Danksagung

Bei der Entstehung dieses Buches haben mitgeholfen:

- Jürgen Bohr
- Gerd Arend
- Christina Korb-Völke
- Professor Axel Buchholz
- Burkhard Döring
- Karl-Heinz Schmieding
- Klaus Steiner
- Harald Martin
- Thomas Rosch
- Thomas Hewer
- Melanie Görgen
- Dieter Schmitt
- Anne Kessler
- Eric Dessloch
- Magdalena Hell
- Karin Nonnweiler
- Bernd Michels
- Sabrina Eisenbart
- Sonnia Wüst
- Jakob Hewer
- Krister Krächan
- Doris Knöfel
- SR-AK Geschichte

Fotografen: Becker & Bredel, Dirk Guldner, Franz Mees, Oliver Dietze, Frank Rainer Huck, Christoph Stein, Gerhard Heisler, Jannik Zeyer, Besim Mazhiqi, Christina Korb-Völke, Reiner Buhl, Günther Klahm, Reiner Oettinger, Rolf Ruppenthal

Herzlichsten Dank Ihnen allen!

Wir danken außerdem allen Sponsoren, die über all die Jahre das Festival so großzügig unterstützt haben.

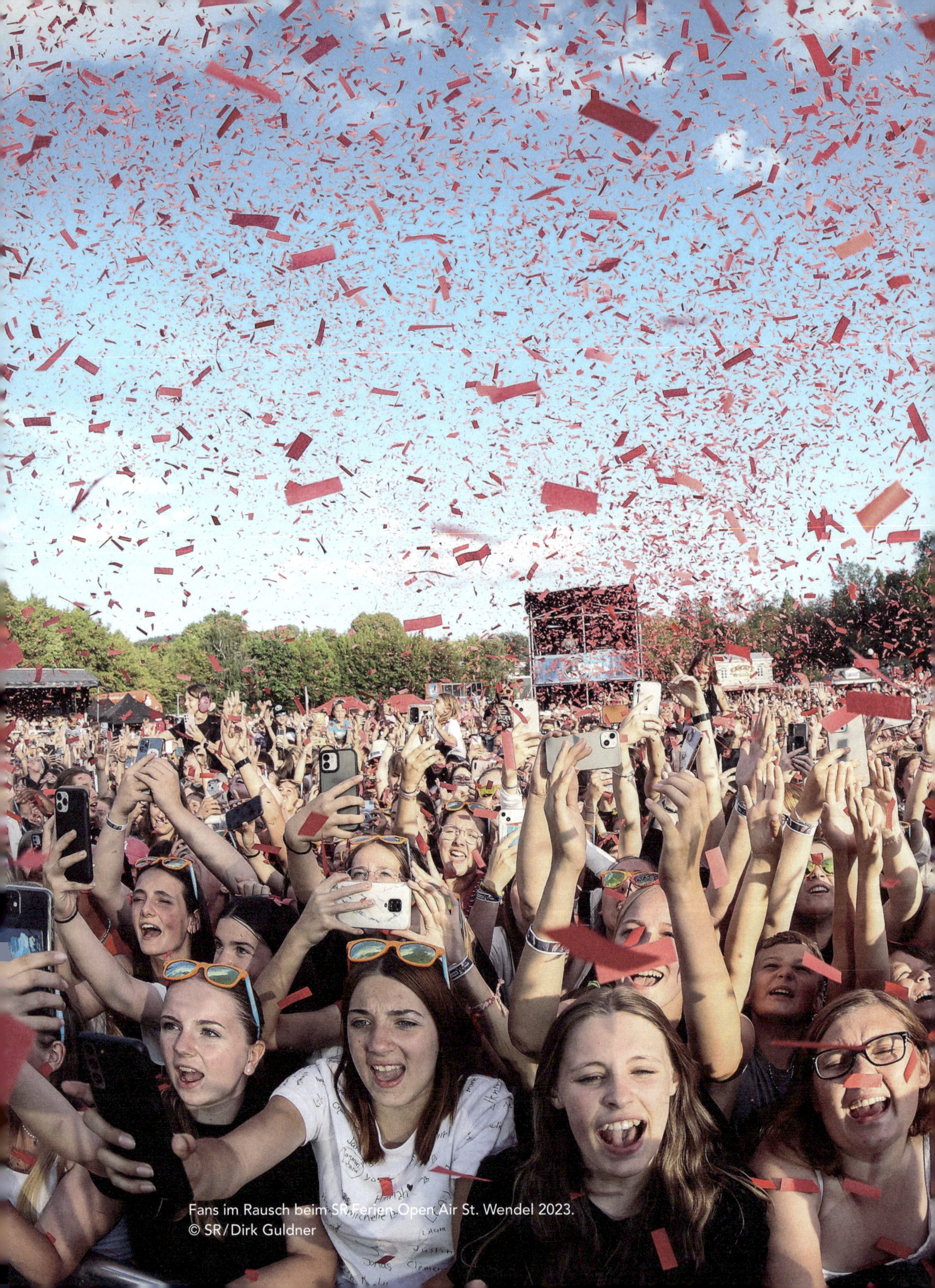

Fans im Rausch beim SR Ferien Open Air St. Wendel 2023.